연
루
됨

Implicated

연 루 됨

Implicated

인류학자의
세상 읽기

조문영

글항아리

차례

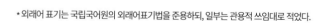

수사적 고향 너머

당신의 '수사적 고향'은 어디인가? 당신은 누구와 이야기할 때 편안함을 느끼는가? 철학자 뱅상 데콩브에 따르면, 어떤 인물의 수사적 고향은 "그가 자기 활동과 행적에 부여하는 이유라든지 *그가* 표명하는 불만, 혹은 그가 표현하는 찬사를 대화 상대자들이 더 이상 이해하지 못하는 곳에서" 멈춘다.* 수사적 고향과 영토적 고향이 같은 이들은 드물 테다. 고향이 그립고도 멀게 느껴진다면, 고향 땅에 발을 디디자마자 수사적 고향이 사라지기 때문은 아닐까.

돌이켜보면 아버지와 나는 같은 고향에 좀체 머무르지 못했다. 같은 집, 같은 동네에서 수십 년 얼굴을 맞대도 거리낌은 나아지지 않았다. 중학교 학부모 회장인 동네 지인이 행사 축사를 못 써 끙끙대자 아버지는 대학생이 된 내게 도움을 구했다.

---

* 마르크 오제, 『비장소: 초근대성의 인류학 입문』, 이상길 · 이윤영 옮김, 아카넷, 2017, 130쪽에서 재인용.

"그걸 제가 왜 써요?" 퉁명스러운 대구에 그는 버럭 화를 냈다. "그깟 거 한 장 써주는 게 무슨 대수라고!" '우리가 남이가' 세계의 암묵지가 내 상식을 거스르는 일이 잦아지자, 나는 조금씩 집을 떠날 채비를 했다. 내가 애써 설득하지 않아도 되는, 공감하고 위로받는 수사적 고향을 찾아 더 멀리.

그런데 인류학에 입문하면서 타자를 연구하겠다고 발품을 팔기 시작하니 이곳저곳에서 '아버지'가 나타났다. 나를 반기면서도 불편해하는 사람들, 내 믿음을 수상쩍어하는 시선들, 내 감정을 휘저은 사회적 고통을 별것 아닌 듯 만드는 제도와 미디어. 고심하다 늦게 시작한 학문에 최선을 다하고 싶었던 걸까. 나는 내 아버지를 떠나듯 '아버지들'의 세계와 홀연히 작별하지 못했다. 그/것이 저 자신과 세계를 어떻게 바라보는지, 무엇이 그/것을 꿈꾸거나 좌절하게 만드는지 조금이라도 이해하고 싶었다. 그렇게 타자의 수사적 고향에서 비비적거리다 보면, 때로 차이들 심연의 공통성이 보였고, 이전의 내가 내뱉었던 독단에 부끄러움이 밀려왔다. 비판의 본질적 기능이 이러저러한 식으로 통치받지 않겠다는 '탈예속화'에 있다면*, 이해의 밀도를 높인 뒤에 내놓는 비판은 달라져야 했다. 비판은 연구자인 나만의 몫이 아니다. 그/것도 세계를 해석하고 비판한다. 내

* 미셸 푸코, 『비판이란 무엇인가?: 자기수양』, 심세광 옮김, 동녘, 2016, 47쪽.

가 이 사실을 외면하거나, 내 언어가 더 그럴듯하다고 단정하거나, 공인된 학계를 방패 삼아 비판의 권위를 독점했을 뿐.

　이해와 비판이 서로를 보완하며 조금씩 두터워지자 30여 년 전의 아버지가 다시 시야에 들어왔다. 갑작스러운 사고로 집에서 지내는 시간이 길어지면서 가부장의 자존심이 한없이 무너져내렸던 시절, '잘 키운' 딸 하나 인정의 밑천으로 삼으려다 매몰차게 거절당한 아버지. 가족의 무게에 짓눌리지 않는 자율적 존재가 되길 바랐을 뿐, 저 자신이 부모의 불안정 노동과 혈연 자원이 부족하게나마 얼기설기 엮인 그물망임은 외면했던 딸. 아버지의 취약성을 한 발짝 떨어져 개인 너머의 사회적·역사적 배치를 통해 들여다보니 오히려 그와 가까워졌고, 비로소 '고집 센 가부장' 이면의 그가 보였다.

　"선생님!" 아버지와 병원에 동행하던 중 뒤편에서 들려온 소리. 길가의 노점상이 반갑게 부르며 달려온 대상은 내가 아닌 아버지였다. 어지러웠다. 평생 주류에 속하기를 바랐던 내 아버지가 한때 고향의 인기 많은 야학 교사였다고? 패기 넘치는 잡종의 삶을 살았던 그를 왜 나는 보지 못했을까? 아니, 보기를 거부했던 건 아닐까? 그가 살아온 입체적 삶에 내 시선이 좀더 가닿았더라면, 나는 그가 가장의 이름으로 행사한 폭력을 영구 제명의 근거로 봉인해버리지 않고 대화와 성찰의 계기로 만드는 데 더 공을 들였을까? 세상의 '아버지들'에 대해, 나와 그가 맺는 관계에 대해, 그토록 부정했던 그와 닮아가는 나와 우리에 대해 던져야 할 질문이 여전히 많다.

이 책은 지난 10년간 인류학자인 내가 세계와 대화하며 이해와 비판 사이에서 고심한 흔적들을 그러모은 것이다. 나에게 인류학적 세계 읽기란 단단한 이해를 거쳐 책임 있는 비판을 길어내는 과정이었다. 이해가 모든 앎의 가능성을 확신하는 오류에 빠져서도 안 되었고, 비판이 손쉽게 조준할 과녁만 찾는 것도 피하고 싶었다. 이해가 홀연한 불가지론에 닻을 내리면서 불의에 눈감게 되는 사태도 저어됐고, 비판이 제 수사적 고향을 판단의 유일한 준거로 삼는 것도 우려됐다. 타자를 이해하는 과정이 우리가 당연시해온 믿음, 가치, 윤리, 삶의 방식을 비판적으로 성찰하게 하길 바랐고, 이러한 비판이 무수한 세계의 마주침을 이끌어 삶의 이해를 확장하길 원했다. 이 과정은 때로 자기수양에 가까워서 '더'라는 어중간한 단어를 붙들 수밖에 없다. 더 단단한 이해를 거쳐 더 책임 있는 비판을 시도하기. 그리하여 진리를 포획한 권위로부터 이해와 비판을 해방시키기.

모든 인류학자가 비판을 소명으로 여기진 않는다. 다양한 현장을 가로지르다 보니 이해에는 일가견이 있어도 비판에는 뜨뜻미지근할 때가 훨씬 더 많다. 거기에는 내가 함부로 그들을 판단할 수 없다는 신중함, 그들의 사유와 행동으로부터 아직

배울 게 더 많다는 겸손함, 단 하나의 세계만을 강요하는 근대 존재론에 대한 거부감 등 새겨볼 이유도 적지 않다. 인류학자 팀 잉골드는 우리가 연구하는 세계의 복수적 전망을 실현하려면 인류학의 존재 이유를 무엇보다 "사회가 그 미래를 확보하는 수단"으로서 교육에 둬야 한다고 강조했다.* 현장에선 섣부른 비판보다 다른 세계에 대한 진지한 배움이 먼저다.

주변을 돌아보면, 엘리트 집단이 독점해온 비판은 자리를 잃고 회의와 냉소에 잔뜩 주눅이 든 모양새다. 평범한 시민이 다채로운 경로와 방식으로 발언하고 글을 쓰고 책을 내는 세상이 됐다. 제도 교육, 디지털 기술, 민주주의가 요란한 잡음에도 꾸준히 가지를 뻗어내는 시대에 '무지한 군중'과 '깨어 있는 지식인'이라는 자가당착적인 이분법이 틈입할 여지가 있을까. 이 시대는 엘리트가 보이고 싶은 자신과 숨기고 싶은 자신을 걸러내는 특권을 더는 인정하지 않는다. 원하든 원하지 않든, 그는 '교수' '남성' '이성애자' '비장애인' '강남 출신' '정규직' '세습 중산층' 등의 간명한 수사로 노출되고, 비판의 자격을 심문당하는 처지가 됐다.

비판의 쓸모를 묻는 목소리도 전례 없이 커졌다. 세상만사를 '자본주의의 구조적 문제'로 일갈하는 비판은 이제 학계에서조

---

*   Tim Ingold, "Anthropology is Good," *American Ethnologist* 51(1), 2023, p. 38.

차 입지가 좁아졌다. 지구의 지속가능성이 불투명하고, 삶 전반의 불안정성이 팽배하며, 성폭력의 양태는 날로 극악해지는 마당에 자본주의와 가부장제를 열심히 공부하는 게 무슨 소용이란 말인가. 굼뜬 비판가는 썩어빠진 세상에 직접 불을 지르는 전투적 행동가와도, 제 부족이 즐겁게 살면 다른 부족들도 부러워 찾아올 거라고 믿는 발랄한 공동체주의자와도, 세상의 문제들을 잘게 쪼개어 아이디어와 모델을 동원해 '솔루션'을 제시하고 '임팩트'를 도출하는 혁신가와도 교감하기 어려운 존재가 됐다.

하지만, 비판에 대한 갖은 회의에도 불구하고 나는 여전히 그 언저리를 서성거린다. 대중 필자의 시대에도 비판의 위계는 여전히 남아서 지난 10여 년 동안 대학교수 신분으로 글 청탁을 받는 일이 빈번했다. 칼럼에 달리는 댓글에 심장이 벌렁거리면서도, 나는 업적 점수로 환원되고 유치한 경쟁 시스템에 포획된 논문보다 비평 한 페이지를 쓰는 데 때로 더 공을 들였다. 특히 내 주된 연구 주제인 빈곤이나 연구 현장인 중국처럼 관심의 편중이 심한 대상을 제대로 공론화하고 싶다는 바람도 컸다. 이렇게 시작된 사회 비판, 『한겨레』가 지면을 제공하면서 요청한 '세상 읽기'는 처음부터 비틀거렸다. 연구 현장의 주름진 경험을 비판을 위한 소재로 단순화할 위험도 컸고, 정규직 교수란 희귀종이 시대의 불안정성을 왈가왈부하는 위선을 벗어날 방도는 까마득했다. 어쭙잖게 다른 질문을 던졌다가 비판의 쓸모를 되물으면서 움츠러들 때도 많았다.

하지만 나는 여전히 비판을 소중히 여기며, 실수와 실패를 거듭하면서라도 견실한 비판 공론장을 만드는 일에 힘을 쏟고 싶다. 문화적 취향, 정치적 선호, 삶의 지향, 타자를 향한 시선이 알고리즘에 따라 분기하고 데이터로 묶여 상업화되는 세계는 관계의 고유성을 무시하고, 우리 감정을 극도로 피폐하게 만든다. 비판이 떠난 자리에 들어선 비난은 벨 듯한 언어로 상대를 제압하는 데만 열중하면서 평범한 시민들로 하여금 갈등과 혐오를 피해 자신의 수사적 고향을 찾아 칩거하게 만든다. 이들이 각자의 고향에서 요새를 만들고 '안전'을 기준으로 타인-침입자를 감별하는 사회는 우리를 일상적 긴장 상태에 가둔다. 코로나19 '종료'가 선언된 이후에도 세상이 별반 바뀌지 않았다고 느껴지는 이유다.

그래도 인류학자여서 다행이다 싶은 건 안이한 묵시록에 머무르지 않고 살아갈 가능성을 곧잘 발견하게 되기 때문이다. 다양한 현장에서 비교적 장시간 머물고 관계를 맺다 보면 극적인 사건 너머의 평범한 일상에도 눈길이 간다. 재난 시대에도 우리가 어찌됐든 삶을 살아갈 수 있는 이유는 인류학자 제임스 퍼거슨이 '사회적 의무'를 환기하며 강조한바, 원하든 원하지 않든 이미 지척에 있는 타인과 셈을 하지 않고도 몫을 나누는 행위가 매일의 삶에서 반복되기 때문이다.* 중국 전역의 노동자들이 위챗으로 연결되어 서로 만나는 '노동자대학', 받는 이가 빚진 마음을 가질 필요가 없는 어느 대학 학과의 '잔디밭장학회', 연고 없는 주민들이 사는 동안 고생 많았다며 망자의 영정사진 앞에 노잣돈을 두고 가는 쪽방촌의 추도식, 그리고 내 건강과 평안을 진심으로 바랐던 평범한 중국인들까지, 이 책에 등장하는 환대와 연대, 실험과 돌봄은 수많은 일상의 마주침을 따라가다 자연스럽게 발견한 경관들이었다.

책에 실린 글은 대부분 『한겨레』에 5년 동안 기고한 칼럼을 수정하고 보완한 것이다. 그 외에 다른 신문이나 잡지에 기고한 에세이와 서평도 주제가 닿아 있다 싶으면 함께 실었다. 비판의 자격을 고민하며 망설이던 나를 독려하고 귀한 지면을 내어준 모든 분께 감사를 전한다. 빈곤, 노동, 청년, 통치 등 인류학자로서 관심을 두었던 주제, 그리고 교육자, 학습자, 가족, 동료 시민으로 살아가면서 고민한 화두가 연구 현장, 책과 미디어, 소소한 일상의 경험을 가로지르면서 이야기가 되고 글로 남았다. 전작 『빈곤 과정』에서도 마찬가지였지만, 관찰자로 남아 있기보다 연루자·참여자로서 긴장과 대면할 때가 많아**

---

* 제임스 퍼거슨, 『지금 여기 함께 있다는 것』, 이동구 옮김, 여문책, 2024.

언어들은 때로 명확히 닻을 내리지 못한 채 비틀거리고 서성였다. 그래도 괜찮다며 응원해준 분들, 동의와 반박을 덧대며 세계와 교감하는 글쓰기의 소중함을 일깨워준 분들께 그저 고맙다.

『빈곤 과정』『동자동, 당신이 살 권리』에 이어 이 책도 글항아리 출판사의 손길을 거쳤다. 강성민 대표와 이은혜 편집장은 원고 재촉 한 번 없이 맘 편한 작업 환경을 만들어주었다. 근사한 표지를 위해 작업 내내 고심해준 디자이너, 초고 때부터 원고를 함께 읽고 의견을 나누어준 마케터에게도 감사드린다. 앞의 두 책에 이어 이번 책도 박은아 편집자와 함께했다. 이제는 서로 다른 장소에서 함께 운율을 맞추는 기분이다. 그의 노련함과 섬세함에 감사와 박수를.

책을 쓰는 동안 '지역 소멸'이란 쟁점을 연구하러 경북의 한 농촌에 머물렀다. 젊은 시절의 아버지가 잠시 몸담았던 학교를 수소문해 찾아갔다. 그가 야학이라 불렀던 비인가 학교는 인구가 급증했던 산업화 시기에 중학교 분교로 승격되었다가 다른 농촌 학교들과 마찬가지로 결국 폐교됐다. 하지만 놀랍게도, 학

** 연루란 "'남이 저지른 범죄에 연관됨'이라는 사전 뜻이 아니라 잇닿고連, 인연을 맺으며緣, 묶어내는縷 감각을 확인하는 일이다". 김종목 기자는 인터뷰에서 내가 강조한 '연루'라는 단어에 탁월한 해석을 덧붙여주었다. 김종목, 「'약자' '카르텔' 호명에 담긴 윤석열 정권의 분리통치…… 조문영 "빈곤은 이벤트·브랜드화 아니라 철폐·종식 대상"」, 『경향신문』, 2024년 1월 3일 자.

생들이 사라진 곳에서 새로운 생명이 움트고 있었다. 운동장이 있던 자리에 이주한 여성 청년들이 밭을 일궜고, 교실이 있던 자리엔 마을 주민들이 당구대를 가져와 놀이터를 만들었다. 금을 그었던 아버지 바깥의 아버지를 부분적으로나마 따라가다 보니 다른 세계가 눈앞에 펼쳐졌다.

수사적 고향이 저마다 빗장을 두른 세계에서 우리는 어떻게 살아가야 할까? 이해와 비판 사이에서 여전히 허둥대는 중이지만, 책 작업을 마무리하며 작은 다짐을 해본다. 나는 고향을 애써 찾지 않겠다고, 그 고향으로 쉬이 돌아가지 않겠다고.

2024년 11월
조문영

1부   감각하기

평면을 뚫고 나온 사람들

「링」이란 영화를 본 적이 있다. 오래전이라 내가 본 게 일본 판인지 한국 리메이크판인지조차 헷갈리지만, 긴 머리를 한 여자가 텔레비전 화면을 뚫고 밖으로 기어 나오는 장면은 도저히 잊히질 않는다. 시간이 지나 강렬했던 공포는 사라졌지만, 예기치 못한 장면을 마주했던 순간의 당혹감은 오래도록 남았다.

코로나 사태가 한창이던 때, 2년 가까이 온라인으로 봐온 학생들을 가끔 화면 밖에서 마주치면 난데없이 이 장면이 스쳤다. 코로나 이후 입학한 학생과 첫 면담을 했을 때, 외부 행사에서 과 학생을 우연히 만났을 때, 아주 잠깐이지만 몸이 굳었다. 이들이 스크린에서 갑자기 튀어나오기라도 한 것처럼.

반갑고 미안해야 할 일인데 어쩌다 멀쩡한 학생을 귀신으로 둔갑시켰을까. 예상보다 길어진 비대면 수업에 익숙해진 까닭일까. 못 만나 아쉽다는 말을 곧잘 내뱉었지만, 몸은 이미 재택근무에 길들었던 게 사실이다. 외출 준비를 하고, 버스를 타고,

잰걸음으로 강의실로 향하는 수고를 덜자, 의례의 경건함도 사라졌다. 수업 중간의 짧은 휴식을 틈타 밥솥에 쌀을 안친다. 학생들의 몸놀림도 굼떠졌다. 학기 초 활짝 열렸던 비디오 화면은 중반이 지나니 대부분 검게 바뀌었다. 얼굴이라도 보고 싶어 이름을 부르면 방금 일어나 세수를 못 했다는 답변이 돌아왔다.

얼굴들과 이름들의 패치워크에 제법 익숙해졌을 무렵 발생한 바깥에서의 마주침은, 그래서 낯설고 기이했다. 긴장감, 강렬한 흥미, 희망과 불안, 조급함…… 백 년 전 서구 인류학자가 원주민 사회를 찾았을 때 쏟아냈던 말들이 외려 친숙하게 와닿는다. 서울의 판자촌 달동네에서 중국 선전의 황량한 공장지대까지, 현장연구를 시작할 때마다 엄습했던 설렘과 두려움이 불쑥 되살아난다. 연구실, 건물 복도, 신촌 거리 같은 지극히 평범한 장소에서. 익숙했던 게 불현듯 낯설어지자 감각이 예민해졌다. 연구실을 찾은 학생들의 말, 표정, 몸짓이 예사롭지 않다. 적절히 패턴화된 답안 대신 그한테 고유한 조언을 찾고 싶다. 인류학도 다른 학문처럼 간단명료한 개론서가 있으면 좋겠다는, 새 학기마다 들어온 푸념도 예사롭지 않다. 예전 같으면 지식이란 무엇인가에 관해 장황한 연설을 늘어놨을 테지만, 그가 답답해하는 이유가 뭔지 귀를 쫑긋 세우고 들어본다.

직접적인 접촉이 어려워졌을 때 발생한 물리적 마주침은

때로 의미 있는 사건으로 남는다. 학생들과의 만남이 그랬다. 「링」의 장면을 소환할 만큼 당혹스러웠지만, 다행히 「링」을 처음 본 순간처럼 두렵진 않았다. 묘한 긴장감이 익숙한 풍경을 뒤집고 관행을 들쑤시면서 새로운 자극을 주었다. 하지만 이 긴장이 견딜 만한 가치를 갖게 된 건 얼굴과 이름이 둥둥 뜬 화면에서 말이라도 눈빛이라도 섞은 덕택이 아니었을까. 이 연결 덕분에 정치권에서 막장이 된 청년 논의와 거리를 두고, 내가 만난 학생들을 '이대남/이대녀' '여초/남초' '2030' 프레임에 기계적으로 연루시킬 위험을 비껴간 게 아닐까.

팬데믹을 거치면서 이런 위험을 피하는 게 여전히 많은 이들에게 녹록지 않은 일임을 실감한다. 2021년 '선진국' 공식 마크를 달게 된 나라에서, 장애인들은 여전히 비장애인들과 똑같이 안전하게 버스와 지하철을 이용하길 바라고, 노동자들은 여전히 일터에서 인간으로서의 존엄을 인정받길 원하고, 가난한 사람들은 여전히 자신과 이웃을 환대해도 좋을 최소한의 집을 꿈꾼다. 상위 10퍼센트의 소득이 하위 50퍼센트 소득의 열네 배에 달하는 나라에서*, 정부는 예산 부족 운운하고, 기업은 기부로 생색 떨고, 동료 시민은 "나도 힘들다"고 아우성이다. 장애인, 노동자, 쪽방 주민이 소박한 제 꿈을 알리려고 지하철역에, 거리와 광장에 용기를 내어 출현하면, 사람들은 텔레비전 화면

* 세계불평등연구소.『세계불평등보고서 2022』, 2022.

에서 기어 나온 괴물이라도 본 것처럼 당혹스러워한다. 이 예기치 못한 사건은 건강한 긴장감을 낳는 대신 공포를, 심지어 혐오를 유발한다. 팬데믹 이후에도 빈자를 감염 위협으로 상정하는 미디어 재현이 계속되다 보니 이들이 프레임 정치에 포획되지 않을 가능성은 희박했다. 21세기 대한민국에서도, 누군가는 결국 이랑의 노랫말처럼 '이단'으로 남을 수밖에 없을까.

일하고 걱정하고 노동하고 슬피 울며
마음 깊이 웃지 못하는
예의 바른 사람들이 뛰기 시작했다
이단이 나타났다*

* 이랑, 「늑대가 나타났다」, 2021년 곡.

24

세계는 복수複數다

몇 해 전, 어머니와 함께 뉴질랜드에 다녀왔다. 양이 한가롭게 풀을 뜯는 풍경에 처음엔 바라던 고요를 찾았다며 설레발을 쳤다. 그런데 가도 가도 양이었다. 네다섯 시간은 족히 달렸는데 여전히 양만 보였다. 버스가 잠시 정차했을 때 매점에서 지역신문을 살폈다. 그날의 톱뉴스도 양이었다. 어느 동네 양이 세쌍둥이를 낳았다는 기사가 큼지막이 실렸다. 그때 생각했다. 이 신문의 구독자가 사는 세계와 내가 사는 세계는 같은 세계일까?

조사 대상인 '현지'의 스케일을 고민해온 인류학자들에게 이 질문은 낯설지 않다. 개인이 가족, 친족, 지역으로 확장되면서 국민국가에 이르고, 국가들이 모여 하나의 세계를 이룬다는 생각은 여전히 강력하다. 하지만 하나의 세계 아래 여러 문화가 존재하는 게 아니라, 세계 자체가 복수임을 강조하는 목소리도 심심찮게 들린다. 일례로 영국 인류학자 메릴린 스트래선은

'전체'를 가정하는 사고가 서구 중심의 위계질서를 재생산한다는 점을 지적하면서, "전체의 반"을 "한 쌍 중 하나"로 만드는 사회적인 논리로서 부분성 개념을 제안한 바 있다. 세계도, 지식도 결코 자기완결적일 수 없으며, 현전하는 것은 총합도 파편도 아닌 "부분적인 연결들"뿐이라는 것이다.*

　인류학자들이 세계의 복수성과 부분성에 대한 문제의식을 발전시켜온 장소는 흔히 '오지'라 불리는 곳이었지만, 한국이라고 크게 다를 건 없다. 점점 이 나라가 법과 정부, 의회가 구심성을 갖고 민의를 수렴하거나 조정하는 대륙이 아니라, 크고 작은 섬들이 어지럽게 흩어진 망망대해처럼 보인다. 오프라인뿐 아니라 온라인에서도 인스타그램, X(옛 트위터), 페이스북, 갤러리, 여초·남초 커뮤니티까지 다양한 세계가 난립하고 있다.

　복수의 세계는 평화롭게 공존하지 않는다. 우리 편을 공고히 하는 한편 상대를 압살하기 위해 동맹을 맺고 전투를 치르는 일이 다반사다. '여성' '남성' '청년' '국민' 같은 어휘를 선점해 우리 편의 권위를 다지고, 특정 혐오 표현을 확산시키면서 상대에게 재갈을 물리는 작업이 치열하게 펼쳐진다. 상대를 적으로 삼고 전투적인 게이머로 거듭나지 않으면 필패할 운명이다.

　주류 일간지에서 전통적인 수문장 역할을 해온 엘리트 중년

---

　*　메릴린 스트래선, 『부분적인 연결들』, 차은정 옮김, 오월의봄, 2019.

남성들이 예전만큼 섬들의 대변자로 군림하지 못하는 건 반갑지만, 우리 시대의 주요 의제들이 '좋아요'와 '팔로어', 댓글과 국민청원, 신상털기와 조리돌림에 빈번히 휘둘리는 상황은 우려스럽다. 이 상황 자체가 법, 제도, 교육이 불공정과 불평등을 바로잡는 데 얼마나 무력했는가를 돌아보게 하지만, 자신들만의 은어와 규칙으로 성벽을 쌓은 채 전개되는 세계들의 싸움은 여성과 성소수자를 향한 오랜 차별과 폭력의 역사를 숙고할 계기를 터주기는커녕 애초의 바람이 무엇이었는지조차 잊게 만들 때가 있다.

소셜미디어 활동이 뜸한 나는 윤지선 교수가 2019년 발표한 논문이나 GS25의 캠핑 이벤트 포스터를 둘러싼 이른바 '남성혐오' 논란을 뒤늦게 접했다. 학술지의 세계도 더는 폐쇄적이고 자족적인 커뮤니티로 남을 수 없단 걸 실감했지만, 외부인이 학교의 온라인 강의에 무단 접속해 욕설과 음란물을 끼얹는 상황에 두려움을 느꼈다. 어떤 남성이 각종 홍보물에서 '메갈리아'라는 (이미 사라진) 여초 사이트가 한국 남성을 비하하기 위해 사용했다는 손 모양 디자인을 찾아낸다고 난리인 와중에, 또 다른 남성은 내게 '메갈'이 뭔지 소심하게 묻는다. 기업이 서둘러 광고를 내리고 사과를 연발하는 사이, 궁극적으로 모든 생명의 존엄을 회복하기 위한 실천으로서의 페미니즘은 '페미'란 금기어로 둔갑하고, '메갈'과 동의어가 되었다. 게으른 기자들이 인터넷에서 자극적인 전투만 뒤지고 몇 개의 섬을 연결해 '젠더 갈등' 프레임을 짜는 사이, 페미니즘을 차별 금지, 안전, 돌봄, 생태, 기후변화 등에 대한 너른 관심으로 확장해온 세계는 시야에서 가려졌다.

전체에 대한 강박을 버리고 복수의 세계에 주목하자는 제안은 세상 읽기를 더 어렵게 만든다. 하지만 이는 모두가 저마다의 세계로 흩어질 수밖에 없다는 얘기가 아니라, "무수한 세계들이 어떻게 관계하고 있으며 관계할 것인가"*를 새롭게 고민해야 함을 강조한 것이다. 정치가 표심을 좇아, 기업이 매출을 좇아 페미니즘의 효용을 셈할 때, 어떤 세계 사람들은 분명 페미니즘이란 명명 아래 바랐던 관계를 찾아 새롭게 그물코를 꿰고 있을 테다.

* 스트래선, 앞의 책, 17쪽.

우리는
'푸릉'을 원할까?

　주말마다 「우리들의 블루스」를 챙겨 봤다. 노희경의 드라마를 꾸준히 좇다 보니 작가가 그려낸 시대의 성장통을 함께 앓는 기분이다. 봉제공장에서의 「바보 같은 사랑」처럼 눈길 닿지 않는 가난을 품든, 「그들이 사는 세상」에서 잘난 방송국 사람들의 잘난 것 없는 상처를 후비든, 노희경은 주변을 품고 중심을 낯설게 비틀면서 시청자를 자극했다. 시청률이 저조해 '마니아층' 작가란 꼬리표가 달리기도 했으나, 이제 그는 스타 배우들이 알아서 찾는 작가가 됐고, 그가 던지는 묵직한 주제들은 화제가 되고 논쟁을 낳는다. 정신질환(「괜찮아, 사랑이야」), 성폭력 트라우마(「라이브」), 초라한 노년(「디어 마이 프렌즈」) 등 대중적이지 않은 주제들은 대중성 있는 배우들과 만나면서 공론장을 넓혔다.
　계몽의 언어를 부담스러워하는 시청자들은 바로 이런 이유로 노희경의 작품을 싫어하지만, 사회비평과 맞닿은 연구를 해온 나는 고민과 타협을 거쳐 확보한 그의 대중성이 일견 부럽다. 학문세계에서의 사회비판이란, 비판의 은어와 문법을 공유한 부족 안에서의 한풀이 친목 모임으로 끝날 때가 많기 때문이다. 부족 바깥의 사람들을 불온한 타자로 멀리하거나 숭고한 생명으로 추앙할 뿐, 동등한 대화자로 초대할 의지는 약하기 때문이다. 그런 의지가 없어도 월급, 발표비, 심사비는 꼬박꼬박 들어온다.

「우리들의 블루스」는 그야말로 노회경표 비판, 성찰, 치유, 화해의 종합판이다. 유명 배우가 총출동해서 옴니버스 구도 아래 작은 역할을 성실히 수행하고, 이들이 가족, 친척, 친구는 물론, 바다, 배, 시장, 술, 라면, 돌고래, 전복, 소라 등과 얽히면서 '푸릉'이란 마을에 생기와 온기가 생겨난다. 장애, 이주, 청소년 임신, 우울증, 가난 같은 주제들이 푸릉이라는 관계의 다발을 거치면서 함께 고민하고 소통해야 할 '우리'의 현안으로 재등장했다. 특히 발달장애인 정은혜 화가가 해녀 영옥의 쌍둥이 언니 영희로 직접 출연한 에피소드는 울림이 컸다. 재능 있는 장애인만 주목받을 우려는 있지만, 영희의 외로움과 영옥의 고단함을 동시에 비춘 작가의 시선도, 선주민들이 미심쩍은 이주자 영옥과 그의 언니를 환대하기까지의 연출도, 장애인 이동권 투쟁과 탈시설 운동의 대중적 길잡이로 손색이 없었다.

하지만 이 드라마에 대한 여러 비평은 다소 불편한 질문을 떠올리게 하기도 했다. 대한민국에서 살아가는 우리는 정말 푸릉을 원할까? 임신중단을 하러 병원을 찾은 영주한테 의사가 태아의 심장 소리를 들려주는 장면은 강남역 살인사건 이후 급진화한 여성운동과 엇박자를 탔다. 20~30대 페미니스트 여성들이 가부장제에 맞서 출산, 결혼은 물론, 연애, 섹스까지 거부하는 마당에, 상처도 정도 많은 푸릉의 남정네들을 보듬는 작가의 시선은 "순정남들에 대한 시대착오적 연민"*으로 비친다. 오늘날 온·오프라인에서 배설되는 차별과 혐오 표현에 넌덜머리가 난 사람들의 선택은 정치인의 쉰내 나는 화합도, 활동가의 철 지난 연대도 아닌 말 그대로 '거부'가 된 것 같다. 주변에서 만난 학생들이 생각하는 '안전한 공간'이란 남녀노소가 질펀하게 뒤엉키는 푸릉 같은 마을이 아니라, 위협이 될 만한 요인들을 애초에 걸러낸 무균지대에 가깝다.

한국만 유별난 건 아니다. 근래 인류학자들은 세계 곳곳에서 '거부refusal의 정치'를 목격 중이다. 반복되는 억압, 통제, 폭력, 낙인에 지친 원주민, 홈리스, 여성 등은 연결 대신 단절을 선택하고, 거부 행위를 함께 실천하는 '우리' 안에서 소속감을 느낀다. 노희경 작가가 이런 흐름에 무지했다고 보긴 어렵다. "장애가 있는 사람을 볼 때 어떻게 해야 하는지 학교, 집 어디에서도

* 황진미, 「'우리들의 블루스', 순정남들에 대한 시대착오적 연민이 가득」, 『한겨레』, 2022년 4월 30일 자.

배운 적이 없"다는 정준의 대사는 단절, 단언, 단속을 서두르는 대신 서로가 새롭게 배워나갈 기회를 터줄 필요성을 제안하는 것이기도 하다. 취약한 삶들 간의 반목이 소수자에 대한 무분별한 혐오만큼이나 일상적인 풍경이 될수록 이런 기회는 중요하다.

인류학자 캐럴 맥그래너핸은 거부가 단순한 '노No'가 아니라 저항이자 비판이며, 변화에 대한 열망의 표현임을 역설했다. 거부의 정치를 행사하는 것 외에 도리가 없다고 생각하는 사람들의 절박함을 대중성 있게 담아내는 작품도 언젠가 텔레비전에서 볼 수 있기를.

호기심이 줄어들 때

중국 사회에 관한 수업계획서를 만들어야 하는데 머리가 텅 빈 느낌이다. 팬데믹 이후 중국에 대한 우리 이해는 전례 없이 협소해졌다. 앎은 어차피 부분적이지만, 중국 영토에 거주하는 무수한 사람이 우리와 동시대를 살아가고 있다는 감각 자체가 무뎌지고 있다. 학생 대부분은 중국에 가본 적이 없고, 한국 젊은 세대의 반중 정서가 가장 심하다는 통계는 연일 업데이트되고 있다. 이런 상황에서 패권에 눈먼 중국을 비판하는 학술논문은 학생들한테 어떻게 읽힐까? '중국이 중국했네'의 고급 버전으로 비치는 건 아닐까?

그곳에서 평범한 대중과 섞이며 현지조사를 해온 인류학자들은 코로나 사태뿐 아니라 시진핑 체제 이후 정치적 검열이 심해지면서 연구에 어려움을 겪고 있다. 중국 정부가 자국어로 쓰이지 않은 연구 결과물까지 간섭하는 일이 종종 벌어지니 내가 인터뷰한 현지인들한테 부담을 줄 수 있다는 우려에 글쓰기를 망설이게 된다. 서구 학계에서도 중국 현지조사는 인맥을 활용하기 쉬운 자국 출신 유학생들이 활발하게 수행하고 있다. 인공지능 부문에 고용된 장애인 노동자부터 부동산이 가장 싼 지역을 골라 게으를 자유를 좇는 청년까지 연구 참여자들 면면이 흥미롭다.

출로가 막혔을 때 연구 욕심이 더 간절해지는 법일까. 중국이 개혁개방에 착수하고 냉전체제가 동요하던 1980년대 초, 미국 국가안전보장회의NSC에서 활동하며 미중 관계 정상화에 깊이 관여한 정치학자 미셸 옥센버그는 학술 연구를 위해 농촌 한곳에 자리를 내달라고 덩샤오핑한테 요청했다. 인구 60만의 산둥성 쩌우핑현이 낙점됐다. 30년 동안 인류학, 정치학, 역사학 등 다양한 분야의 연구자들이 쩌우핑현 정부에서 마련해준 주택에 머물며 가족, 여성의 지위, 재산권, 토지, 축산업 등 다양한 주제를 연구했고, 이후에도 지역의 변화를 보러 학생들과 다시 이곳을 방문했다. 이 연구기지를 너무나 소중히 여겼던 옥센버그는 현지 책임자 스창샹이 골초란 점까지 걱정했다. 스창샹이 그보다 14년을 더 살았지만.

하지만 중국을 이해하려면 반드시 중국 땅을 밟아야 할까? 인류학자 크리스 바산트쿠마르는 냉전 시기 중국에 접근하지 못한 까닭에 타이완, 홍콩, 화교 집단을 중심으로 현지조사가 이뤄진 역사를 마을 중심의 고전적 연구나 국가 단위에 기반한 전통적 접근을 재고하는 계기로 해석했다. 그에 따르면, 목숨 걸고 헤엄쳐 홍콩에 도착한 광둥성 농민들을 대상으로 진행한 구술사 연구는 중화인민공화국에 대한 이해를 어떻게든 확보하기 위한 고육지책이 아니라, 그 자체로 냉전 시기 중국의 공간적·역사적 역동을 드러내는 귀중한 작업이었다.

'중국'은 사실 어디에나 있다. 내가 사는 아파트 길목에서 폭염에 아스팔트를 깔고 있는 기사도 중국 사람이고, 이 글을 쓰기 위해 만지는 키보드도 중국인, 중국 부품과의 연결을 통해 완성됐다. 스창샹의 과거 인터뷰는 중국 웹사이트에서 찾았다. 같은 국적이라도 프로게이머, 특파원, 불법체류자의 삶에 등장하는 중국이 모두 같을 리 없고, 오늘 등장한 중국이 내일 어떻게 바뀔지 알 수 없다. 대상들이 그것들을 조작하는 실천과 함께 출현하기도 사라지기도 한다는 점에서, 중국이란 실재는 존재론적으로 일종의 다양체multiple다. 그럼에도 중국을 논할 때 시진핑, 코로나, 타이완, 경제 같은 주제가 가장 먼저 떠오른다면, 이 주제를 중심으로 엮인 지식 생산자들의 동맹이 그만큼 견고하기 때문일 테다. 다른 중국을 출현시키고 싶다면 다른 배치를 만들어야 한다.

이런 존재론적 관점에서 보자면 쩌우핑을 중국의 '소우주'로 취급한 미국 학자들의 연구 경향은 고루해 보인다. 현지 주민의 동의 없이 지역을 실험실로 만든 과정도 찝찝하다. 하지만 쩌우핑을 매개로 만났던 교수, 학생, 관료, 농민들의 회고담을 보면서 나는 이들이 서로에 대해 품었던 호의와 호기심이 부러웠다. 문화대혁명의 상흔이 여전히 깊던 시기라 입을 열기 조심스러웠지만, 농민들은 적국의 연구자들과 곧잘 어울렸고, 시간이 지나면서 동네의 자잘한 소문까지 공유했다. 연구자들은 쩌우핑에서 맺은 인연에 깊이 감사했고, 부고를 나눌 때마다 안타까워했다.

요새 나는 아무래도 이 호기심이 줄어든 것 같다. 40여 년 전과 달리 중국 이야기는 여기저기 넘치지만, 지식 생산자들 사이에서 중국에 관한 정보나 관점이 특정한 형태로 격리되는 현상은 더 심해졌다. 중국이 인격화된 단수로 등장하고, 친중-반중을 중심으로 논쟁이 공회전하다 보니 한때 우려했던 '기괴한' 중국, '위험한' 중국이란 공론장에 '지겨운' 중국까지 틈입한 모양새다. 중국에서 벌어지는 야만적인 사건들에 대한 비판이 생명력을 가지려면 중국을 알고자 하는 욕구부터 점검해야 할 것 같다.

낯뜨거운 공론장

중국 수업을 개설하면서 새롭게 깨달은 것은 대학생들이 중국 역사에 대한 기초 지식이 별로 없다는 점이었다. 좋든 싫든 전 세계에서 중국이 하나의 '문제'로 등장한 현실을 이해하기 위해 최근 학계에서 유행하는 중국 현대사 다시 쓰기 작업을 소개했다. 다시 쓰기를 쟁점화하려면 제국주의나 사회주의 혁명 등 기존 역사 서술에 대한 이해가 선행돼야 할 텐데, 온라인 화면에 동동 떠 있는 학생들의 얼굴엔 물음표만 가득했다.

선뜻 이해가 가지 않았다. 제법 '잘나간다'는 대학이 아닌가. 게다가 명문대 입학 준비는 유치원 때부터 한다지 않던가. 자료를 찾아보니 한국사는 대학수학능력시험 필수과목이지만, 세계사와 동아시아사는 선택과목이다. 일국사나 유럽중심주의 편향을 넘어 세계시민으로서의 공존을 염두에 둔 역사 서술이 돋보이지만, 다루는 범위가 넓다 보니 학생들이 선택을 꺼린다. 지난 5년간 수능에서 두 과목을 선택한 비율은 각각 10퍼센트 안팎에 불과했다. 학생들을 나무랄 게 아니라 교육 정책을 입시 대책으로 축소한 어른들의 책임을 묻는 게 옳다.

학습 기회를 놓쳤다면 양국 간 교류를 넓히는 게 중요할 텐데 안타깝게도 코로나가 발목을 잡았다. 고학번 학생들은 그나마 개인적인 여행이나 한중 교류 이벤트에 참여한 경험을 언급하지만, 팬데믹 이후 입학한 학생들은 최근 읽은 책이나 포털에 등장하는 기사를 중국 이해의 주요 자원으로 삼는다. 삼라만상 가운데 어떤 중국을 문제화·사건화할지에 있어 언론의 책임이 막중한 때다.

하지만 중국 관련 보도를 보면 언론이 '반중' 콘텐츠 제조업체가 된 게 아닌지 궁금할 정도다. 중국을 향한 시선은 '위협적인 중국'과 '기괴한 중국' 사이에서 시소를 타고, 헤드라인은 자극적인 문구투성이다. 홍콩 『사우스차이나 모닝포스트』를 베껴 쓰는 관행도 고쳐지지 않고 있다. '냥파오娘炮', 이른바 남성 연예인이 상업적 이익만을 좇아 여성스럽게 분장하는 것을 막겠다는 중국 광전총국(방송 규제 기구) 조치에 대해 한국 언론은 "예쁜 남자" "화장하는 남자" 퇴출이라며 호들갑을 떨었다. '미디어오늘'이 지적한 대로, 언론이 『사우스차이나 모닝포스트』의 과잉 해석을 검증 없이 받아쓴 촌극이었다. 연세대에서 중국의 한류 팬덤을 주제로 석사학위 논문을 쓴 펑진니 씨에 따르면, '냥파오' 규제는 2018년에 이미 등장했다. 당시 지목된 연예인

다수가 인터넷 플랫폼으로 활동 무대를 옮긴 데다, 아이돌 팬들은 텔레비전을 거의 보지 않기 때문에 광전총국의 중국중앙텔레비전CCTV 규제는 영향력이 크지 않다고 그는 말한다.

인류학자로서 가장 우려스러운 것은, 중국인의 다채로운 삶에 대한 관심이나 이들의 역동을 담아낼 의지가 언론 보도에서 별반 보이지 않는다는 점이다. 중국 인민은 '억압적' 국가의 지령에 순응하거나, 열광하거나 둘 중 하나로 묘사된다. 온라인을 중심으로 한껏 달아오른 중국 '분노청년憤靑'의 애국주의를 모르는 바 아니나, 이들을 중국 청년 세대의 전형으로 바라보는 것은 '일베' 유저들을 한국 청년 세대의 대표로 내세우는 것만큼 위험하다.

실제로, 중국 내부에서는 엔터테인먼트 산업 규제에 관한 공론이 상당히 활발하게 오갔다. 정부의 규제 조항이 여러 가지라 반응도 제각각이었지만, "스타들은 어쩌다 아무 제약도 안 받는 존재가 되었나?"같이 개인의 도덕성을 겨냥한 질문에서 출발해 연예인, 소속사, 제작사, 광고사, 팬덤, 온라인 플랫폼의 복잡한 얽힘을 파고들고, 모든 악순환의 배후에 놓인 자본을 비판하는 논의도 제법 눈에 띄었다. 무리한 모금 활동이나 댓글 관리에서 해방되었다고 안도하는 팬도, 화제성만으로 트래픽을 늘려 돈을 버는 이른바 '데이터 연예인流量藝人'의 탄생에 공모한 게 아닌지 되묻는 관계자도 늘었다.

수업 첫 시간에 박민희 기자의 『중국 딜레마』를 읽고 젊은 저항자들의 존재를 처음 알게 된 학생이 비평문에 소감을 남겼다. "중국에서도 이렇게 당당하게 말하는 사람들이 있는데 목소리를 내는 것을 주저했던 우리는 그들보다 더 '방관자'라는 생각이 들었다." 교장이 학생들이 남긴 음식까지 먹으며 정부 캠페인을 맹종하는 중국 소셜미디어 동영상은 앞다퉈 보도하면서도, 인구 14억 나라에서 '싸우는' 사람의 존재는 생각할 수조차 없게 만든 한국의 공론장이 외려 낯뜨겁다.

취향지대의 마음들

2019년 5월, '마음'을 주제로 북한 문제를 연구해온 한 대학에서 학술 발표 제의를 받았다. 분단 체제가 야기한 대립과 갈등이 한반도 안팎에 거주하는 한인들의 마음에 깊은 상흔을 남겼음을 강조하면서, 이 대학의 연구자들은 '마음 통합'을 분단 극복의 과제로 제안하고 다양한 연구를 수행해왔다. 주최 쪽에서는 내가 빈곤, 노동, 청년을 주제로 중국에서 진행해온 연구를 발표해주길 바랐다. 사회주의 중국이 밟아온 궤적이 향후의 북한을 전망하는 데 어떤 시사점을 제공하리라 판단했을 것이다. 하지만 요청을 받았을 때 머릿속에 가장 먼저 떠오른 것은 중국 사회주의 체제의 특수성보다는 한·중 엘리트 청년들 간의 이심전심이었다.

사회혁신(중국에서는 '사회창신')은 이들의 마음이 연결되는 지점에서 빈번히 등장하는 용어다. 한국이든 중국이든, 기업과 정부기관, 대학과 비정부기구NGO에서 자신의 일을 사회혁신과 연결 짓는 사람이 부쩍 많아졌다. 이들은 기존 방식으로는 현재 우리가 직면한 난제를 해결할 수 없다고 주장한다. 정부의 각종 규제, 국회의 이전투구, '운동 세력'의 편 가르기에 고별을 선언하면서, 다양한 행위자가 경계와 위계를 허물고 창의적·효율적인 방식으로 사회문제 해결에 동참할 것을 제안한다. 소모적인 적대와 비판을 거두고 비전과 아이디어로 사회에 활력을 불어넣자고 호소한다. 정주영 회장의 기업가 정신부터 중국 공산당의 병참술까지, 좌우와 고금을 막론하고 사회혁신의 모범으로 재탄생한 사례 또한 적지 않다.

무엇보다 사회혁신이란 주술을 거치고 나니, '청년 실업의 위기'가 '청년 창업의 호기'로 탈바꿈했다. 사회가 만성화된 고용 불안정에 시달리는 청년에게 책임을 지우는 게 아니라, 청년이 활력을 잃어가는 사회를 돌보고 새롭게 변화시킬 책무를 자임하게 되었다. '소셜벤처 밸리' 서울 성수동과 '중국의 실리콘밸리' 선전에서 내가 만난 젊은 스타트업 창업자들이 이 기대에 어떻게 응답했는지 간단히 답하기는 어렵다. 다만 이들 사이의 교감이 한국과 중국 간 규모나 체제의 차이를 잊게 할 만큼 뚜렷했다는 점을 강조하고 싶다.

디지털 세계의 어법에 능통하고 영어 조기교육을 받은 엘리트 청년들은 서로의 모국어를 몰라도 자유롭게 소통했다. (중국 소셜미디어) 위챗과 페이스북을 통해 온라인 친구를 맺고, 세계

도처에서 열리는 각종 스타트업 행사와 사회혁신 프로그램에 참여하면서 오프라인의 교류도 넓혔다. 자기 자신을 당당히 브랜드화할 수 있는 개성, 상대에 대한 적당한 예의, '정치적 올바름'에 대한 코즈모폴리턴 감수성을 갖춘 젊은이들은 자국의 권위적인 시스템과 유연히 밀당하면서 세계에 선한 영향력을 끼치는 기업가로 성장하길 꿈꿨다. 서울 성수동부터 선전 난산(남산)구까지, 친환경 텀블러부터 영문 닉네임까지, 이심전심으로 탄생한 엘리트 청년들의 코워킹 스페이스(공유 오피스)는 기묘하게 겹쳐졌다.

나는 이 세계에서 요구되는 상징 자본을 갖지 못한 지방대 휴학생의 '침입'이 야기한 긴장을 한 소셜벤처 행사에서 경험한 적이 있다. 그가 사투리 억양이 짙게 밴 어조로 집요하게 돈에 관해 질문을 퍼붓자 불편한 기류가 감돌았고, 사회자는 행사 후 따로 얘기를 나누자며 그의 말을 끊었다. 중국에서는 이 아슬아슬한 접촉지대조차 보지 못했다. 지난 몇 년간 내가 만나온 폭스콘 청년 노동자들이 공장지대를 벗어나 자기를 '토미' '제리'라 소개하면서 데모데이Demo Day나 미트업Meetup에서 제 또래 스타트업 부족민들과 교류하는 장면이 쉽게 상상되질 않는다. 지역에서 봉사활동을 하고 받은 표창이나 트로피를 소셜미디어 인증숏으로 올리는 이들의 취향은 '힙'하지 않다.

도래할 시간에 정작 문제가 되는 것이 남한과 북한의 갈라진 마음일까, 아니면 제 사회 안에 담을 두른 마음들일까? '자유민주주의' 한국과 '포스트사회주의' 중국의 엘리트 청년들 간 유대는 체제 이데올로기와 관계없이 계급적 취향지대를 관통하는 마음의 구속력을 엿보게 한다. 상대와 오래도록 함께하고 싶은 마음은 편안함에 대한 감각을 요구한다. 이질적인 상대와는 안전한 거리를 유지하거나 호기심의 대상으로 잠깐 소환하면 그만이다. 문득 서울, 상하이, 평양의 젊은 엘리트들이 스마트 시티와 인공지능을 두고 즐겁게 토의하는 풍광을 그려본다. 내 초라한 상상은 단지 여기까지다.

2부   대면하기

Ai Weiwei, **Trace**, 2014, photo © Jan Stürmann

위협과 기괴함의 시소 타기

2013년 봄 학기에 현대 중국 사회에 관한 소규모 세미나 수업으로 학생들을 만난 적이 있다. 좀더 정확히 표현하자면 〈Understanding Modern China〉란 수업을 개설해서 영어가 모국어인 교환학생과 외국 체류 경험 덕택에 영어가 유창한 한국 학생, 영어 트라우마에서 자유롭지 못한 '토종' 한국 학생과 함께 다양한 영어로 중국 사회를 이야기했다.

대학의 글로벌라이제이션이 우후죽순으로 등장한 국내외 평가 지수에 따라 재단되고, 영어 구사 능력이 '경쟁력을 갖춘 글로벌 인재'의 필수 조건으로 정착한 시대에 살면서, 문화인류학자인 나는 저 멀리 떨어진 아마존 오지보다 내가 살아가는 공간 자체가 더 기묘한 '현지'임을 매 순간 깨닫는다.

그 중국 수업도 일종의 현지였다. 수업은 매주 인구, 노동, 성性, 청년, 민족주의 등 특정한 소재를 중심으로 학생들이 한두 편의 논문을 발제하는 식이었다. 개별 논문이 급변하는 중국 사회의 모습을 담아내는 데는 한계가 있으니 학생들에게 주제와 관련된 신문 기사나 다큐멘터리, 만화, 인터넷 블로그 등 다양한 자료를 가져와서 공유하게끔 했다.

문제는 자료를 영문 매체에서 찾다 보니, 더구나 검색어를 입력했을 때 상위에 노출된 기사나 조회수가 높은 동영상 자료를 출처에 대한 고려 없이 찾다 보니 우리가 다뤄야 할 중국이 이미 인권유린과 비민주의 상징으로 축약되어버렸다는 점이다. 예를 들어 '노동'은 분노에 찬 노동자의 파업과 시위로, '농민공'은 제도적·문화적 차별에 시달리는 '이등 시민'의 고통으로, '인구'는 정부의 계획생육 정책 때문에 정식으로 등록되지 못한 아이들('secret children')의 문제로만 등장했다.

'인터넷'을 주제로 한 수업에서 중국을 표상하는 방식의 문제는 고스란히 드러났다. 학생들이 찾아낸 모든 기사에서 중국의 인터넷은 곧 중국의 민주를 논하는 작업과 동일시됐다. 아이웨이웨이에 관한 자료가 많은 게 특히 인상적이었다. 1957년 출생한 아이웨이웨이는 전 세계적으로 유명한 설치미술가이자 반체제 인권운동가다. 그해 반우파 투쟁에서 시인인 부친 아칭이 동료 작가 딩링을 변호하다 우파 분자로 몰린 바람에, 그는 가족과 함께 신장위구르자치구 변방 지역으로 쫓겨났다. 16년이 지나서야 베이징으로 돌아간 그는 1980년대 초 미국으로 건너가 행위예술가로서 탄탄한 명성을 쌓기 시작했다. 하지만 예술에 문외한인 일반인에게 아이웨이웨이가 널리 알려진 데는 중국 정부의 인권 탄압에 대한 그의 거침 없는 저항과 2011년 탈세 및 외설 혐의로 80여 일간 감금되었던 사태, "Where is Ai Weiwei(아이웨이웨이는 어디에)?"를 외치며 그의 석방을 요구한 전 세계 예술가들의 항의가 인터넷을 통해 생중계되었던 일이 계기가 됐다.

수업에서 학생들은 인터넷이 중국의 민주화를 촉발하는 데 기여할 것이라는 아이웨이웨이의 인터뷰 영상과 2008년 쓰촨 대지진 당시 두부처럼 뭉개진 학교들이 불량 건축과 공사비 착복에 따른 인재였음을 밝힌 그의 다큐멘터리, 싸이의 「강남 스타일」을 패러디해서 중국 정부의 인터넷 검열을 비판한 그의 코믹 영상을 연이어 소개했다.

아이웨이웨이는 훌륭한 인권운동가이고, 중국 사회의 병폐를 직시하는 그의 열정과 노력은 인정받을 가치가 있다. 하지만 중국에 사는 내 친구들과 학교에서 만나는 중국인 유학생 중 그의 이름 석 자를 아는 이가 아무도 없다는 사실은 찜찜했다. 중국 정부의 무자비한 인터넷 검열 정책에 대한 비판이 이 괴리에 대한 유일한 답변일까?

인터넷 사용자 수가 당시에 이미 5억 명을 돌파한 나라에서 어마어마한 자금을 쏟아부어가며 시행되는 각종 검열 조치는 비난받아 마땅하다. 중국은 1998년부터 인터넷 완리창청(만리장성)防火長城이라 불리는 국가 인터넷 검열 시스템을 구축하여 정치적으로 유해하다고 판단되는 웹사이트의 게시물을 삭제하고 검색어를 필터링하며 엄격히 관리해왔고, 2012년 3월부터는 4억 명에 달하는 이용자가 사용하는 웨이보微博(중국판 트위터)에 대한 실명제를 도입해 공분을 사기도 했다. 중국의 인터넷 환경을 연구해온 이민자 교수의 지적처럼 소위 '인터넷 여론'은 당-국가의 정당성에 직접 도전하는 이슈들을 배제한 채 시민들의 알 권리 보호, 지방 간부의 부정부패 폭로, 사회정책 비판 등 주로 민생 문제에 초점을 맞추어 형성되고 있다.

이러한 검열 정책에 대한 우려에 공감하면서도 내가 찜찜한 이유는 중국인의 인터넷 사용이 보여주는 흥미롭고 다채로운 양상이 '중국의 인터넷 검열과 비민주적 통제'라는 깔때기로 여과되지 않는다는 이유만으로 쉽게 무시될 수 있다는 점, 서구 민주주의의 특정한 역사적 렌즈로 중국을 보는 시선을 고정하고 만다는 점 때문이다.

"인터넷이 중국을 변화시킬까요Will the Internet change China?" 이는 중국 인터넷을 연구한 문화인류학자 쩌우융밍이 미국에서 만난 정치가와 저널리스트들에게 자신의 연구 주제를 길게 설명한 뒤 들었던 유일한 질문이다. 결국 그의 대안은 한 사회에 등장한 새로운 테크놀로지를 역사화하는 작업, 가령 청조 말기 전신의 도입이 당시 관료 사회에 발생시킨 논쟁과 20세기 후반 인터넷 도입을 둘러싼 논쟁을 비교하면서 '민주'와 '인권' 같은 최근의 지배적 패러다임을 낯설게 바라보는 작업이었다.

우리는 도대체 어떤 중국을 보고 싶어하는 것일까? 이는 중국 사회를 영어라는 매개로 설명하게 된 나의 곤혹스러움에서 야기된 물음이나, 중국을 표상하는 한국 대중매체에 대해서도 똑같이 던질 수 있는 질문이다. 언론 보도가 '위협으로서의 중국'과 '기괴한 중국' 양자만 시소 타는 상황은 이웃한 나라를 바라보는 우리의 시선을 고정하고 만다. 중국 유학생, 이주 노동자, 이주 여성 등 다양한 이름으로 살아가는 이웃에 대한 시선도 마찬가지다. 재현의 권력에 대한 성찰의 필요성은 연구에 있어서도 예외가 아닐 것이다.

젊은 세대의 반중反中

　2021년 8월 말, 아모레퍼시픽 포럼과 성균중국연구소가 '중국공산당 창당 100년과 한국인의 중국 인식' 심포지엄을 개최했다. '중국공산당 창당 100년'은 하나의 정당이 장기 집권하면서 제 나라를 패권 지위로 재도약시킨 사건으로, 학계나 언론에서 다양한 평가 작업이 이루어졌다. 하지만 팬데믹 이후 반중국 정서가 한껏 고조된 상태라 대중적 관심은 미미했다.

　중국을 압박하는 외세는 "14억이 넘는 인민이 피와 살로 쌓은 강철 만리장성 앞에서 머리가 깨지고 피가 흐를 것"이라는 시진핑 중국공산당 총서기의 연설이 한껏 타오른 반중 감정의 땔감 정도로 회자되었을 뿐이다. 이날 심포지엄에선 중국이 부정과 회피의 주제가 되고 만 현실을 돌아보자는 취지로 '한국인의 중국 인식의 현주소'란 제목의 토론 자리가 마련됐다.

　토론에는 서로 다른 경로로 중국에 관심을 두게 된 이들이 초대되었는데, 서울시립대 중국어문화학과 대학원생인 김준호 씨의 발표가 적잖은 충격을 던졌다. 그는 온라인에서 급속히 확산 중인 중국 혐오 콘텐츠를 자세히 소개했다. 회의에 접속한 중국인 청중에게 미리 양해를 구해야 했을 만큼, 콘텐츠 내용과 관련 댓글은 차마 입에 담기 어려울 정도로 자극적이었다. 중국인 괴롭히기를 게임처럼 즐기는 콘텐츠가 범람하고, 댓글들은 (강아지든 음식물 거름망이든) 중국 영상이기만 하면 티베트, 신장위구르, 홍콩, 천안문 등 정치적으로 민감한 주제를 억지로 연관 지었다.

중국을 긍정적으로 보여주는 콘텐츠는 공산당의 문화 침투 전략으로 매도되면서 혐오의 표적이 되었다. 김준호 씨는 중국 혐오 콘텐츠의 조회수가 100만이 넘고, 수천 명이 '좋아요'를 누르는 상황을 직시해야 한다며, '반중'이 청년 세대에서 지배적인 문화 코드로 자리 잡았음을 강조했다.

그의 지적은 포럼 두 달 전 『시사IN』에서 발표한 '한국인의 반중 인식' 여론조사 결과와 중첩된다. 『시사IN』 이오성 기자는 젊은이들이 중국공산당이나 중국 제품뿐 아니라 중국의 문화유산, 음식까지 부정적으로 보고 있다는 점을 지적하고, 2020년 미국 퓨리서치센터의 중국 인식 여론조사에서 젊은이들이 장년 세대보다 중국에 더욱 부정적인 유일한 나라가 한국이라는 사실을 환기했다. 한국의 2030 세대가 "중국의 모든 것을 싫어하는 핵심 집단"으로 부상했다는 것이다.*

이러한 반중 정서는 2020년 석주희 교수가 동아시아연구원 EAI의 한일 관계 여론조사 자료를 토대로 분석한 청년 세대의 반일 정서와 뚜렷한 차이가 있다. 석 교수에 따르면, 한국인은 대체로 정부와 민간을 구분하여 일본을 인식하며, 특히 2030 세대는 50대보다 일본에 훨씬 더 우호적이고, 일본과의 관계에서 역사·정치와 문화를 분리해 생각하는 경향이 크다. 사실 연구자들이 '청년 세대의 반중'이란 화두를 비켜갈 구실은 많다. 세대론이 '요즘 젊은것들' 이야기를 자기 편의대로 활용하기 위한 기성세대의 게임 도구에 불과하다거나, 한국은 물론 전 세계 디지털 커뮤니티에서 여성, 소수자, 난민을 대상으로 벌어지는 혐오 유희에 중국이 추가되었을 뿐이라는 식으로 말이다.

하지만 문화대혁명에 관심을 둔 젊은 연구자가 굳이 '저희'라는 표현을 써가며 청년 세대의 중국 인식을 쟁점화한 데는 학계가 이 현상을 직시하지 않는다는 비판이 깔려 있는 듯하다. 김준호 씨는 (「영웅문」, 『삼국지』, 사회주의 등 다양한 채널을 통해 중국에 관심을 가졌던 윗세대와 달리) 현재 청년들이 중국 위협론의 세계관에 영향을 받으며 자랐고, 중국인과 중국 문화에 매력을 느낀 적이 별로 없다고 했다. "아쉽게도 선배 연구자분들이 중국학계에서 착실히 쌓아온 값진 결과물들을 젊은이들은 전혀

* 이오성, 「중국의 모든 것을 싫어하는 핵심 집단, 누굴까?」, 『시사IN』 717호, 2021년 6월.

알지 못한"다며, 변화하는 미디어 환경에 적응하면서 대안적인 중국 담론을 생산하려는 노력이 학계에서 별반 보이지 않는다는 점을 지적했다.

그의 비판이 와닿았다. 연구자들이 논문과 학술회의라는 표준적 관행을 반복하며 우리끼리의 결속에 자족하는 것은 아닌지, 민간의 다채로운 역동에 별반 주목하지 않는 바람에 국가와 인민을 일체화하는 중국 지배 엘리트의 어법을 '중국'이라는 주어 아래 답습하는 것은 아닌지 자문했다. 중국 혐오와 중국 비판을 구분하고, 시진핑 체제에서 극심해진 소수민족 억압, 검열과 감시, 각종 사회운동 탄압에 대한 날 선 비판을 견지하기 위해서라도 유희가 된 혐오를 더는 수수방관해선 안 된다.

코로나 사태의 기이한 친숙함

2020년 2월, 광둥성 선전에서 만나온 중국 친구와 오랜만에 위챗으로 대화를 나눴다. 명절을 맞아 장시성 농촌으로 돌아왔는데 코로나 사태로 걸음이 막혔단다. 우한에서 멀지 않은 곳이라 경찰이 마을 입구마다 흰 띠를 두르고 출입을 통제하기 시작했다고 했다. 주변 마을을 돌며 새해 인사를 나누는 농촌의 전통도 전염병 앞에선 힘을 잃었다. 전년 설을 쇠자마자 선전 폭스콘 공장에 일하러 갔으니 1년 만의 귀향이다. 부모님이 계신 인근 마을까지 걸어서 30분인데 시가에만 갇혀 있자니 흰 띠가 야속하기만 하다.

지인들에게 이 얘기를 했더니 코로나로 수백 명이 죽는 판에 세배가 대수냐며 혀를 찼다. 우한 방문 사실을 숨기고 연회장을 찾은 사람 때문에 4000여 명이 자가격리를 하게 됐다는 기사가 돌면서 '무개념' 중국인 논란이 한창이던 때였다. 하지만 뭔가 찜찜하다. 별안간 취소되어 너무나 아쉬운 만남이 내게도 있을까? 코로나19가 창궐하던 때, 감염자 수가 늘면서 잡혀 있던 대부분의 행사가 무산되었다. 오랫동안 준비해온 중국 현지조사도 포기했다. 방학 때 만나자 약속했던 친구들과도 대부분 메신저로 안부를 전했다. 아쉬움은 남지만 그렇다고 마음을 후빌 정도는 아니다.

코로나 사태 이후 감염 우려로 사람들의 활동이 줄어들고 경제가 위축된 것은 맞지만, 전과 후의 일상에 큰 차이가 없었다는 게 오히려 우리 사회의 병리를 드러내는 것 같다. '○○번 확진자'의 이동 경로를 샅샅이 추적하는 보도도 낯설지 않다. 인간이 바이러스가 아닌 사람 취급을 받던 시절에도 관음증을 부추기는 1인 미디어나 여론의 신상털기가 득세하지 않았던가. '격리' '봉쇄' '입국 금지'처럼 전염병 비상사태에 등장한 단어들도 크게 무섭지가 않다. 국회부터 학교까지, 생각을 달리하는 상대와 대화를 시도하기보다 우리와 저들을 금 긋고, 저들에게 낙인을 찍어 우리의 정당성을 확보하는 혐오정치가 일상의 공포를 부추기지 않았던가. 여성, 성소수자, 난민, 가난한 사람들에게 거침없이 혐오 발언을 쏟아내는 사람들은 물론, 이 혐오에 대한 자기방어로 제 몸에 가시를 두르고 고슴도치가 되어버린 사회적 약자들까지 분리와 배제의 정치에 연루되면서 공포라는 감염은 무방비로 확산되고 있다.

내가 당신으로부터 안전하지 않다는 불안감에 온·오프라인에서 차단벽을 치느라 바쁜 한국 사회에 이번에는 신종 바이러스까지 더해졌다. 우리와 저들을 필사적으로 구분하는 혐오정치의 문법은 기존의 구분을 재생산하면서, 혹은 저들의 범주를 확대하면서 기승을 부리는 모양새다. 사드, 미세먼지, 홍콩 시위를 거치면서 확산 중이던 반중 감정이 우한발 전염병을 맞닥뜨리면서 '저들'의 자리에 중국인을 밀어 넣는 게 자연스러워 보이기까지 한다.

페미니스트 학자 세라 아메드에 따르면, 우리가 어떤 사람들을 두려워하는 것은 그들이 원래부터 두려운 존재여서가 아니다. "공포의 '기호들'(사인)이 도처에 유포되면서 (예컨대) 흑인 타자는 두려운 존재가 '되고' 만다."* 혐중嫌中을 부추기는 기호들도 자의적으로 선택되고 유통된다. 바이러스 감염이라는 불가역적인 표식에 미개함, 불결함, 뻔뻔함 등 예전의 기호들이 덧씌워지고 마구잡이로 조립되면서 혐오는 증식한다. 감염 증상이 나타나도 혐오 바이러스가 더 두려워 신고를 주저할 판이다. 당황스러운 것은 혐오정치의 문법이 지구 곳곳에서 반복되다 보니 한국인과 중국인이 동양인으로 묶이고, 어느새 서구인의 '저들'이 되어버렸다는 점이다. 우리 '한국인'은 아니라고 하소연할 것인가, 아니면 분리와 배제를 답습하는 일상의 공포정

---

* Sara Ahmed, "Affective Economies", *Social Text* 22(2), 2024, p.127.

치를 극복하기 위해 함께 머리를 맞댈 것인가.

　코로나 사태 당시 언로를 봉쇄했다가 도시까지 통째로 봉쇄하고 만 중국 정부의 패착은 오랫동안 비판을 면치 못할 것이다. 하지만 우리 스스로 비판의 자격을 갖추려면 뻥 뚫린 언로에서 오가는 말과 글에 다소간 책임감을 느껴야 한다. '중국인 유학생 몇천 명 입국…… 대학가 비상"같은 문구로 대학을 병동 취급한 기자는 일방적 격리가 기본권을 침해할 수 있다며 사태에 대응하기 위한 협의체를 요청하는 대학생들로부터 세계시민에 대한 예의를 배워야 하지 않았을까. 코로나 사태가 지구 다양체의 공생을 도모하는 새로운 전기를 마련하는 대신, 기존의 혐오정치를 확대 재생산하는 비극을 앞당긴 것은 아닌지 돌아보게 된다.

내가 만난 중국인들

2020년 초 중국 현지조사를 떠난다고 부산을 떨다가 코로나 바람에 계획을 접어야 했다. 그사이 미디어를 통해 중국을 접하다 보니 '혐중'을 우려해온 나조차 생각이 혼미해지기 시작했다. '중국이 중국했네'까지는 아니어도, "아…… 또…… 왜……" 하는 탄식이 새어 나왔다. 중국 정부는 감염병 위험을 알린 의사 리원량의 입을 틀어막고, 그의 죽음에 애도할 시간을 주기는커녕 대대적인 인터넷 단속에 나섰다. 코로나 초기 늑장 대처에 대한 사과 없이 자국의 감염병 대응을 자화자찬하느라 분주했다. 이따금 들려오는 신장위구르족 탄압 소식은 암울했고, 홍콩 보안법을 강행 처리한 것은 충격이었다. 자국민이 절실히 외쳐온 존엄에의 요구를 가차 없이 짓밟고 내정간섭 말라는 훈계만 반복하는 오만을 더는 참기 어려웠다. 타국에서 오랜 현장 경험을 쌓아온 인류학자는 그래프와 숫자로만 그 사회를 해석하지 않는다. 얼굴과 얼굴이 맞닿는 경험이다. 애정이 없으면 불가능한 작업이다. 하늘길이 끊긴 사이 내 애정도 바닥을 드러냈다.

그러던 중 베이징에 사는 친구 리핑(가명)과 연락이 닿았다. 위챗 계정에 갑자기 문제가 생기면서 중국 지인들과 연결이 끊겨 애를 먹던 참이었다. 코로나 이후 안부가 궁금해 연락했는데 응답이 없자 불안한 마음에 수소문했단다. 그는 내가 무사하다는 사실에 안도하면서 접속에 문제가 생길 시에 대비해 비상 연락 방법을 자세히 적어 보내주었다.

순간 감정이 동요하면서 지난 십수 년 동안 리핑 가족과 맺어온 인연이 떠올랐다. 칭화대 교정에서 리핑을 처음 만난 게 2004년이다. 개혁개방 이후 공장 노동자들의 삶의 변화를 논문 주제로 만지작거리던 무렵 그는 자기네 일가친척 모두가 실업자라며 둥베이의 공업도시 푸순으로 나를 안내했다. 국영기업의 구조조정이 가속화되고 '사회주의 노동자'가 시장경제의 낙오자로 매도되던 시절, 가족들은 노점상, 건설 일용직, 파출부로 하루하루 버티면서도 내게 아낌없는 환대를 베풀었다. 푸순시 소재 연구기관 직원들은 외국인인 내가 이상한 취재라도 할까 싶어 일거수일투족을 캐물었지만, 팔순이 다 된 리핑의 할머니는 내가 행여 강도라도 당하지 않을까 하는 노파심에 관공서로, 박물관으로, 노천 탄광으로 힘든 동행을 자처했다. 몇 년 뒤 위암 말기 판정을 받고 급격히 야윈 리핑의 아버지는 아들의 결혼식에서 손수 쓴 편지를 온 힘을 다해 읽었다. 명절 때 또 보자 하셨지만, 마지막 만남이란 걸 예감한 듯 피로연 때 손을 꼭 잡아주셨다. 할머니와 아버지는 모두 떠났고, 리핑은 모두의 소원대로 수도 베이징에 정착했다. 코로나 사태 전 베이징에 들렀을 때 손주를 돌보러 온 리핑의 어머니는 오래전 둥베이에서 그랬던 것처럼 만두를 빚어주셨다.

나는 1996년 1월 처음 중국 땅을 밟았다. 마오쩌둥 동상과 맥도날드가 공존하는 풍경에 기묘함을 느끼고 이듬해 베이징에 머물며 중국어를 배우기로 했다. 하지만 부모님은 출국 날짜가 다가오자 안절부절못했다. 가고 싶은 나라가 왜 하필 중국인지, 사회주의국가에서 행여 변고를 당하진 않을지 걱정부터 하셨다. 반공을 일상 문화로 체화한 분들에게, 중국은 수교 이후에도 여전히 두려운 '중공'이었다.

하지만 중국에서 보낸 그해 여섯 달은 내 삶에서 가장 찬란한 시절로 남았다. 덩샤오핑 서거, 홍콩 반환 같은 굵직한 사건으로 정치적 긴장감이 감돌았지만, 사람들은 생기가 넘쳤다. 충칭행 기차를 탔을 때 한국에서 온 대학생을 보겠다고 승객들이 몰려들어 혼쭐이 났다. 잔뜩 들뜬 채 한국에 대해 묻고 중국을 논하는 사람들과 서른 시간 눈도 못 붙인 채 대화를 계속했다. 인정 넘치는 사람들은 내 안전을 우려해 도착해서도 한동안 동행을 자처했다. 여행 중 우연한 만남이 또 다른 여행으로 이어지다 보니 결국 학교가 아닌 길에서 중국어를 배웠다. 연구자로서 중국에 한 발짝 더 다가가고 싶어 인류학을 공부했고, 꾸준히 현지조사를 하며 리핑 가족처럼 다양한 세계를 품은 중국인들과 만났다.

현지조사를 하면서 만나온 평범한 중국인들은 중국을 '중국 국가' '중국 정부'와 곧바로 등치시키는 위험한 유혹에서 벗어나도록 도움을 준다. 내가 바라는 삶의 경관이 배타적 주권을 내세우면서 국가 간의 힘겨루기에 매몰되어 있는 세계가 아닌 인간이 서로에게, 다른 생명에게 자리를 내어주고 공생을 약속하는 세계였음을 다시 상기시켜준다. 중국이든 한국이든 근대성의 폭력이 누적된 공간에서 버텨오는 동안 '좋은 삶'의 기준이 얼마나 협소해졌는가를, 그럼에도 삶의 취약성을 딛고 타인에게 손을 내미는 평범한 을이 얼마나 많은가를 환기해준다. 무엇보다 그들은 섣부른 경계와 비난이 관심과 비판을 압도해선 안 된다는 자명한 원칙을 일깨운다.

코로나 사태로 연구도 만남도 기약하기 어려운 상황이 되어서야 바다 건너 친구들에 대한 고마움, 그리움이 살아났다. '닥치고 혐오'가 일반화된 세상에서 안부를 물을 친구들이 있어, 이들을 통해 내 시선의 편협함을 돌아볼 수 있어 다행이다. 하지만 전염병에서 기후위기까지 갈수록 빈번해질 재난으로 물리적 만남이 어려워질 때, 그럼에도 개별 국가의 국민이 아닌

지구 공동체의 성원으로 중지를 모아야 할 일은 쌓여만 갈 때, 어떤 연결을 궁구해야 할지 선뜻 답을 찾기 어렵다. 경험이 아닌 지식만으로, 접촉이 아닌 접속만으로 우리는 서로의 삶에 가닿을 수 있을까? 그러자면 우리의 지식과 접속에는 어떤 지혜가 새롭게 담겨야 할까?

3부 　　　　　관찰하기

대의를 잃어버린 세계에서

　중국에서는 매년 3월 5일을 '레이펑雷鋒 학습일'로 지정해 전 인민의 '자발적'인 봉사를 독려하고 있다. 레이펑은 1940년 후 난성 창사에서 태어나 1962년 랴오닝성 푸순에서 군 복무 중 사망하기까지 인민을 위한 희생을 온몸으로 실천한 사회주 의적 인간의 모범으로 알려져 있다. 그가 사망하고 이듬해인 1963년 3월 5일 마오쩌둥이 친필로 "레이펑 동지를 따라 배우 자"라는 교지를 내린 이래 중국에서는 '레이펑 정신'을 고취하 기 위한 다양한 봉사 의례가 정기적으로 수행되어왔다. 일찍이 저우언라이 총리가 "증오와 사랑의 구분이 명확한 계급적 입 장, 언행이 일치하는 혁명 정신, 공을 위해 사를 돌보지 않는 공 산주의 풍격, 자신의 몸을 돌보지 않는 무산계급의 투지"로 정 의했던 '레이펑 정신'은 개혁개방의 파도 속에서 본연의 이데 올로기적 색채가 풍화된 채 사회를 위한 사심 없는 희생과 봉 사라는 의미로 현재까지 살아남았다. 세계적 경제 대국으로 찬란히 용트림한 이 나라에서 계급과 혁명에 관한 수사는 불온한 금기가 되었으나, 레이펑을 기리는 동상과 기념관은 더 웅장해졌고, 그를 추모하는 행사 역시 기하급수적으로 증가했다. 새롭게 단장한 순례 행사에 가장 빈번히 동원되는 집단은 누구보다도 학생들이다. '고생이라고는 모르고 자라난 개혁개방의 아이들'이 타인과 사회, 국가를 위해 사심 없는 봉사를 실천하는 '살아 있는 레이펑活雷鋒'으로 거듭나야 할 필요성은 관방의 매체에서 거듭 강조되어왔다.

그러나 매년 3월 5일 전후가 되면 당국의 훈계만큼이나 공중의 냉소적인 비판 또한 들끓는다. "레이펑 아저씨는 호구戶口가 없어서 3월에 왔다가 4월이면 가버린다"는 공공연한 농담은 학생들이 참여하는 대부분의 레이펑 관련 봉사활동이 일회성 이벤트에 불과하다는 점을 강조한다. 소위 '형식주의'라는 이유로 비판받는 레이펑 학습 현장은 올해도 어김없이 중국의 인터넷 매체를 수놓았다. 무료 이발 봉사를 하겠다고 몰려드는 학생들 때문에 머리를 삭발할 지경이 된 할아버지가 등장했고, 봉사 인증을 받기 위해 할머니와의 사진 촬영을 기다리는 학생들이 등장했으며, 자원봉사 당일 벌어진 '노인 품귀' 현상 때문에 직접 할머니 연기를 해서 스무 명의 '레이펑'을 구제했다는 학생이 등장했다. 학생으로 들끓는 인근 지역의 복지시설과 거리가 멀어 아무도 찾지 않는 복지시설을 대비시킨 신문 만평은 레이펑 학습이 봉사 날짜뿐 아니라 봉사 장소까지 획일화했다는 점을 비난하기도 했다.

21세기 레이펑은 냉소와 풍자의 언어가 되었지만, 2010년대 이후 중국 사회에서 가시화된 공익활동 열풍을 당과 국가의 시대착오적 캠페인으로 매도할 수만은 없다. 중국에서 자원봉사(자원활동)는 개혁개방 과정에서 시민(공민)사회를 구현하기 위해 요청되는 자치활동 중 하나로 부상했다. 2010년에 이미 중국의 자원봉사 조직은 40여 만 개, 자원봉사자는 5500여 만 명에 달했다. 이러한 조직은 대부분 민정부나 공산주의청년단에 의해 직간접적으로 운영되며, 자원봉사자들은 레이펑 학습일이자 '중국청년자원봉사자의 날'로 지정된 3월 5일을 전후로 정부의 각종 캠페인에 동원된다. 그러나 여러 인류학 연구가 보여주듯 자원봉사에 참여하는 많은 청년은 공산당의 군중조직으로서 제 단체가 갖는 외피와 상관없이 다양한 방식으로 공공성에 대한 열의와 삶의 의미를 활동에 녹여내고 있다. 자원봉사가 자기계발의 장으로, 꽉 막힌 학교나 직장의 테두리에서 벗어나 인간관계의 폭을 넓힐 수 있는 무대로, 가족이라는 좁은 영역을 넘어 공생의 의미를 반추하는 기회로 다양하게 전유되는 것이다.

실제로 나는 2012년 쓰촨 대지진 이주민 마을에서 진행된 한중 대학생 자원봉사활동을 참관하면서 중국 학생들의 진지

함에 깊은 감명을 받은 적이 있다. 문화대혁명 기간에 하향下鄉
했던 부모 세대가 농촌의 가난과 비참을 생생히 접하며 당에
대한 맹목적 충성에 스스로 제동을 걸기 시작했던 것처럼, 내
가 만난 중국 청년들은 지역 개발과 토지 배분 과정에서 야기
된 구조적 모순을 이해하지 않고서는 자기들이 만난 이주 농민
의 고통을 이해할 수 없다는 점을 간파하고 있었다. 외로운 이
주 노인들의 말벗이 되겠다는 가벼운 다짐으로 들렀던 자원봉
사 현장에서 부패에 대한 날선 비판과 공공성에 대한 진지한
탐색을 시작한 것이다.

　중국사상사 연구자인 미조구치 유조는 일본에서 공사公私가
영역적 개념에 국한된 데 반해 중국의 공사에는 각각 '공=평
분平分'과 '사=간사奸邪'라는 도의상의 관념이 추가되고 있음을
지적한 바 있다. 민권民權을 민생民生에 대한 요구와 분리하지
않고, 이를 사私의 관철이 아닌 공公으로 의미화했던 백여 년
전 중국 지식인들의 문제의식은 국가사회주의의 파란만장한
실험을 거쳐 어떤 흔적으로 남았을까? 대의를 잃어버린 세계에
서 삶의 공허함을 토로하는 중국 청년들이 함께共 모색해갈 공
公이 '중국몽'이라는 부강의 꿈에 갇히는 대신, 공평한 삶을 위
한 전 지구적 연대를 향해 나아가길 바라본다.

'프런티어' 북한과 식민주의 유령

2024년 1월 북한은 사회주의헌법에 대한민국을 "제1의 적대국"으로 명시하겠다고 발표했다. 법과 제도 전반에서 '민족' '통일'과 관련된 내용을 없애고 한국을 적대시하는 근본적 변화를 이루겠다는 위험한 선언이다. 지난 반세기 넘게 한반도에서 남과 북이 쌓아온 대화와 교류의 역사가 단칼에 베이고 만 느낌이다. 2018년 4월 27일 문재인 대통령과 김정은 국무위원장이 판문점에서 반갑게 악수하고 도보다리에서 둘만의 대화를 나누던 장면, 서태지와 아이들의 「발해를 꿈꾸며」가 환송식 배경음악으로 흘러나오던 순간은 신기루였을까. 4·27 남북정상회담으로 물꼬를 튼 남북관계는 한반도 평화라는, 한동안 불가능의 영역으로 제쳐두었던 주제를 공론장에 소환했으나, 이후 북미 정상회담 협상이 결렬되면서 냉각됐고, 대북 강경책을 시사한 윤석열 정권이 들어서면서 첨예한 적대관계로 급변했다.

2018년은 평화를 바라는 사람들에게 그리운 시간이다. 하지만 남과 북이 지금의 적대를 넘어 서로에게 자리를 내어줄 미래를 준비하기 위해서는 좀더 냉정하게 돌아볼 시간이기도 하다. 4·27 남북 정상회담 당시 핵심 의제는 비핵화였으나, 북한의 거대한 전환이 임박했다는 공감이 확산되면서 다양한 전망과 제안이 쏟아졌다. 특히 저임금, 지하자원, 물류 수송의 이점을 고루 갖춰 투자가치가 높은 '프런티어 시장'으로 북한을 가치화하는 셈법이 심심찮게 등장했다. 동남아시아가 아닌 북한으로 공장을 이전하자는 제안이 '굶주린 북한 동포'에게 주는 평화의 선물인 양 등장하는 현실을 보며, 나는 2010년대 초반 연구차 드나들었던 시타(서탑)를 떠올렸다.

시타는 중국 동북 선양(심양)에 위치한 한인 타운이다. 20세기 초 중국까지 건너간 조선인들이 삼삼오오 모여 살았던 이 동네는 중화인민공화국 출범 이후 중국 소수민족 중 하나인 조선족의 집거지가 되었다. 1992년 한중 수교 이후 새로운 기회를 찾아 한국인이 대거 이주하고, 한국에서 돈을 벌고 돌아온 농촌 출신 조선족이 새롭게 정착하고, 1990년대 중후반 '고난의 행군' 시기에 건너간 탈북민과 외화벌이에 나선 북한 노동자가 급증하면서 국적을 달리하는 한민족 사이의 마주침 또한 빈번해졌다.

이 마주침의 풍광이 많은 이를 고무시켰음은 물론이다. 반도와 대륙을 연결하는 역사적 관문으로 선양의 중요성을 복기하고, 시타를 '다가올 통일을 준비하는 민족 화합의 실험장'으로 만드는 오랜 작업에는 새로운 시작을 열망하는 많은 이의 노고가 따랐다. 하지만 이 작업은 간단치가 않다. '동포' 간의 호혜와 시장관계가 뒤엉킨 채 시작된 재중 한국인과 조선족의 마주침은 한·중 양국의 정치적, 경제적 변동 속에서 적잖은 갈등을 낳았다.

위안화 절상으로 공장 문을 닫은 한국인 사업가는 자신이 저임금으로 고용했던 조선족을 "배은망덕한 사기꾼"에 비유했다. 한국에서 이주 노동자로 수모를 겪다 중국으로 돌아가 부를 축적한 조선족은 "잘난 체하다 쪽박 찬" 한국인에게 동정과 야유를 보냈다. 경제 지위를 두고 난타전을 거듭하던 양자가 잠시 휴전에 돌입한 건 탈북민이라는 공동의 희생양을 발견했을 때였다. 일부 한국인, 조선족 자영업자는 탈북자의 불법 지위를 악용해 임금 체불을 일삼으면서도 "먹을 것을 찾아 막무가내로 달려드는" 위험한 집단이라며 그들을 잔뜩 경계했다.

시타 내 탈북민과 북한 주민의 삶을 섣불리 비교하긴 어렵지만, 중국에서든 한반도에서든 '민족'이라 호명하고 '저임금 노동자'라 받아 적는 형국이 발생할 위험은 상존한다. 단시간에 초고속 성장을 이룩한 한국 사회는 어느덧 민주주의 전도사 역할까지 자임하고 있지만, 인간을 경제개발의 척도로 서열화하고 인적 자본으로 상품화하는 근대의 폭력과 제대로 겨뤄본

적이 있는지는 의문이다.

　서구 근대와 다른 새로운 보편을 주장하는 한편, 북한과는 여전히 사회주의 동지애를 강조하는 중국 역시 상황은 별반 다르지 않다. 개혁개방 초기의 혼란이 부를 축적할 절호의 기회였음을 반추하는 중국인들은 2018년 회담 당시 이미 북한 내 부동산 투자처를 두고 갑론을박을 벌이고 있었다.

　변화하는 남북관계가 가져올 새로운 '기회'란 무엇일까. 19세기 말 영국 정치인 세실 로즈는 빵을 달라 외치는 런던의 실업자들을 보며 신규 시장을 개척할 필요를 제기했고, 내전을 피하고 싶다면 제국주의자가 되어야 한다고 주장했다. 저임금과 지하자원의 보고라는 빈약한 상상력이 빚어낸 '프런티어 시장 북한'의 서사는 민족과 동지애라는 신화와 식민주의의 유령을 동시에 불러낸다. 남북의 공존과 평화는 이 풍경 너머에 있지 않을까.

'잉여 여성'이라는 낙인

　중국 농민공 문제를 연구하는 일부 경제학자들은 농촌의 토지가 충분하지 않기 때문에 도시에서 일자리를 찾을 수밖에 없다는 의미에서 농민공을 '잉여 노동력'으로 불렀다. 이러한 시각은 중국 사회의 뿌리 깊은 도농이원체제에서 발생한 농촌의 보편적 빈곤과 문화적 차이를 무시한다는 비판을 받았다. 칭화대 사회학과 쑨리핑 교수는 농촌 출신 노동자의 입장에서 농촌으로 되돌아가는 것은 문화 혹은 문명의 역류 여행이라며 '잉여'라는 표현에 불쾌감을 내비치기도 했다. 중국 사회에서 잉여剩라는 단어의 쓰임을 보며 내가 의아했던 것은 통상 버려야 할 찌꺼기를 일컫는 '잉여'가 집단 안에서 사회적 · 경제적 자본이 가장 많은 사람을 지칭할 때가 많다는 점이다. 익숙한 고향을 떠나 외지로의 모험을 감행하는 농민공은 실제 농민들 중에서도 가장 교육받은 축에 속하며, 이 글에서 언급할 '셩뉘剩女' 역시 '잉여'라는 부정적 지칭에 걸맞지 않은 경제적 · 교육적 자본을 두루 갖춘 이들이다.

셩뉘는 중국인의 통상적 관념으로 '결혼 적령기'를 넘긴 20대 후반의 고학력·고소득 여성을 지칭하는 용어인데, 중국 인터넷에서 다양한 풍자와 논쟁의 대상이 됐다. 이 용어의 쓰임이 많이 줄긴 했으나, 현재도 1970~1980년대생 미혼 여성을 비하하거나, '혼인 시장에서 배우자를 찾지 못해 남아도는 여성'을 조롱하는 수사로 심심찮게 등장하고 있다.

2010년대 중국 온라인 커뮤니티는 20대 후반 미혼 여성에 대한 조롱과 여성 자신의 한탄으로 넘쳐났다. 25~27세의 '중급 셩뉘'는 아직도 용기를 갖고 배우자를 찾기 위해 고군분투한다는 의미에서 '잉여 투사剩鬪士'라 불렸는데, 이는 剩의 중국식 발음(셩)이 일본 에니메이션 「세인트 세이야」에서 맨손으로 적과 싸우는 '성스러운 투사聖鬪士'의 聖 발음과 같은 데서 온 말장난이다. 28~30세의 '고급 셩뉘'는 기회가 얼마 남지 않았는데도 쉬지 않고 사업에만 주력한다는 의미에서 '必剩客(비셩커)'라 불렸는데, 이는 피자헛Pizza Hut의 중국 명칭인 必胜客와 발음이 같은 데서 유래했다. 2009년 상하이의 광고회사에서 일하는 두 여성이 인터넷 시나sina 블로그에 연재했던 만화 「반드시 시집갈 거야一定可以嫁出去」도 인기를 끌었다. 이들은 철 지난 명품 장신구를 바라보는 여성을 그린 뒤 자조적인 문구를 새겼다. "나이 서른 살이 되어서도 시집을 못 간 여성은 과거에 아무리 성공했더라도 결국엔 제철을 넘긴 할인 상품과 같을 뿐이다."

그러나 그때부터 이미, 성뉘 논란은 언어유희나 자조적 농담으로 끝나지 않고 나라의 미래에 관한 디스토피아적 불안을 내비치고 있었다. 중국에서 출산율은 1970년 5.8명에서 계획생육(한 자녀 낳기) 정책이 시행된 직후인 1980년 2.3명, 2013년에는 급기야 1.18명으로 떨어져서 생산가능인구(15~64세)가 곧 감소세에 접어들 거라는 전망이 나왔다. 출산율 감소와 더불어 성비 불균형 역시 심각한 문제로 제기됐다. 2008년 여아 100명당 남아 120.56명에 달했던 성비 불균형은 점차 완화되었으나 2011년에도 100명 대 117.78명으로 여전히 심각했다. 이쯤 되면 인간을 국가 경제의 노동'력'으로 보는 자들이 '잘나가는 미혼 여성'에 대해 갖는 불편감이 이해될 것도 같다. 성비 불균형으로 봤을 때 잉여의 운명을 불가피하게 받아들여야 하는 집단은 남성인데, 왜 여성들이 잉여를 자처하고 난리인가? 중국의 미래를 책임질 우수 인재를 양육할 수 있는 고학력·고소득 집단이 결혼과 출산을 미루니 얼마나 무책임한가?

2011년 3월 「우리의 동정을 얻을 만한 성뉘가 대체 얼마나 되나?」란 제목의 뉴스 기사를 두고 벌어진 논쟁에는 이러한 불편감이 고스란히 집약되어 있다. 당시 기자는 3·8 부녀절을 맞아 중국 양회兩會(전국인민정치협상회의와 전국인민대표대회)에 참석한 여성 대표 세 명을 인터뷰했다. 짧은 만남의 요지는 성뉘가 사회의 돌봄이 부족해서가 아니라 여성 자신의 기준이 너무 높아서 생겨난 현상이라는 점이었다. 심지어 기자는 여성들이 탐관오리나 벼락부자의 첩二奶으로 사는 데 만족한 나머지 진정한 가족을 만들려고 하지 않는다는, 성뉘에게 필요한 것은 동정이 아닌 반성과 교육이라는 '여성 대표'의 입장을 그대로 전했다. 인터넷은 논쟁으로 들끓었다. 중국 여성의 입장을 '공식적'으로 대표하는 전국부녀연합 온라인 사이트에 여성 비하 기사가 버젓이 등장했다는 사실에 혹자는 분노했고, 혹자는 고개를 끄덕였다. 한술 더 떠 성뉘 현상의 출현을 개혁개방 이후 풍요를 누리며 자란 까닭에 "인생의 진정한 가치를 내팽개친" 청년 세대에 대한 비판으로 확대하는 움직임도 생겼다.

설상가상으로, 성뉘라는 불온한 낙인에 대한 공포는 이 말이 처음 지칭했던 고소득 엘리트 여성에 국한되지 않고 20대 중반에 접어든 대부분의 도시 여성들에게 전염되기 시작했다. 2013년 2월 선전에서 만난 메이메이(가명)는 설을 앞두고 불편한 심경을 내비쳤다. "중국에서는 27세, 28세만 되면 성뉘 소리를 들어요. 부모님이 아주 난리가 나요. 그게 원래는 사업 기반도 있고 집도 있는 능력자 여성을 부르는 말인데…… 근데 전 좀 억울해요. 고등학교 때는 한눈팔지 말고 공부만 하라 하고, 막상 대학 가니 또 취업을 잘하려면 열심히 공부해야 한다고, 막무가내로 남자 친구 만들지 말라 하고, 그렇게 졸업하고 취직했더니 갑자기 남자 사귀라고 성화고……." 메이메이는 늘씬한 자태로 하이힐을 신고 정상을 향해 고군분투하는, 미디어에서 성뉘로 묘사하는 엘리트 여성과 거리가 멀었다. 친황다오(진황도)의 평범한 대학을 졸업해 선전의 의류회사에 취직한 뒤, 그는 내가 봐온 수많은 외지 출신 대졸 청년처럼 동료들과 낡은 아파트를 임대해 쳇바퀴 도는 봉급생활자의 삶을 살았다. "전 이제 겨우 스물네 살이 돼요. 그런데도 지난 추석에 고모가 이웃집 청년이랑 중매를 서주겠다고 난리였어요. 저도 여기서 연애할 겨를 없이 일만 하니, 결국 아빠가 알아서 하겠지요."

사회주의 계획경제 시기를 경험한 이전 세대와 달리, 오늘날 중국 도시에서 살아가는 청년들은 일자리와 주택을 '자유롭게' 선택할 상품으로 강요받고 있다. 대학 정원의 급격한 증가로 별안간 고등교육 엘리트가 된 청년 다수가 원하는 일자리는 '세계의 공장' 중국이 제공해줄 수 있는 단순 노무직과는 거리가 먼 까닭에 무한 경쟁은 도를 넘기 시작했다. 그러나 또 한편 청년들은 실질적인 이주나 온라인 교류를 통해 제 삶의 다양한 가능성을 더 많이 발견하는 중이다. 성뉘라는 낙인 속에 취업-결혼-출산-육아로 이어지는 생애 기획을, 지키지 않으면 불행을 자초할 상식으로, 조국의 발전적 미래를 위한 시민의 책무로 강요하는 사회적 분위기는 제 삶을 묵묵히 살아온 여성을 부당하게 심판한다.

> 예쁜 꽃은 자주 피지 않고
> 멋진 경치도 늘 그대로인 건 아닌데,
> 나는 덧없이 셩뉘의 시대로 흘러간다 (…)
> 진정한 사랑을 나 또한 원하나
> 요즘 사랑은 너무 현실적이라
> 무대에 올라서는 게 두려울 뿐……

중국 가요 「셩뉘 시대剩女时代」의 한 구절이다.

저출산과 실업이 중대한 국가 현안으로 급부상하면서, 셩뉘 담론이 촉발한 성차별과 낙인은 점점 더 노골화되고 있다. 최근의 연설에서 시진핑 국가주석은 "중국 여성은 좋은 아내, 좋은 어머니가 되어야 한다. (…) 여성들은 중화 민족의 전통적 미덕을 고취하고 가풍을 확립하는 데 특별한 역할을 해야 한다"라며 역사의 바퀴를 거꾸로 돌려놓았다. 2018년 직장 내 성희롱을 폭로하면서 중국 미투운동의 불쏘시개 역할을 한 저널리스트 황쉐친은 2024년 6월 국가 전복 혐의로 징역 5년을 선고받았다. 많은 여성이 '셩뉘' 낙인을 감수하면서까지 다가갔던 고위직의 유리천장은 오히려 견고해졌다. "무역 회사에서 요청이 와서 올해 졸업생 중 성적이 가장 우수한 여학생을 추천했지요. 그런데 남학생 없냐고 계속 물어요. 떨어져도 좋으니 여학생한테 면접 기회만이라도 주라고 애걸했어요.” 2024년 7월 베이징에서 만난 대학교수의 얘기다.

그러나, 페미니즘 책들이 대학 서점가의 베스트셀러 자리를 독차지한 근래의 풍경은 거센 역풍에도 시대가 이미 바뀌었음을 증거한다. 『82년생 김지영』에서 「다음 소희」까지, 우에노 지즈코에서 김애란까지, 중국 청년들이 뜨개질하는 동아시아 여성 연대는 고학력 여성의 자조와 불만이 압도했던 지난날의 성뉘 공론장보다 훨씬 더 다채로운 풍경을 보여준다. 2022년 장쑤성 농촌에서 인신매매로 혼인한 여성이 팔남매를 낳고 축사 쇠줄에 묶인 채 살았던 일명 ‘쇠사슬녀 사건’은 중국 사회를 충격에 빠뜨렸고, 가난한 여성이 무엇을 바라고 살 수 있는가에 대한 곤혹스러운 질문을 던졌다. 억압의 시대는 여성이란 화두를 거부하나, 이 단어는 여러 대화자를 만나면서 문제의식을 갱신 중이다.

4부

연루되기

빈자와 부자, 기생충과 숙주 사이

    2019년 5월, 미국을 들썩이게 한 거액의 기부 소식이 국내에 미담으로 전해졌다. 한 사립대 졸업 연사로 나선 로버트 스미스는 그해 이 학교 졸업생들의 학자금 빚을 모두 갚아주기로 약속했다. 소프트웨어 기업 투자를 전문으로 하는 사모펀드 회사 설립자인 그가 학생들 대신 갚기로 한 빚은 약 480억 원에 이른다. 최근 아마존 최고경영자 제프 베이조스와 이혼한 매켄지 베이조스도 재산 절반 이상을 기부하겠다고 선언했다. "과분한 액수의 나눠야 할 돈이 있다"며 그가 약속한 기부액은 무려 21조 원이 넘는다. 이들의 통 큰 기부는 부자의 '품격'이 논외로 밀려난 지 오래인 한국 사회에서 적잖은 반향을 일으켰다. 물론 금융자본주의와 플랫폼자본주의라는, 이 시대 고용 없는 성장을 주도하는 기업가들의 막대한 부가 어디서 비롯됐는지 반문하고 싶은 사람도 제법 있을 것이다.

    미국에서 날아든 이 소식을 접했을 때 오래전 책에서 읽은 한 문장이 떠올랐다. "그들이 공짜로 주는데 우리가 달리 뭘 할 수 있나요?"* 인류학자 다이나 라작은 이 말을 아프리카의 한 NGO 실무자로부터 들었다. 다국적기업의 CSR(기업의 사회적 공헌) 활동을 대리하면서 이 실무자가 내비치는 무력감이란 선물의 강제성에서 비롯된다. 호혜적인 보답이 불가능한 상황에서 일방적으로 제공되는 선물은 가난한 사람들을 채무자 위치에 종속시킨다. CSR은 기업이 정한 돌봄의 규칙에 따라 빈자의 참여를 특정한 방식으로 독려함으로써 도움을 주는 자와 받는 자의 위계를 분명히 한다.

1990년대 말 경제위기를 거치면서 한국 사회가 삶과 노동의 전 영역에서 단행해온 신자유주의 구조조정은 이 위계를 상식으로 만들어버렸다. 아무리 발악해도 상황이 달라지지 않을 때 공생의 바람은 무뎌지고 기생은 삶의 한 양식이 된다. 경제 시스템의 변동 과정에서 구조적으로 손발이 묶인 사람들은 '도덕적'인 부자가 이따금 던지는 모이를 받아먹기 위해 주둥이를 힘껏 내민다. 영화 「거인」에서 자신을 미끼 삼아 교회의 후원을 따내려던 아버지에게 "왜 남들처럼 벌 생각을 안 하냐"며 역정을 내던 배우 최우식이 「기생충」에선 아버지의 기생 파트너이자 백수 가족의 기생 설계자로 열연했다. 전 가족의 기생 프로

---

* Dinah Rajak, *In Good Company: An Anatomy of Corporate Social Responsibility*, Stanford University Press, 2011, p. 189.

젝트가 처음 마주한 난관은 부자의 응징이 아니라 또 다른 기생'충'과의 사투다. '급식충'과 '틀딱충', '수시충'에서 '지균충'까지, 충蟲이란 비속어는 관용의 '덕성'을 갖춘 상층 인간들 대신 절박한 하층 기식자들이 서로의 영토를 구획하기 위한 용도로 범람하지 않던가.

「기생충」에서 상층과 하층의 위태로운 공존을 위협하는 것은 다름 아닌 냄새다. 기택(송강호)이 '선'을 넘지 말라는 박 사장(이선균)의 충고를 아무리 열심히 따르려 해도 파고드는 냄새는 어쩔 도리가 없다. 운전석에서 뒷좌석으로 스며드는 이 냄새를 기택의 딸 기정(박소담)은 "반지하 냄새"라 부르고, 반지하를 알 리 없는 박 사장은 "행주 삶는 냄새" "가끔 지하철 탈 때 맡는 냄새"라 묘사한다. 안절부절못하며 제 냄새를 쿵쿵대던 기택의 자기모멸이 한계에 다다른 순간 영화는 파국으로 치닫는다. 기생충은 또 다른 기생충을, 숙주를 잡아먹더니 종국에는 자신이 기생할 또 다른 숙주를 발견한다.

'케어The Care'라는 문구를 빳빳한 명함에 새기고 한판 사기극을 펼친 기택 가족의 도발은 애초에 결말이 정해져 있었는지도 모른다. 돌봄의 방식을 정할 권리는 가난한 이들에게 주어지지 않기 때문이다. 사회 바깥으로 내몰린 빈자가 다른 빈자에게 복숭아 털을 뿌리거나 최소한의 존엄마저 짓밟은 부자에게 칼끝을 겨누는 전개 대신 또 다른 결말을 상상하는 게 가능할까? 로버트 스미스가 졸업 축사를 건넨 그 대학 학생이 아닌 걸 아쉬워하던 이들의 반응이 어쩌면 한 대답일 수도 있겠단 생각이 들었다. 기생하되 '선'을 넘지 않는 것, 때때로 '사람 냄새' 풍기는 부자들의 선물에 감사하며 묵묵히 제 삶을 살아내는 것 말이다. 봉준호 감독은 그런 결말을 단호히 거부한다. 부자-숙주가 되겠다는 기우(최우식)의 꿈은 양극화된 세계가 빚어낸 폭력을 외면하지 않겠다는 비극적 야심을 내비친다.

'기생수'와 대면하기

넷플릭스 드라마 「지금 우리 학교는」을 보다가 '기생수'란 표현에 움찔했다. 좀비를 피해 간신히 방송실로 피신한 나연이 같은 반 경수한테 던진 말이다. 기초생활수급자의 줄임말이란다. 위급 상황에서 나연은 경수의 손등 상처를 보고 그를 좀비에게 물린 걸로 의심한다. '임대'에 사는 경수가 자기네 아파트 단지를 가로질러 등교하는 게 평소에도 못마땅하던 터였다. 일상의 낙인이 감염의 공포와 뒤섞이면서 의심은 확신으로 둔갑했다. 녹음실에 격리된 경수를 찾아간 나연은 사과하긴커녕 그를 고의로 좀비 바이러스에 감염시킨다. "너 같은 것" 때문에 자신이 친구들 사이에서 궁지에 몰렸다고 억울해하면서.

온라인에서 '기생수'를 검색하니 뜻을 묻는 사람이 제법 많다. 일본의 텔레비전 만화 「기생수」를 떠올렸다는 이도 있다. 다행이다. 아직 지배적인 혐오 표현은 아닌 듯하다. 하지만 일부 인터넷 커뮤니티에서는 가난을 개인의 무능으로 돌리며 조롱하고, 수급자의 '거지 근성'을 비난하는 표현으로 이 말이 곧잘 등장한다. 수급을 당당한 권리로 선언한 국민기초생활보장제도가 시행된 지 20년이 지난 나라에서 벌어지는 풍경이다.

기생수란 표현 때문에 몇 년 전 한 학생과 얘기를 나누다 당황했던 기억이 되살아났다. 인터뷰 때 수급자 가족임을 언급한 그는, 익명성을 지켜달라고 당부했다. "이런 게 알려지면 제가 안전하지 않아요." 안전이라니, 그 순간에 튀어나올 단어로는 상상조차 못 했다. 민주화 이후 한국의 인권 교육과 제도는 급속히 확대됐다. 대학에서 '선량한 차별주의자'가 되지 않겠다는 학생들의 세심한 노력을 살핀 지도 오래다. 인간은 성별, 나이, 출신, 지역 등 어떤 이유로도 차별받아서는 안 된다는 내용을 담은 차별금지법 제정은 여전히 오리무중이지만, 그럼에도 광범위한 지지를 얻고 있다. 그런 가운데 가난이 알려지면 안전하지 않다는 학생의 얘기를 대체 어떻게 받아들여야 하나?

스페인의 정치철학자 아델라 코르티나는 난민과 이주자에 대한 적대의 바탕에는 언제나 가난한 사람에 대한 혐오와 두려움이 있다며, 이를 '가난포비아aporofobia'라 명명했다. 비자발적 빈곤이 한 개인의 정체성도, 선택의 문제도 아니란 점에서, 그는 가난포비아에 다른 유형의 증오나 거부와 구분되는 독특한 측면이 있다고 말한다. 예컨대 나는 비장애, 이성애라는 명명에 점차 익숙해졌는데, 이는 장애, 동성애를 정상이 아닌 것으로 바라보는 관행을 문제 삼은 교육의 효과다. 그러나 같은 맥락에서 '비-빈곤' 같은 표현은 떠올린 적도, 그것의 정상성에 의문을 제기하는 교육을 받아본 일도 없다. 자본주의 세계에서 경제성장과 발전은 성취이고, 그 이념은 공기처럼 당연해서일까? 부자 되라는 기원은 건강하라는 말 못지않게 두루 오가는 새해 덕담이다. 결핍은 그저 불운이고 수치일 따름이다.

그렇다고 가난포비아에 사로잡힌 사람들을 비난하고 응징하면 그만일까? 그런 순간이 「지금 우리 학교는」에 등장한다. 가난한 친구를 조롱했던 나연한테 남라가 "너 살인자야"라고 말하고, 역겨운 표정으로 나연을 쏘아보는 친구들을 카메라가 훑는 장면은 모종의 통쾌함을 선사한다. 하지만 모두에게 버림받았다는 생각에 자포자기하듯 떠난 나연을 선생은 끝까지 붙들었고, 결국 그를 대신해 좀비의 희생양이 되었다. "너도 애들도 다 무서워서 그런 거야…… 나중에 친구들한테 돌아가서 미안하다고 말해…… 꼭 살아, 살아남아서 이번에는 네가 친구들을 도와줘." 좀비로 변하기 직전 선생이 남긴 말이 나연을 움직인다. 친구들에게 줄 음식을 챙기며 용기를 낸 나연이 결국 귀남한테 물어뜯기고 카메라가 그의 신발로 거침없이 쏟아지는 피를 클로즈업하는 장면은 그래서 더욱 섬뜩하고 안타깝다.

구조적 불평등이 똬리를 튼 자본주의 세계에서 가난한 사람을 혐오하는 일은 없어야 한다. 하지만 빈곤의 낙인화가 생산성을 최상의 가치로 받든 자본주의 세계의 당연한 귀결이라면, 이 세계의 다수는 사실상 연루자이고 공모자다. '기생수'라는 표현에 발끈하며 혐오 바이러스를 질타하고 대응책을 급조하는 일만이 능사는 아닐 것이다. 신분 하락의 공포와 상대적 박탈감, 생존주의적 경쟁이 취약한 사람들 간의 차별을 부추기는 건 어제오늘 일이 아니다. 다급한 상황에서도 나연 곁에 남아 반성의 계기를 터준 선생의 역할은 그래서 소중하다. 이슈화도, 이에 대한 대응도 너무나 빠르게 진행되는 디지털 시대에 감당하기 어려운 역할이지만 말이다.

멈추지 않고 살아갈 준비

　제2회 한국반빈곤영화제(2020)에 다녀왔다. 4년 만에 열린 영화제는 코로나19라는 예기치 않은 사태로 진통을 겪었지만, 다행히 '사회적 거리두기'가 1단계로 조정되면서 온라인 실시간 방송과 오프라인 상영회가 병행되었다. 그해 영화제의 슬로건은 '누가 집값을 올리는가'였다. 부동산 지도에서 매매가로만 등장하는, 자본과 대중의 공모로 매 순간 지워지는 도시의 장소, 사람, 역사를 돌아보자는 취지다.

　단편 세션에서 상영된 「노량진수산시장 투쟁영상」은 처참했다. 2013년 서울시는 노량진수산시장을 다음 세대가 기억해야 할 '미래유산'으로 선정했지만, 복합 리조트를 만들겠다는 수협의 '현대화' 사업은 물려줄 유산이 비린내와 땀내가 엉킨 노동의 현장인지, 부동산 투기인지 헷갈리게 한다. 육교에 매달린 채 저항하던 여성들을 소방대원이 끌어내고 옛 시장 건물 철거를 끝냈을 때, 김은석 감독의 카메라는 탈진한 채 흐느끼던 상인들과 박수로 환호하는 용역 깡패들을 번갈아 보여주었다. 코로나와 자연재해가 다른 화제를 삼켰던 2019년 7월의 일이다. 관객과의 대화GV에서 박은선 감독은 울음을 터뜨렸다. 몇 해 전 서대문형무소 옆 '옥바라지' 골목이 철거됐을 때도 같은 박수를 목격해서다. 도시 재생, 보존 등 '착한' 개발을 내세운 언어는 넘치지만, 가난한 사람들이 도시에서 쫓겨나는 역사는 단절될 기미가 보이지 않는다. 강연화 노량진수산시장현대화 비상대책총연합회 부위원장은 한국을 "있는 자만을 위한 나라"라고 표현했다. "시위하면 화장실부터 막아요. 권익위(국민권익위원회) 찾았을 때도 똑같았어요."

영화제는 한국 바깥의 비참에도 시선을 보냈다. 「싼허에는 사람이 있다」는 중국 선전을 떠도는 농민공에 관한 다큐멘터리다. 카메라는 도시로 올라와 인력시장과 PC방, 낡은 국숫집을 전전하는 한 청년의 일상을 쫓는다. 탄형은 호텔에서 온종일 서빙하고 받은 몇 푼마저 지하철이 끊겨 교통비로 치렀다. 공사장에서 일하다 발바닥에 쇠못이 박혔는데도 알아서 의사를 찾아가라는 무심한 답변만 돌아왔다. 자신이 "착취"당하고 있다는 걸 정확히 알지만 억울한 일이 되풀이되다 보니 "되는 대로" 살아간다. 탄형 같은 청년들이 온라인에서 "싼허의 전설" "하루 벌어 사흘 노는" 잉여로 회자되면서 이들의 '기이한' 행각을 쫓는 여행자도 생겼다. 보통 사람, 자립할 수 있는 사람,

자비로운 사람이 되고 싶다던 탄형은 어느 순간 카메라에서 사라졌다. 감독은 그와 연락이 끊겼다. 다큐를 관람한 한국의 홈리스는 그의 무덤덤한 슬픔에 공감하면서 우리 사회의 폭력을 되짚는 질문을 던졌다.

영화제 폐막작인 「감염병의 무게」는 2020년 초 코로나바이러스가 대구를 삼켰을 때 장애인과 장애인 지원단체 활동가가 직면했던 초현실적 상황을 담았다. 두 사람이 2미터 거리를 두기 어려운 좁은 방에 살던 한 장애인은 결국 활동지원사 없이 두 주를 버텨야 했다. 장애인을 대상으로 한 코로나 지원책이 없다 보니 위험을 감수하는 건 활동가들의 몫이었다. 그들은 방호복을 직접 갖춰 입고 장애인 확진자를 지원했고, 자가격리가 필요한 장애인과 아예 동거하기도 했다. 장호경 감독이 강조했듯, '중산층' '비장애인' '정상 가족'을 표준으로 삼은 정부의 방역대책은 장애인의 감염을 임기응변으로 대처하면 그만인 예외상태로 제쳐두었다.

상영마다 감독, 관객, 활동가, 빈민과 장애인이 자리를 함께한 덕분에 영화제는 단순한 감상 자리가 아닌 연대의 장이 되었다. 노들장애인야학 명희 활동가는 코로나 시기 중증장애인이나 가난한 사람들에게 거리두기가 더 큰 생존의 위험이 될 수 있다면서 "우리는 뭉쳐야 사는데 흩어져야 산다고만 말하는 상황"을 좀더 비판적으로 볼 것을 제안했다. 앞으로도 코로나19와 같은 위기가 반복된다면 '무조건 멈춤'이 능사일까? 자기만의 방을 갖춘 사람들에게만 지속가능한 매뉴얼 대신, 모든 사람이 멈추지 않고도 적당한 시차와 간격을 지켜가며 공생할 준비가 필요하지 않을까? 반빈곤영화제는 삶을 살 만한 가치가 있게 만드는 노력이 좌절된 채 강요되는 안전 수칙이 결국 누구를 위한 것인지 되묻게 했다.

집을 원합니다

"집을 원합니다." 책 『분배정치의 시대』의 한 대목이다. 남아 공 케이프타운에서 판잣집 거주자들을 대상으로 주거권 워크 숍이 열렸다. 주거권의 역사와 필요성에 대해 열띤 강연이 이 어졌는데, 피곤한 기색으로 한참을 듣던 노인이 손을 들었다. "오늘 들은 얘기는 내가 집에 대한 권리를 가져야 한다는 거고, 그 점은 충분히 이해했습니다. 하지만 문제는 내가 집에 대한 권리를 원하지 않는다는 겁니다." 사람들이 영문을 몰라 두리 번거리는 사이 그가 덧붙였다. "나는 집을 원합니다."*

모두가 적절한 주거생활을 누릴 권리는 세계인권선언에 명 시되어 있고, 우리나라에서도 헌법이나 주택법에서 어렵지 않 게 근거를 찾을 수 있다. 2015년 6월에 제정된 주거기본법은 주거권을 "물리적·사회적 위험으로부터 벗어나 쾌적하고 안정

* 제임스 퍼거슨, 『분배정치의 시대』, 조문영 옮김, 여문책, 2017, 110쪽.

적인 주거환경에서 인간다운 주거생활을 할 권리"로 정의한다. 그럼에도 여전히 많은 사람이 불안정 주거 상태를 전전하다 보니 '권리'라는 언어가 공허하게 느껴질 때가 많다.

실제 주거 빈곤에 처한 사람들은 집 바깥으로 발을 내디뎌야 취약한 삶을 그나마 견딜 수 있다. 다세대주택 단지의 골목길이나 정자는 좁은 방에 갇힌 노인들에게 또 다른 집이다. 폭염과 추위에 고스란히 노출된 쪽방 주민이나 홈리스에겐 공공시설을 사유화하는 게 생존의 방책이 되었다. 지난 2022년 8월에는 여느 때처럼 제집에 머물던 가족이 폭우로 익사하는 사태가 21세기 선진국 수도에서 벌어졌다. 영국 방송 BBC는 '반지하banjiha'라는 고유명사를 써가며 이 나라의 기이한 주거 실태를 전 세계에 알렸다.

코로나19 사태는 주거 빈곤의 참상을 극한까지 내몰았다. 몇 가지만 짚어보자. 서울역 광장에서 머물다 코로나에 감염된 한 홈리스는 정부로부터 "가만히 있으라"는 답변을 들었다. 경찰은 그가 병원으로 이송될 때까지 구경꾼들이 지켜보는 가운데 주변을 맴돌며 감시했다. 내가 만난 고시원 거주 청년은 코로나 방역으로 인근 카페마저 영업이 정지됐을 때 모멸감을 느꼈다고 말했다. 좁디좁은 방에 갇혀 타인의 말, 숨, 걸음, 샤워 소리를 온종일 듣다 보니 이런 상황에 내쳐진 스스로가 극도로 싫어졌단다. 밀폐된 수인들이 제집 일부로 연결해낸 급식소, 경로당, 복지관, 도서관, 공원 정자는 코로나 방역을 이유로 번번이 문을 닫았고, 접근 금지 테이프가 쳐졌다.

나는 불안정 주거를 끝장내야 한다는 논의가 팬데믹을 계기로 일보 진전될 수 있다는 기대를 품었다. 기후재난, 불평등, 바이러스 감염이 얽히면서 어떻게 거주할 것인지가 시대의 화두가 됐다. 현재도 문제이거니와, 주거 불안이 최소한의 안전과 존엄을 짓밟는 상황은 앞으로 더욱 전면화되지 않겠는가. 불편한 상상이긴 하지만, 집에서 온전히 머물 수 없는 사람들이 초래할 감염 위험 때문에라도 주택정책을 재고해야 한다는 주장에 힘이 실리지 않을까 생각했다. 코로나 상황에서 집에만 있으라는 요구에 따르기 어려운 처지에 있는 이들은 감염에 취약할 뿐 아니라, 감염을 확산시킬 수도 있다. 앞으로 정체불명의 역병이 더 자주 찾아든다면, 모두에게 살 만한 집을 보장하는 게 더 나은 방역이 아닐까. 빈곤이 경제발전과 안정을 위협하지 않도록 제도를 만들고 수정해온 게 자본주의 사회보장의 역사라 해도 과언이 아니니 말이다.

하지만 부동산을 둘러싼 한국 사회의 논쟁을 보면 가난한 사람이 '감염 위험'이 될 수 있으니 거처를 제공하자는 불온한 제안마저 사치라는 생각이 든다. 자본주의 욕망이라는 바이러스가 코로나바이러스보다 더 독한 걸까. "집을 원합니다"를 재산 증식의 의지로 번역하는 사람은 외려 많아졌다. 공공임대주택을 늘리는 방안을 두고 "너나 사세요"라며 조롱하고, 주택이 화수분 역할을 했던 산업화 세대의 축복을 왜 자신들은 누려선 안 되냐며 억울함을 호소한다. 인간답게 살 수 있는 집에의 바람은, 재건축 규제를 풀고 저금리 시대에 자산화 가능한 주택을 늘리라는 외침 앞에 너무나 무기력해졌다. 최경호가 『어쩌면, 사회주택』에 썼듯, 모두가 "대한민국 집값은 잡혀야지. 하지만 내 집값은 올라야지"*라고 생각하는 한, 집값을 잡으려는 정책은 성공하는 순간 실패하는 정책이 될 게 뻔하다.

집값에 대한 공포와 욕망이 뒤엉킨 난장에서 홀로 외유하기는 확실히 어렵다. 내 마음도 덩달아 출렁거린다. 몇 년 전 대출을 받아 경기도의 오래된 소형 아파트를 구매했을 때, 들뜬 마음에 원주인과 부동산 중개인, 위아래 옆집까지 선물을 돌렸다. 일한 것도 없이 집값이 뛰었지만, 서울의 오름폭과는 천양지차다. 우리 동네가 그래도 살기에는 최고리며 애써 점잖은 척하다가도 '인서울'을 은근히 자랑하며 다행이란 말을 연발하는 사람을 만나면 억하심정이 든다. 집 없는 사람들, 치솟는 전셋값에 절망하는 사람들은 어느새 관심 밖이다.

그래서 내 비루한 욕망을 국가가 과감한 제도 개혁을 통해 무너뜨려주길 바랐다. 국가와 자본이란 보통은 공생하지만, 때로 엇박자를 보이기도 하지 않던가. 투기를 부추기는 다주택자

---

* 최경호, 『어쩌면, 사회주택』, 자음과모음, 2024, 34쪽.

의 주택 매입을 근절하고, 토지는 원래부터 모두의 것이라는 공유부 개념을 보유세 인상으로 실현해주길 바랐다. 하지만 현실은 거꾸로 가고 있다. 윤석열 정부는 지난 정권에서 납부 대상을 확대했던 종합부동산세를 상당 부분 무력화시키더니 아예 폐지를 시도하고 있다. 종부세와 함께 상속·증여 세제를 개편해야 한다는 주장도 심심찮게 등장한다. 야당도 지지층 눈치를 살피며 강하게 반대하지 않는 상황이다. '세금 인상 폭탄을 맞은 서울의 중산층 연금생활자'를 국민의 표준으로 등장시킨 보수 언론의 춤사위에 모두가 장단을 맞추는 지경이 됐다.

민주주의국가는 주거권을 재산권으로 퉁치는 작당을 제어할 책임, 불안정 주거로 고통받는 사람들의 간절한 바람에 분명히 응답할 책임이 있다. "집을 원한다"라는 간결하고 묵직한 목소리는 우리가 어떤 형태로 이 땅에 거주하든 충분히 안정적인 삶을 살 수 있어야 한다는 요구다.

랜드마크가 된 참사 현장

"아빠도 젊었을 때 화염병깨나 던졌다." 한때 화제였던 드라마 「스카이 캐슬」에서 로스쿨 교수가 두 아들에게 건넨 말이다. 내가 만난 50대 엘리트 어른들의 얼굴이 하나둘 떠올랐다. 그들은 술 한잔 걸치고 1987년 6월의 무용담을 얘기할 땐 지구를 제 손으로 떠받치고 있기라도 한 듯 심각해졌다가, 자녀 교육과 부동산으로 화제가 바뀌는 순간 평범한 소시민을 자처하며 세상에서 가장 겸손하고 나약한 미소를 짓곤 했다. 그러다 펜과 마이크를 쥐면 어느새 번민하는 지식인이 되어 21세기 대한민국의 신자유주의와 탈정치화에 비탄을 금치 못했지만 말이다.

한국 사회에서 실제로 발생하는 사건들은 블랙코미디로 만들기엔 너무나 극적이고 과도하기까지 하다. 부동산이 특히 그렇다. 우리 모두 경쟁적 입시제도의 희생양이라며 피해자 연대를 호소해봄 직한 교육과 달리, 부동산은 확실히 집단 공모의 결과다. 화염병의 패기를 추억하는 지금의 어른들은 1980년대 말 권위주의 정권이 시행한 중산층 육성 대책의 수혜자이기도 했다. 주택 200만 호 건설을 비롯해 노태우 정부가 주도한 내 집 마련 지원으로 자가 소유자로 거듭난 민주화의 주역들은 이제 정치적 자유뿐 아니라 경제적 자유를 수호하는 데에도 물불을 가리지 않는다. '촛불'을 대한민국 대표 브랜드로 만들었을 만큼 대정부 저항에도 적극적이지만, 쓰레기 소각장에서 특수학교까지 내 재산의 가치를 떨어뜨리는 잡음에도 그것이 무엇이건 투사의 각오로 임한다. 『자본론』을 몇 번이고 읽었든 교환가치가 주인이고 사용가치가 노예가 된 재개발을 세상만사의 상식으로 접수하고, 강제철거의 아비규환에는 가끔 도덕적 연민을 보낼 뿐이다.

그러는 사이, 2024년 어느덧 용산참사 15주기를 맞았다. 2009년 1월 20일 서울 용산역 앞 남일당 건물에서 발생한 화재로 망루에서 강제철거 반대 시위를 하던 다섯 명의 시민과 이를 진압하던 한 명의 경찰특공대원이 사망했다. 사건 발생 직후 생존자 5인은 '공동정범'으로 구속된 반면, 조기 과잉 진압과 여론 조작으로 경찰청 인권침해 사건 진상조사위원회에도 회부되었던 김석기 전 서울경찰청장은 한국공항공사 사장직을 거쳐 국회의원 배지를 달았다. 그는 2023년 가을 국민의힘 최고위원 자격으로 "용산 화재는 도심 테러 같은 심각한 불법 폭력시위"라는 망발을 되풀이했다.

용산참사를 모티브로 한 영화「염력」의 흥행 실패에서 보듯, 불타버린 남일당 건물은 초능력 히어로가 등장해도 대중의 관심을 끌지 못했다. 관심은커녕 생존자와 유가족들은 분리 프레임에 갇힌 채 오랫동안 끔찍한 소외와 갈등을 겪었다. 경찰은 무리한 진압 작전을 비판한 시민들을 '상습 시위꾼'으로 몰았고, 언론은 철거민이 화염병을 던지고 망루가 불타는 자극적인 장면만 부각했다. 청(소)년, 여성, 장애인 권리운동에 긴요했던 당사자 프레임도 용산의 소외를 부추겼다. 상가 세입자들을 도왔던 전국철거민연합 회원들은 당사자도 아닌 주제에 끼어든 외부 세력이자 전문 시위꾼으로 매도당했다. 책임자 처벌과 진상규명이 지지부진한 사이, '공동정범'으로 연대책임을 강요당한 사람들은 '쟤 때문에'라는 피해의식과 '나 때문에'라는 죄책감 사이를 오가며 정신적인 수렁에 빠졌다. 개발사업 현장의 폭력을 제어할 제도로 다수가 제안했던 '강제퇴거 제한에 관한 특별법(강제퇴거금지법)'은 국회에서 발의됐다 폐기되길 되풀이하고 있다.

참사를 온전히 애도할 방도는 묘연하나, 망각에 저항하는 움직임은 꾸준히 이어지는 중이다. 반빈곤 활동가들은 용산참사를 기억하고 도시개발의 대안을 새롭게 상상하자는 취지로 2022년부터 '용산 다크투어'를 진행해왔다. 2023년 10월 〈빈곤의 인류학〉 수업 수강생들과 이 투어에 동행했다. 용산역 광장에서 만난 우리는 빈곤사회연대 이원호 활동가를 따라 홈리스 텐트촌, 용산 정비창 부지, 전자상가 일대를 돌고 마지막으로 용산참사 현장인 남일당 터에 도착했다. 43층짜리 눈부신 조명의 빌딩이 밤하늘을 집어삼킬 듯 우뚝 솟아 있었다. 한 학생은 친구들 사이에서 "용리단길 부근의 랜드마크"로 회자되는 고층 건물이 참사 현장이란 사실에 당혹스러워했다. 그도, 다른 학생들도 용산참사를 전혀 들어보지 못했거나 시사상식으로만 접했을 뿐이다. 불탄 남일당은 이제 랜드마크로 변신했고, 그날의 다크투어 행선지는 세간에 부동산 투자자들의 임장 순례지로 더 널리 알려져 있다. 그들의 부모 중 누군가는 대학 시절 민주화운동에 헌신했을 터이나, 자식들은 그저 풍요로운 소비사회의 수혜자로 자족하길, 자산가로 거듭나길 바란 걸까. 다행히 내가 만난 학생들은 다른 각도로 세상을 보며 묻는다. "용산참사 같은 사건이 내 또래 20대에게 제대로 알려지지 않은 이유가 무엇일까?" 우리가 여전히 답하지 못한 질문이다.

취약함을 함께 견뎌내는 가족

    2020년 4월 8일 동자동 새꿈공원에서 고故 유영기 씨의 추모식이 열렸다. 동자동 쪽방촌은 서울역 맞은편에 있다. 도심 한복판이지만 랜드마크가 된 고층 빌딩들이 가림막 구실을 하는 덕분(?)에 지나가는 사람들도 별반 주목하지 않는다. 이곳의 거주자들은 '사회적 약자'라 불려왔다. 오랫동안 열악한 주거지를 전전하다 보니 질병과 장애가 생애 이력이 되었다. 평생 가난과 씨름하느라 혈연의 고리도 끊어진 지 오래다. 기초생활수급자로 살면서 '기생충' 낙인의 표적이 된 바람에 수급이 권리라는 외침에도 무심한 편이다. 그럼에도 버티고 살아남은 사람들을 약자로만 부르는 건 온당치 않다. 10여 년 전 '동자동사랑방'을 만들어 공동체 실험을 거듭해온 쪽방 주민이 이웃을 층간 소음 유발자로 경계하는 아파트 주민보다 삶에 더 회의적이라고 단정할 이유도 없다. 빈민을 동료 시민으로 환대하는 대신 목숨 부지의 링거만 꽂아주던 정부 정책과 다른 방식으로 사랑방 주민들은 제 환경을 보듬어왔다. 다양한 친교 활동을 조직하고, 신용 등급이 낮아 은행에 접근하기 어려운 주민들이 소액 대출을 이용할 수 있도록 '사랑방마을주민협동회'라는 공제협동조합도 만들었다.

유영기 씨는 2018년부터 2020년 3월 폐암으로 영면하기까지 이 협동회에서 이사장직을 맡았다. 2월에 갑작스럽게 폐암 진단을 받았고, 코로나19로 국립중앙의료원의 모든 입원 환자에 대해 전원 조치가 시행되면서 다른 병원을 전전하던 중 병세가 악화되어 숨을 거두었다. 추모식에서 사랑방 대표 김호태 씨는 "이 동네 사는 우리 모두가 그렇듯, 우리가 고인의 과거사를 다 알지 못합니다"라고 운을 뗀 뒤 유영기 이사장의 생애를 되짚었다. 무일푼 상경, 일용직, 임금 체불, 외환위기, 노숙인 쉼터와 고시원, 명의 도용 피해, 질병…… 홈리스 생애 기록에서 익히 봐온 언어들이 등장했다. 하지만 그 언어들이 동료의 떨리는 목소리를 통해 십수 년을 함께해온 쪽방 주민과 활동가들에게 전해졌을 때, 나는 이들이 온 힘을 다해 만든 가족의 의례에 기웃거릴 자격이 있는지 스스로에게 되물었다. 자랑할 업적도, 남겨줄 유산도 없는 사람들이 삶의 무게를 함께 견뎌내며 탄생시킨 가족이다. 『동자동 사람들』 저자 정택진의 표현대로, "경제발전 시기 공적 개입의 부재와 재개발 이익을 저울질하는 시장 논리가 중첩"된 채, "서서히 낡고 부서지고 갈라지고 마모된" 공간에서 이들은 서로의 삶과 죽음을 챙겼다.* 주민들은 명절 잔칫상을 차렸던 새꿈공원에서 추모 떡을 돌리고, 소식이 닿지 않는 혈연 가족을 대신해 무연고 장례를 치렀다. 분향소의 현수막 문구는 사회의 비참을 함께 견뎌낸 이들이 서로에게 건넬 수 있는 가장 솔직한 인사였다. "너무 고생 많으셨습니다. 좋은 곳에서 편히 쉬십시오."

2020년 1월 21일 국토교통부는 서울시 영등포구 쪽방촌을 주거단지로 정비하는 '공공주택사업 추진계획'을 발표했다. 쪽방 주민을 내쫓지 않고 임대주택에 정착하게 하고, 다른 주택단지와 상업지구를 인근에 조성함으로써 "쪽방촌 주민이 고립되지 않고 쾌적한 주거단지에서 다양한 이웃들과 함께 살 수 있는 '소셜믹스'"를 지향했다. 지역 재생과 주거 복지를 결합한 형태의 쪽방촌 정비사업이 다른 지역으로도 확산되리라는 기대가 생겼다. 쪽방촌 정비사업은 부동산 개발과 사회안전망 관리를 동시에 추진하겠다는 절충안이지만, 도시 빈민의 주거권을 인정받기 위한 그간의 운동이 헛되지 않았음을 증명하는 정책 혁신이기도 하다. 그럼에도 '소셜믹스'라는 표현은 찜찜하다. 빈민의 삶은 다른 계층과 '믹스'되어야만 활력과 긍정성을 인정받는 오명의 역사에 불과한가? '안전 미달' 딱지가 붙은 그 환경이 삶의 취약성을 견뎌내고 새로운 가족을 탄생시킨 도시

* 정택진, 『동자동 사람들』, 빨간소금, 2021, 248쪽.

빈민의 노고임을 인정할 순 없는가?

　동자동 추모식에서 만난 쪽방 주민들은 아픈 주민과 병원에 동행하는 일에 앞장섰던 유영기 씨가 코로나19로 병문안이 어려워진 시기에 외롭게 죽어간 것을 안타까워했다. 빈민의 고립을 우려하는 '포용 개발'에도, 빈민의 안전을 들먹이는 쪽방 비즈니스에도, 가난한 사람들이 고된 환경에서 빚어낸 관계성을 가치의 목록에 포함할 구상은 없어 보인다.

동자동이라는 평상

　20여 년 전 현장연구를 한다고 서울 난곡 지역을 부지런히 드나들었다. 버스 종점에 내려 판잣집들 사이로 난 좁은 길을 오르다 보면 숨이 가빠졌는데, 내 맘을 읽기라도 한 듯 멈춰 선 골목 가장자리에 평상 하나가 놓여 있었다. 평상은 늘 붐볐다. 동네 아주머니들이 병뚜껑을 한 보따리 풀어놓고 부업을 했고, 할아버지들은 비닐 봉투에서 막걸리를 꺼냈다. 수급자 조사를 나온 동사무소 직원도, 나 같은 학생도 평상에 걸터앉아 주민들과 잡담을 나눴다. 재개발사업으로 철거가 시작되면서 동네는 어수선했지만, 그래도 주민들은 지팡이를 짚고, 안줏거리를 들고 평상을 찾았다. 소문이라도 귀동냥하고, 남의 흉이라도 보고, 있는 사람 욕이라도 하려면 일단 누구라도 만날 자리가 필요했다.

　서울역 맞은편 동자동 쪽방촌을 찾을 때마다 난곡의 평상을 떠올렸다. 쪽방촌은 곳곳이 평상이다. 주민들은 좁은 골목길에

쭈그려 앉아 햇볕을 쬐었고, 주민협동회 사무실에 들렀다가 삼삼오오 모여 앉아 한담을 나눴다. 쪽방촌 귀퉁이 새꿈공원에서 무연고 주민의 장례를 치르던 날엔 추모의 변과 술 취한 구경꾼의 욕설이 뒤섞이면서 동네가 시끌시끌했다.

가난한 사람들이 유독 정이 많아 평상을 만든 건 아니다. 쪽방촌 건물 대부분은 지어진 지 30년이 넘었다. 방이 너무 좁고 답답해서, 환기가 안 돼서, 너무 외로워서 일단 나와야 했다. 수급비 대부분이 방세로 나가는 형편이다 보니 걸음은 동네 골목만 맴돌았다. "가난이 모이는 것은 갈 곳이 없기 때문"이다.*

어찌 됐든 사회관계가 일찌감치 단절된 사람들에게 평상의 힘은 대단했다. 정부 지원으로 매입 주택이나 임대아파트로 이사한 주민들도 다시 쪽방촌을 찾았다. "가난과 다투는 것은 가난"**이지만, 가난을 이해하는 것도 가난이었다. 이 평상도 언젠가 난곡에서처럼 흔적 없이 사라지는 건 아닐까? 불안했다. 건물주가 안전을 문제 삼아 강제퇴거를 종용하는 일이 빈번했고, 서울의 노른자 땅을 두고 재개발 소문이 무성했기 때문이다.

그런 점에서 2021년 2월 동자동을 포함한 쪽방촌 정비를 공공주택사업으로 추진하기로 한 정부 결정은 무척 반가웠다. 국토교통부, 서울시, 용산구는 쪽방촌 주민들이 입주할 수 있는

* 이문영, 『노랑의 미로』, 오월의봄, 2020, 278쪽.

** 이문영, 위의 책, 241쪽.

공공주택 단지를 현재의 쪽방촌 자리에 조성한다는 내용의 '서울역 쪽방촌 주거환경 개선 추진계획'을 공동으로 발표했다. 총 건설호수 2410호 중 공공임대주택 1250호를 먼저 지어 쪽방 주민이 대다수인 세입자를 우선 정착시킨 뒤에 민간분양 주택을 건설하는 순환형 개발로 가닥이 잡혔다. 2020년 1월 용산참사 11주기에 발표된 '영등포 공공주택사업' 추진 계획을 필두로, '개발'이 곧 '내쫓김'이던 한국 도시 빈민의 역사가 새로운 전환점을 맞았다. 가난한 사람은 혼자 살 수 없다며 집단이주 사업을 감행하고 공동체를 도모했던 빈민운동가들의 선구적 노력에 40여 년이 지나서야 정부가 정책으로 화답했다.

그렇다고 정부 계획이 고무적이기만 한 것은 아니다. 주민을 지원 대상으로만 본다는 점에서 아쉬움이 있다. 서울역 쪽방촌 공공주택 추진 TF에는 오랫동안 활동해온 주민자치단체가 아닌 주민지원시설(쪽방상담소)만 포함되었다. 공공주택사업을 도시 재생과 연계해 "쪽방 주민들의 자활·상담 등을 지원하는 복지 시설을 설치"한다는 계획은, 가난한 사람들이 일궈온 평상을 서비스센터 부스로 되돌렸다. 오래전 난곡에서 주민들이 직접 출자해 의료협동조합을 운영하면서 상호의존의 연대를 도모한 역사는 '천원의 밥값'을 선언한 동자동사랑방의 식도락 사업으로*, 무연고 장례와 공제협동조합 운동으로 면면히 이어

* 정택진, 앞의 책, 189쪽.

져왔다.

가난한 사람들은 어떤 집을 원하나? 반빈곤 운동단체 홈리스행동에서 제작한 동영상을 보면, 동자동 쪽방 주민들은 상당히 자세하게 현재 주거지를 묘사하고, 개발 후 살고 싶은 집을 구상한다. 취미 생활을 하거나 친구들과 노닥거리려면 잠자는 곳 말고 최소한 방 한 칸이 더 필요하다. 음식을 조리할 싱크대, 수세식 변기와 세면대, 빨래를 널 수 있는 베란다, 햇볕이 들어오는 창문이 있어야 한다. 단지에는 운동시설과 의료시설이 있으면 좋겠다. "서로 답답할 때 와서 차라도 한잔 나누면서 고민을 털어놓을 수 있는 휴게실"도 필요하다. "교류할 수 있는 공간이 없으면 사람이 누가 죽어 나가는지도 몰라요." 부동산부터 떠올리느라 잊고 있던 집 본연의 기능과 역할이 새삼 떠오른다. 맞다. 편리할 때, 환할 때, 내 감정을 나눌 누군가가 지척에 있을 때 우리는 제집이 좋다고 느끼지 않나. 공공개발을 거쳐 좀더 안전하게 거듭날 동자동이 인간 삶의 '평상'을 고민하는 실험장이 되도록 정부와 쪽방 주민, 활동가, 동료 시민이 중지를 모을 때다.

'소유주 혁명'과
개발 공화국의 민낯

2021년 2월 정부의 서울역 공공주택사업 결정에 대해 고 김 정호 동자동 주민협동회 이사장은 "꿈같은 발표"라고 말한 적 이 있다. "이게 사그라지면 대한민국이 사그라지는 거예요. 이 게 되면 나라가 발전하는 거예요." 하지만 시간이 지날수록 그 와 다른 쪽방 주민들의 표정엔 초조함이 가득했다. 같은 사업 을 두고 "동자동이 무너지면 나라가 무너진다"고 절규하고, 부 동산 커뮤니티에선 "동자동이 뚫리면 서울이 다 뚫린다"며 난 리니 마음이 편할 리 없었다.

사업 발표 직후부터 동자동은 '소유주 혁명'의 거점이 됐다. 건물마다 붉은 깃발이 나부꼈다. "제2의 용산참사 피바람 각오 하라!"라고 적힌 펼침막이 여관 건물을 뒤덮었다. 용산구청 항 의 시위에서는 "가난하고 힘없다고 재산 뺏는 변창흠[당시 국토 교통부 장관] 사퇴하라!"라는 팻말까지 등장했다. 이 '힘없는' 유 산자 집단은 코로나19에도 부동산 개발업자와 변호사를 대거 초청하여 총회를 열고, 정부의 공공개발에 대응하기 위해 '서울역 동자동 주민대책위원회'를 설립했다. 다급한 소유주들은 난데없이 쪽방촌 세입자들을 들쑤시고 다녔다. "우리가 반대하는데 개발이 될 것 같냐"며 협박을 일삼는가 하면, "부모님 세대부터 지켜온 이 땅에서 강제로 내쫓기지 않기를 바랄 뿐"이라며, "집다운 집, 질 좋은 집을 지어드리겠다"는 호소문을 붙이기도 했다. 이들 중 실제 동자동에 사는 사람은 몇이나 될까. '가난'도, '주민'도 (박완서의 표현을 빌리자면) 모두 도둑맞았다.

사실 동자동 일대는 서울시가 규제를 대폭 완화했음에도 수익성 문제로 오랫동안 개발에 진척이 없었다. 그럼에도 소유주들은 쪽방 주민을 위한 주택까지 포함한 민간재개발을 추진 중이었는데 정부의 기습 발표로 물거품이 됐다며, "이 나라가 사유재산제와 민주주의 제도가 살아 있는 나라임을 입증"하겠다고 항전 의지를 밝혔다. 소유주들은 대체 어떤 집을 원할까? 정부의 사업 발표 직후부터 현재까지의 움직임으로 보건대, 이들에게 집은 곧 자산이다. 정부가 감정평가를 거쳐 정당한 보상을 제공할 것을 약속했지만, 외지에서 거주하는 대다수 소유주에게 정부가 주도하는 공공개발은 자산 증식의 가능성을 좁히는 악재일 뿐이다. 이들 중 일부는 빈곤 비즈니스로 쪽방에서 수익을 챙겨왔으면서도 정부 결정에 '제2의 용산참사'를 운운한다. 버려진 땅, 무너져가는 건물에서 위험을 감당해온 주민들, 이들 곁을 묵묵히 지켜온 활동가들은 아연실색할 수밖에 없다. 언론 보도도 암울할 때가 많다. 세입자의 주거권 수호보다 소유주의 재산권 침해에 과몰입하고, 공공개발을 인간 본성에 역행하는 처사로 매도하고, 서울시의 복지 지원사업으로 홈리스가 몰려 정부에 '강제수용'당했다는 황당한 논리까지 편다.

자신을 '피해자'로 내세우는 사람들이 기실 '가해자'에 불과하다는 점을 강조하려는 게 아니다. 한국인들에게 주거는 어쩌다 배타적 생존 수단이 되었을까? 저서 『내 집에 갇힌 사회』에서 김명수는 중산층 중심의 주택 수요자운동이 부상한 역사를 깊이 있게 추적했다. 얼핏 이기적인 것처럼 보이는 주거 전략은 금융 개방에 따른 투기적 가계금융 지위의 부상, 중산층 소유자 중심의 주거 자본화 전략, 분배 문제에서 소유권 정치의 부상 등이 복잡하게 맞물린 결과다. 구조적 압박에 대한 사적 대응으로 자리 잡은 생존주의 생활양식은 "공공의 문제에 대한 '인식의 단절'을 초래할 뿐만 아니라, 가족의 재산권을 침해하거나 제약하는 결정에 대해서는 격렬한 저항을 부추긴다".* 동자동 곳곳에 나부끼는 붉은 깃발, 청와대 국민청원, 삭발 시위, 장관 집 1인시위, 로비, 소송 준비…… 소유주들의 격렬한 저항은 모두가 연루된 개발 공화국의 민낯이다. 새로운 저항은 자산화된 삶을 종용하면서 종국엔 개인에게 리스크를 전가하는

* 김명수, 『내 집에 갇힌 사회』, 창비, 2020, 244쪽.

체제를 문제 삼고, 배타적 생존주의와 각자도생에서 벗어날 사회적 기반을 함께 모색하는 방향으로 나아가야 하지 않을까.

당신이 살 권리

2022년 5월 토요일 아침, 서울역 맞은편 동자동 쪽방촌은 어버이날 행사로 분주했다. 정부의 사회적 거리두기는 해제됐지만, 주민 다수가 질병과 장애로 면역력이 약해진 상황을 고려해 잔치를 여는 대신 집집마다 돌며 인사를 나누기로 했다. 배달부 구실을 할 학생들이 일찌감치 사랑방마을 주민협동회 사무실에 모였다. 주민들이 손수 뜨개질한 카네이션, 떡과 음료를 구역별로 나눠 담았다. 나와 학생 넷이 속한 팀은 협동회 이사 정대철 씨를 따라나섰다. 좁고 가파른 계단 양옆으로 생각지 못한 자리에 집이 있었고, 사람이 살았다. 대부분 홀로 사는 어르신들은 웃옷을 챙겨 입고 나와 학생들을 반갑게 맞았다. 다들 정대철 씨 이웃이니 자연스럽기도 했다. 몇 년 전 처음 만났을 때 낯가림이 심했던 정 씨는 협동회 활동에 참여하면서 부쩍 달라졌다. 준비한 선물을 모두 건넨 뒤 돌아와 소감을 나누는 자리에서도 그가 사회를 맡았다.

학생들이 동자동을 자주 찾게 된 건 봄학기에 개설한 〈빈곤의 인류학〉 수업이 동자동의 공공개발을 공동 연구 주제로 삼았기 때문이다. 우리는 두 가지 질문에 대한 답을 찾아보기로 했다. 첫째, 2021년 2월 국토교통부의 서울시 동자동 쪽방촌 일대 공공주택사업 결정은 어떻게 가능했나? 공공주택을 지어 세입자인 쪽방 주민이 정착해 살도록 지원하는 정책은 주거권을 헌신짝 취급해온 지난 재개발 역사를 돌아볼 때 큰 진전이었다. 둘째, 현재 이 사업이 마주한 난관은 무엇이며 어떤 논의와 개입이 필요한가? 사업은 소유주들의 거센 반발로 공공주택지구 지정도 이뤄지지 못한 채 계속 표류 중이다. 두 질문의 실타래를 풀기 위해 학생들은 네 팀으로 나눠 한국의 주거·개발 정책, 반빈곤·주거권 운동, 부동산 문화, 동자동 쪽방촌 커뮤니티를 살피기로 했다. 특히 커뮤니티에 방점을 둔 학생들은 주민자치조직을 운영해온 쪽방촌 주민들과 함께 지역의 일상적인 활동에 참여하면서 현장연구를 진행했다.

학기 초에 학생들을 데려가 협동회 주민들과 상견례를 할 때만 해도 걱정이 앞섰다. 대학 와서 줄곧 비대면 수업만 듣던 학생들이었다. 쪽방촌 주민과 어떻게 대면해야 할지 몰라 극존칭을 쓰고, 자료로만 보던 '빈민'을 실제 확인하고 싶은 욕구를 내비치니 이러다 주민들에게 민폐만 끼치는 게 아닌가 두려웠다. 하지만 이사회, 주민운동 교육, 주거권 회의, 무연고 장례,

공공주택지구 지정 촉구 기자회견 등 협동회 활동들에 참여하면서 학생들의 시선도 제법 바뀌었다. 대상화된 '빈민'이 아닌, '주민'들의 건강을 진지하게 염려하기 시작했다. 외부 후원에 길들지 않기 위해 우리 힘으로 하고 우리 목소리를 내겠다는 다짐을 반복했지만, 가난의 미로를 거치며 녹슬고 마모되어 버린 몸들이 서로 의지해 조직을 꾸려가는 풍경이 학생들 눈엔 여간 위태로운 게 아니었다. 대학 총학생회조차 학생들의 무관심으로 사라질 판인데 누굴 걱정하느냐고 핀잔을 주긴 했다. 곱씹어보니 연결하고 연결되겠다는 절박함의 정도가 두 곳에서 확연히 달랐다. 몸이 아프니 다툼도 잦지만, 쪽방촌 주민들은 동료 인간에게 거는 기대를 쉬이 꺾지 않는다. 어쩌면 동자동은 '정상'에서 이탈한 사람들이 관계 맺음을 통해 '정상성'을 회복하는 공간이 아니라, '정상적인' 생애 경로를 착실히 밟고 있는 사람들이 애초에 포기한 공동의 미래를 더디고 힘겹게 만들어가는 공간일지도 모르겠다.

학생들과 나는 두 달여의 현장연구를 토대로 보고서를 만들고, 후속 연구와 인터뷰 참여자들의 피드백을 거쳐 2023년 3월 『동자동, 당신이 살 권리』를 출간했다. 안타까운 것은, 이 책이 출간되고 나서도, 연말에 이 책이 쪽방 주민 활동가들의 축하 속에 '올해의 인권책'을 수상했을 때도 공공주택사업이 여전히 유예 상태였다는 점이다.

대한민국 역사에서 도시 빈민의 생존권이 얼마나 무시당해 왔기에 동자동에 (작디작은 평수의) 임대아파트를 짓겠다는 정부 결정에 우리는 그토록 환호했을까? 한국 사회의 연대성이 얼마나 취약하기에 이 소박한 결정마저 격렬한 반대에 휘둘리고 있을까? "이 세상에 집 없는 사람이 단 한 사람이라도 있는 한, 호화 주택을 지을 권리는 아무에게도 없다. 최소한의 삶의 자리를 마련해야 하는 의무가 있을 뿐이다."고 김수환 추기경이 1992년 6월 3일 무주택자의 날에 한 말이다. 그로부터 30여 년이 지난 지금, 선진국으로 용트림한 이 나라에서 어떤 거주자들은 아직도 반지하, 비닐하우스, 컨테이너에 살다 목숨을 잃고, 쪽방, 고시원, 각종 시설에서 사실상 결박된 삶을 살며, 전세 사기로 미래를 빼앗기고 있다.

"동자동 공공주택사업은 ○○일이 넘도록 그다음 단계인 공공주택지구 지정도 하지 못한 채 표류 중이다." 글을 쓸 때마다 나는 ○○에 들어가는 숫자를 갱신하고 있다. 석 달이 3년이 된 지도 한참이다. 정부가 뒷걸음질 치고 건물주가 재개발 운운하며 쪽방에 대한 최소한의 관리마저 포기한 사이, 쪽방 세입자들은 기다림의 무게를 고통스럽게 견뎌왔다. 집 아닌 집에서 살아오는 동안 이미 몸이 만신창이가 된 사람들이 두 평 미만 쪽방에 갇혀 코로나바이러스와 싸웠고, 기후재난에 심각하게 휘둘렸다. 장애, 질병과 오랫동안 싸워온 몸들이 더는 못 버티고 연일 부고를 전했다. 그 와중에 기자들이 쪽방 건물의 '얼음 계단'이며 '빈대'를 취재하겠다고 동자동에 들이닥쳤다. 서울시는 '약자와의 동행'을 자체 브랜드로 앞세우고 쪽방 주민을 위한 편의시설을 대대적으로 홍보하나, 정작 공공주택사업에 대해서는 시종일관 침묵 중이다. 주택 대신 식당 바우처 정도에 만족할 줄 아는 빈자를 약자로 선별하는 작업에 더 적합한 명칭은 ('약자와의 동행'이라기보다) '시민 길들이기'가 아닐까.

하지만 쉬이 길들지 않는 쪽방 주민들은 오늘도 "공공주택 환영" 팻말을 들고 분주히 연대를 호소하고 있다. 바우처라는 연명치료 대신 집이라는 인권을 당당히 요구하면서 국가의 책임을 묻고 있다.

『동자동, 당신이 살 권리』를 함께 썼던 학생들은 수업을 마치고 각자의 현장으로 흩어졌지만, 이들 중 일부는 동자동과의 마주침을 무거운 화두로, 연대의 계기로, 제 삶의 전환점으로 만들어냈다. 학생들은 '동동이들'(동자동을 애정하는 동료 시민들) 단톡방을 만들어 공공개발 소식을 공유하고, 동자동의 어버이날, 추석 행사에 같이 참여했다. 졸업한 학생들은 언론, 연구, 건축, 예술, 사회운동 등 다양한 영역에서 빈곤에 대한 차별과 혐오를 걷어내는 싸움에 동참하고 있다. 정부는 '약자 복지'를 천명하는데 어떤 시민은 집을 8000채나 사들이는 사회, 불평등을 비판과 철폐의 대상이 아닌 최소한의 안전 유지와 지지

층 결집용 대응책 정도로 치부하는 사회에서 동자동은 분명 다른 사회, 다른 미래를 꿈꿀 권리가 모두에게 있다는 사실을 지금도 일깨운다.

권리들의 사회와 사회 바깥의 주검들

2018년 가을 학기 〈빈곤의 인류학〉 수업에서는 학생들과 함께 한국의 반反빈곤 활동가들을 인터뷰하는 자리를 마련했다. 용산참사 진상규명, 홈리스 자원활동, 지역 공동체운동 등 한국 사회 빈곤과 다양한 방식으로 싸워온 분들의 삶을 듣고 기록하는 시간이다. 인터뷰를 위해 나와 학생들은 서울 성동구 논골신협을 찾았다. 고층 아파트가 숲을 이룬 곳에서 다큐멘터리 「행당동 사람들」이 담아낸 1990년대 재개발 철거 투쟁의 흔적을 찾긴 어려웠지만, 못 없는 사람들의 자조조직으로 출발했던 신용협동조합은 제 역사를 약간의 자료사진으로 남겨두었다.

논골신협 이사장인 유영우 씨는 한때 이 지역의 철거민 세입자였다. 동네가 재개발된다니 별수 없이 떠날 준비를 하던 차에 "집사람이 어디 가서 권리라는 얘기를 듣고" 왔단다. 처음엔 세입자에게 무슨 권리가 있느냐고 되물었지만, 여러 모임과 집회를 거치면서 그는 권리를 제 삶의 언어로 습득했다. 행당동 철거대책위원장을 맡아 "3년 피 터지게 싸우고" 가이주단지에 입주하게 되었을 때, 7~8평짜리 집집마다 불빛이 켜지던 순간을 그는 생생히 되짚었다. 일곱 명의 생명을 앗아간 국일고시원 화재 이튿날 진행된 인터뷰이기도 해서 "주거는 기본권"이라는 그의 주장이 더욱 뼈아프게 다가왔다.

권리는 분명 20여 년 전 한 주민 지도자가 목숨을 걸고 움켜쥔 언어였다. 하지만 21세기 대한민국은 권리가 희소재이던 시절이 있었던가 싶을 정도로 권리 권하는 사회가 되었다. 사회권, 주거권, 수급권, 복지권, 노동권, 휴식권, 행복권, 장애인 이동권, 성적 자기결정권, 청소년 참정권, 학습권, 환경권, 동물권, 임신중단권 등 다양한 권리 요구가 새롭게 등장하고, 분화하고, 각축을 벌이는 사회다. "모든 사람은 의사 표현의 자유를 누릴 권리를 가진다"는 세계인권선언 제19조가 바야흐로 대한민국 시민 개개인의 행동강령이 된 역사적 순간인가? '권리들'의 사회가 되다 보니 저 자신을 '피해자'나 '당사자'로 용기 있게 선언하는 시민도 많아졌다. 국회에 대한 신망을 거둔 지 오래고, 대의민주주의의 호흡이 너무 느리다고 불평하는 시민들에게 청와대는 '즉각민주주의'로 화답했다. 30만 건 이상의 다채로운 이슈가 국민청원 게시판을 뒤덮었고, 일부 지자체에서는 이를 본떠 신문고 제도를 운영하기 시작했다.

나는 앞서 나열한 권리 모두가 혹독한 싸움을 거쳐 쟁취한 값진 성과임을 부인하지 않는다. 청원이든 시위든, 제 권리를 침해당한 피해자가 '피해자-되기'를 선언하는 과정은 고통스럽고, 또 다른 낙인을 감당해야 하며, 상당한 용기를 필요로 한다.

하지만 국일고시원 화재는 '피해자' 선언조차 어느 정도의 교육자본이나 사회자본을 요구하는 게 아닌지 되물었다. 권리가 넘치는 사회의 풍경과 대조적으로, 이 화재의 당사자들은 너무나 조용했다. 사망자는 대부분 고령의 일용직 노동자나 기초생활수급자였다. 일부는 죽어서야 멀리 떨어져 있던 가족과 재회했고, 일부는 찾는 가족이 없어 장례조차 치르지 못했다. 한 부상자는 7만 원을 더 내고 창문 있는 방으로 옮긴 덕에 살았다는 사실에 안도했다. 살아서 제 권리를 외쳐본 적 없는 주검들을 대신해 사회가 고시원의 민낯을 해부하고, 주거권 문제를 공론화하기 시작했다. 가난한 사람들은 죽어서야 사회의 품으로 돌아왔다.

1990년대 초 철거민 유영우 씨가 권리 언어와 만났던 벅찬 순간을 2018년 국일고시원 체류자들이 미리 경험할 기회가 있었다면 어땠을까? 자신의 삶이 가장 비극적이라 생각하는 수많은 피해자가 권리 수호를 위해 온라인에서 서로 혈투를 치르는 동안, 어떤 피해자는 권리들의 사회 바깥에서 삶과 죽음 사이를 떠돌고 있다.

한국 주민운동,
화려하지 않아 다행인 역사

2021년 11월, 한국 주민운동 50주년을 맞아 '전환의 시대, 가난·공동체·생명의 미래'를 주제로 다양한 기념 행사가 열렸다. 1970년대 본격적인 도시화·산업화 과정에서 와우시민아파트 붕괴, 광주대단지 사건 같은 대형 참사가 잇따라 발생하면서, 1971년 9월 도시 빈민 문제에 적극적으로 대응하기 위해 수도권도시선교위원회가 발족했다. 연세대 부설 도시문제연구소에서 사울 알린스키의 주민조직화 방법론을 배운 뒤 현장에 파견된 훈련생들을 필두로 수많은 성직자, 대학생, 가난한 사람이 강제철거에 맞서고, 일상에서 함께 생존을 도모하고, 국내외 사회운동과 연대한 지 50년이 지났다. 그사이 빈민에서 주민으로, 달동네에서 일반 지역으로 운동의 주체와 공간이 확장되면서, 이제는 종래의 빈민운동 대신 주민운동, 또는 간단히 CO Community Organization라는 용어가 통용된다.

반세기에 걸친 운동을 한 단락으로 소개하겠다고 과욕을 부린 것은, 이 운동을 아는 사람이 의외로 적기 때문이다. 1980년 대 과학적 변혁론의 근간이었던 노동운동과 달리, 빈민운동은 늘 주변부에 머물렀다. 지식인과 민중을 구분하고, 후자를 사회과학적 인식 대상으로 논하던 시기에 판자촌에서 아이들을 돌보고, 다투고, 십시일반 협동조합을 만들면서 "불의가 거부한 인간성"(파울루 프레이리)을 되찾고자 했던 노력은 거대 투쟁의 서사에 온전히 포함되지 않았다. 시대가 바뀌어 민주화운동 세대가 이른바 주류로 부상했다고 하나, 주민운동 출신 인사가 정치권에 등장한 사례는 제정구(14·15대 국회의원), 김혜경(전 민주노동당 대표) 씨 등 손에 꼽을 정도다.

젊은 세대에게 주민운동은 더욱 낯설다. 몇 년 전 한국주민운동교육원에서 발간한 책을 대학원 수업에서 읽었을 때, 학생들은 불편함을 내비쳤다. 조직화, 의식화 같은 표현들이 주민의 역량 부족이나 활동가-주민의 위계를 당연시하는 게 아닌가, 안정된 주거의 꿈을 접은 채 부단히 이동 중인 청년들에게 마을은 가닿기 어려운 단어가 아닌가, 정부 복지 예산이 급증하고 정책도 많아진 시기에 활동가와 복지사의 차이란 뭔가, 결이 너무나 다른 사람들을 '주민'으로 뭉뚱그릴 수 있는가를 두고 질문이 솟구쳤다. 1980년대 허병섭 목사는 지식인이 제 언어로 민중을 포로로 만들고 지적 욕구를 채우기 급급하다며 일침을 놓았지만, 학생들은 '의식화'에 깃든 의도성 자체에 거부감을 보였다. 반감은 요사이 더욱 심해졌다. 당신들의 유토피아를 내게 강요하지 마라, 누가 누구를 가르치는 계몽의 시대는 끝났다는 경고를 수시로 접한다.

하지만 공동체의 꿈은 의외로 질겨서, 좀더 유연하고 느슨한 형태의 결합도 곳곳에서 발견된다. 비혼 여성에서 스타트업 준비생까지, 경제적 부담을 덜기 위해, 안전을 확보하기 위해, 외로움을 견디기 위해 다양한 청년이 서로 모이고 함께 머문다. 상호의존적이면서 동시에 자율적인 자리를 확보하고자 하는 시도가 흥미롭다. 하지만 공통의 관심사에 기반한 결속을 자연스럽게 치부하는 경향은 개인의 취향이나 열망도 교육을 통한 성취와 무관하지 않다는 점을 곧잘 잊게 한다.

조직화·의식화 같은 '불온한' 계몽의 언어들은 주민운동의 실천을 돌아보자면 서창한 게 아니었다. 한겨울 노숙하던 시절에 활동가들이 건넨 차 한잔을 마신 기억, 강제철거 협박에 넋놓고 짐을 싸다 세입자 '권리'란 단어를 우연히 접한 순간이 오랜 운동의 시작이었다. 40여 년 전 제정구 씨와 함께 경기도 시흥에서 철거민 집단 이주지를 만드는 데 헌신했던 미국인 정일우 신부는 "찐한 비빔밥" 같은 공동체가 생기게끔 사는 것을 사명으로 여겼다. 그는 시비 걸고, 패가 갈리고, 의심하고 트집 잡는 일상을 "진솔한 비빔 재료"라 부르며 주민들과 뒤엉켰다. 사회를 구성하며 살아가는 한, 인간의 삶은 의식화·조직화 외부에 놓여 있지 않다. 시장이 섭리고 경쟁이 본성이라는 믿음을 설파하는 게 자본주의 의식화라면, 나는 역사에서, 다른 장소에서 진행 중인 또 다른 의식화에 여전히 눈길이 간다. 물질적 빈곤뿐 아니라 실존의 빈곤에 시달리는 사람들도 혼자 살 수는 없기 때문이다.

주민운동 50주년은 오랫동안 연대의 기반을 다져온 아시아 슬럼 지역 조직가들과 온라인 만남으로 행사를 시작했다. 운동의 사업화와 노령화, 민관 파트너십의 함정 등 10년 전 행사에서 등장했던 고민은 "주민의 힘을 행정에 맡겼던 우리의 활동 방식과 인간화된 삶을 지향했던 대안운동으로서 주민운동이 다시 약자를 만들어냈던 현실"에 대한 성찰로, "제도에 갇힌 주민운동의 자치력을 복원"하고 "자본주의가 낳은 수많은 불의와 불평등에 맞서는 체제의 전환"을 이루자는 약속으로 발전했다.* 가장 낮은 곳에서 연대와 전환의 거름을 만들어온 지난 반세기의 노력에 깊은 감사를 전한다.

* 「한국 주민운동 50주년 기념행사 백서」, 2021년 11월.

5부

삶 - 노동하기

자본주의 만세

한 세기 전에 콜롬비아 농민들은 돈에 세례를 주는 은밀한 의식을 행했다. 지주에게 땅을 뺏기고 저임금 노동으로 연명하던 이들은 갓난아기가 신부 앞에서 세례를 받을 때 1페소짜리 지폐를 몰래 움켜쥐고 있었다. 아기를 빙자해 세례를 받은 신비로운 지폐가 이리저리 돌아다니면서 더 많은 지폐를 만들어 내고, 종국에 더 많은 지폐를 불러들인다는 믿음에서였다. 인류학자 마이클 타우시그는 돈이 살아서 움직인다는 생각이 비서구 사회의 기이한 믿음이 아니라 자본주의 역사를 관통하는 관념이라는 점을 강조했다. 벤저민 프랭클린은 돈이 돈을 낳기 때문에 암퇘지 한 마리를 죽이는 것이 수천 마리 자손을 잃는 것과 같다고 젊은 상인에게 조언했고, 카를 마르크스는 돈이나 다른 상품에 생명을 불어넣으면서 노동과 토지에 대한 착취를 숨기는 물신숭배를 자본주의의 핵심으로 봤다.

코로나 사태 이후 거세진 한국 주식 투자 열풍 역시 돈이 돈을 낳는다는 자본주의 주술의 역사를 이어 쓰고 있다. 개인 투자 자금의 증시 유입이 고공 행진을 거듭했고, 2020년 9월 20~30대가 주요 시중은행에서 신용 대출로 빌린 돈은 전년도 같은 기간 대출금에 비해 다섯 배나 증가했다. 17세기 네덜란드인들이 소유할 생각이 전혀 없는 튤립 알뿌리를 가지고 선물거래 붐을 일으켰듯, 기업의 실적을 염두에 두지 않는 단타 매매가 기승을 부린다. 19세기 영국인들이 제 재산보다 더 많은 금액을 들여 철도 주식을 사들였듯, '빚투'(빚 내서 투자)도 마다하지 않는 투자자들은 암호화폐 열풍 때처럼 '가즈아'를 외쳤다. '동학개미'든 '서학개미'든 투자자 시민이 포스트-코로나 시대 국민의 보편 형상처럼 등장하면서, 표심에 목마른 정치인들이 경쟁하듯 금융투자소득세 폐지를 외치는 세상이 됐다.

　나는 코로나가 한창이던 지난 2020년에 젊은 연구자들과 함께 '경기도 청년기본소득'* 수령자들과 만나 인터뷰를 진행했다. 인터뷰 대화 중에 놀란 것은 상당수 청년이 주식 투자를 라이프스타일로 자연스럽게 받아들인다는 점이었다. 실물경제에서 더 이상의 축적을 기대하기 어려운 금융자본주의 세상에서 나고 자란 젊은이들은 임금노동을 부의 유일한 원천으로 생각하지도, 주식 투자를 인생을 내건 무모한 도박으로 여기지도

---

*　경기도에 주민등록을 둔 만 24세 청년에게 분기마다 25만 원을 지역화폐로 지급하는 제도.

않았다. 한 청년은 세뱃돈으로 받은 돈을 모아 종잣돈을 마련하고, 시중은행보다 다소 높은 이자를 만든다는 생각으로 "꾸준하게" 투자한다며 즐겨 찾는 유튜브 주식 채널을 소개해줬다. 온라인 카페에서 본 주식 투자 앱을 깔아서 "소소하게" 소액 투자를 한다며 인스타그램 맛집을 소개하듯 나한테 앱을 추천하기도 했다.

'영끌'(영혼까지 끌어서), '영털'(영혼까지 털어서)이란 신조어가 등장할 만큼, 일상화된 투자에도 영혼의 품이 많이 들긴 하나 보다. 인기 있는 유튜브 채널에는 영혼을 다독이는 감사와 격려의 댓글이 차고 넘친다. 사람들은 투자 비법을 전수하는 젊은 '고수'에게 "누구보다 치열하고 열심히 산 당신"이라며 덕담을 아끼지 않는다. 콘텐츠가 참 좋다며, 내공이 느껴진다며, 값진 말씀 감사하다며, 조급해하지 말자며 서로를 칭찬하고 응원하는 이런 '착한' 커뮤니티를 최근의 날 선 한국 사회에서 본 적이 있던가.

하지만 21세기의 투자자 커뮤니티가 영혼과 대면하는 방식은 100년 전 콜롬비아 농민의 태도와 꽤 차이가 있다. 세례를 돈한테 베푼 바람에 아기가 세계 내 자기 자리를 빼앗겼다는 점에서, 인간의 영혼을 팔아야 이윤을 낼 수 있다는 점에서, 콜롬비아 농민들은 돈이 돈을 낳는 세계를 부도덕하다고 봤다. 반면 주식 공부에 뛰어든 한국의 젊은이들은 돈이 돈을 낳는 흐름을 시장경제의 자연스러운 이치로 받아들인다. 대신 이들이 겨냥하는 부도덕의 세계란 기관 투자자들이 공매도를 일삼는 세계, 소수의 엘리트 집단이 금융 지식과 정보를 독점하는 세계다. 코로나 이후 개미들의 선방이 부도덕한 지배 세력에 맞선 항거로, 공정한 사회를 위한 대동단결로 회자된 이유이기도 하다.

세계 각지의 젊은이들이 경제위기를 촉발한 월가의 금융 엘리트에 맞서 "우리가 99퍼센트"라며 대대적 시위를 벌였던 게 고작 10여 년 전이다. 이제 '99퍼센트'는 투자자에 맞서는 대신 스스로 투자자가 됐고, "국가가 납세자의 돈으로 기업을 구제했다"는 당시의 비난을 "내가 투자하는 기업이 부실해도 국가가 구원해줄 거라는 믿음"으로 되감았다. 국가가 청년들에게 기본적인 안전망조차 깔아주지 못한 채 창업이니 혁신이니 바람잡이 역할만 한 헬조선에서 저항의 끝판왕이 등장한 걸까. 이 저항이 지배와 동의어 같기도 하니, 그야말로 자본주의 만세다.

창업 너머의 새로움?

중국에 대한 국내 언론의 관심은 대체로 '위협'과 '괴물' 사이를 표류해왔다. 사드 배치에 경제 보복으로 응수한 나라도 중국이고, 10대 소년이 아이폰을 구매하려고 장기를 팔았다는 나라도 중국이다. 하지만 언론이 이 나라에 유독 너그러운 구석도 있다. 바로 중국의 창업 열풍이다.

2018년 1월 주요 일간지들은 중국의 창업 동향에 관한 한국은행 보고서를 소개하면서 「하루 창업 1만6500개」 「창업에서도 밀리는 한국」 등 자극적인 헤드라인을 쏟아냈다. 신생 기업 취업자 수, 투자 규모, 정부 지원 등 여러 지표를 볼 때 글로벌 스타트업 생태계의 모범으로 손색이 없다는 게 주요 골자다. 특히 내가 오랫동안 연구해온 선전은 상하이, 베이징과 더불어 창업 열풍의 메카로 급부상하면서 전 세계의 주목을 받았다.

홍콩과 마주한 작은 어촌이 개혁개방을 견인할 특구로 지정되었을 때, 인구 1200만 메트로폴리스의 풍광을 예견한 사람은 그리 많지 않았을 것이다. 제조업과 기술혁신을 결합한 '동방의 실리콘밸리'는 이제 4차 산업혁명 업계 인사들의 대표적인 방문지가 되었다. 순례를 마치고 돌아온 사람들은 한국 사회에 대한 질책을 여지없이 쏟아냈다. (알리바바의 마윈 같은) 영웅의 출현을 막는 한국인의 '반기업' 정서, 모험을 외면하고 공무원 시험에 목매는 청년들, 성장 동력을 외면한 채 '규제 완장'이나 휘두르는 정부가 주로 심판대에 올랐다. 패기 넘치는 스타트업 청년이야말로 만성적인 고용불안 시대에 기업이 자신 있게 내놓은 브랜드다. 정부는 스스로 지원금을 남발해 청년의 '의존성'만 부추긴다는 세간의 비난에 수긍하며 기업에 손을 벌리는 모양새다.

창업 열풍에 새겨볼 이야기가 없는 것은 아니다. 2017년 가을에 나 역시 선전의 창업 단지를 둘러보며 그 활기에 적잖이 놀랐다. '유니콘'(기업 가치 1조 원 이상의 스타트업)은 청년들의 꿈 가운데 하나에 불과했다. 비즈니스를 통해 사회문제를 해결하고 싶다는 꿈, 자신의 일이 더 나은 사회, 더 나은 중국, 더 나은 세계를 만드는 데 기여했으면 좋겠다는 희망을 거침없이 얘기하는 그들의 얼굴에는 근래 한국 청년들 사이에서 거의 마주할 수 없었던 낙관의 미소가 담겨 있었다.

하지만 그런 청년들 역시 "공상국工商局에 1년간 등록된 스타트업은 3퍼센트 미만, 3년간 등록된 스타트업은 1퍼센트 미만에 불과하다"며 과장된 통계를 간단히 비웃었다. 다양한 이유로 폐업을 미룬 채 '좀비'가 된 기업 역시 신생 기업 못지않게 많다는 것이다. 국내 언론이 "중국 청년들의 꿈은 기업인"이라며 공무원 시험에만 몰리는 한국 청년들을 책망할 때, 중국 사회에선 "나라에서 투기를 조장한다" "마윈이 성장했던 시대의 중국과 지금 중국은 다르다" "다들 성공 스토리만 떠들고 있다" 등의 비판도 심심찮게 나왔다.

실패 사례를 빈번히 접하는 청년들은 창업도 하나의 '직업工種'일 뿐이라며 평상심을 갖자고 서로를 다독이기도 한다. 더구나 한국에서든 중국에서든 아이디어가 투자할 만한 상품이 되기까지의 불확실한 여정을 누구나 감내할 수 있는 것은 아니다. 줄곧 앱 개발에 매달렸던 지인은 선전대학 졸업 후에도 투자자를 찾아다녔지만 더는 안 되겠다며 짐을 쌌다. 창업 과정에서 배운 디자인 기술로 근근이 알바를 했으나 농촌에서 자신만 바라보는 부모님께 면목이 없다는 이유에서였다.

코로나 팬데믹을 거치면서 청년 실업과 고용 불안정성은 더더욱 돌이킬 수 없는 흐름으로 굳어지고 있다. 사회 전반에 무력감의 에토스가 짙어질수록 '새로움'은 요란한 구호처럼 반복된다. 중국 당국은 청년들에게 일을 포기하고 드러눕는 '탕핑躺平'의 나약함을 버리고 새로운 기회를 찾아 분투하자고 호소하는가 하면, 비공식적으로 50퍼센트에 육박하는 청년 실업의 대책으로 왕훙網紅 인플루언서를 제안하는 지경이다. 한국 정부는 '청년 실업'과 '지방 소멸'이라는 두 난제를 일거에 해결하겠다며 각종 지원사업을 통해 대학 졸업자의 지역 이주를 독려하고, 이른바 로컬 크리에이터를 MZ 세대의 유망한 직군으로 띄우느라 부산하다. 하지만 새로움이 강조될수록 전망 부재의 좌절감은 사그라들기는커녕 이 사회의 공기를 무겁게 짓누르고 있다.

양국은 고등교육이 국가 경쟁력이라며 우후죽순 대학을 만들었고, 성장이 고용과 무관해진 시대가 되면서 고학력 '백수' 집단을 양산했다. 그리고 위기를 호기로 바꿀 마법을 창업과 혁신에서 찾았다. 하지만 그게 누군가에게는 할 만한 일일지언정 모두에게 강요할 수 있는 처방은 아니다. 더구나 스타트업 청년이 대거 뛰어든 플랫폼 생태계는 소수의 IT 기업이 플랫폼 자산을 점유해 독점적 이익을 거두는 지대 자본주의rentier capitalism의 핵심 현장이 되어가고 있다. 알고리즘에 종속된 플랫폼 노동에서 비빌 언덕을 찾는 창업가의 지원금 '분배 노동', 생계를 벌충하기 위한 알바 노동까지*, 노동 또한 이 '힙한' 무대에서 사라지기는커녕 더욱 다양하고 복잡한 모순을 만들어내고 있다.

* 조문영, 「청년자본의 유통과 밀레니얼 세대-하기: 젊은 소셜벤처 창업자들에 관한 문화기술지」, 『한국문화인류학』 제51권 제3호, 2018, 315쪽.

이쯤 되면 창업 권하는 사회가 그토록 집착하는 새로움의 행방이 묘연해진다. 대학이 '문송합니다(문과라서 죄송합니다)' 시류에 굴복해 문과생을 위한 창업 교육 프로그램을 우후죽순 늘리더니, 한강의 노벨문학상 수상 소식에 돌연 인문학의 영원성을 찬양하는 세태를 보면 더더욱.

코로나보다 독한
생존 바이러스

2020년 11월, 서울 노량진 학원가에서 집단 감염이 발생한 직후 중등임용시험이 있었다. 시험을 마친 수험생이 쏟아지고 거리두기가 붕괴된 상황이 보도되자, 교사 지망생이 방역수칙도 안 지킨다는 비난 댓글이 넘쳤다. 하지만 청년들이 주로 모인 인터넷 커뮤니티의 분위기는 달랐다. 극한 상황에서 1년에 한 번뿐인 시험을 치러야 하는데 감염원 취급까지 받았다는 억울함에 청년들은 십분 공감했다. 누군가는 '인생이 걸린' 시험을 준비해온 수험생의 간절함에 감정 이입하면서 공정성 논의에 불을 지피기도 했다. 수능시험은 확진자에게도 응시 기회를 주는데, 똑같이 '인생 걸고' 공부한 임용시험 준비생의 기회는 왜 박탈하냐, 부모들이 집단 압력을 행사하기 어려운 취준생이라고 무시하는 거냐…… 성토가 쏟아졌다.

확진되면 자기가 죽을 수도, 전염으로 남을 죽일 수도 있는 게 바이러스다. 그런 상황에서 수험생의 권리 운운하다니 빈축을 살 수도 있겠다. 하지만 많은 청년은 '죽을힘'을 다해 공부하고 일하지 않으면 안 되는 '생존 바이러스'에 감염된 채 살고 있다. 언론은 '침묵의 전파자'라며 청년들의 안전 불감증을 나무라지만, 각종 자격시험은 이들이 대한민국에서 안전하게 살아남기 위해 필사적으로 매달려야 하는 동아줄이다. 이들에게 안전은 단순히 죽을 위험을 피하는 게 아니라 죽을힘을 다해 성취해야 할 과업이 되었다. 젊은 층은 치사율이 낮다는 코로나바이러스에 감염될까 걱정하는 대신, 생존 바이러스 확진자로서 끝까지 살아남기 위해 고군분투하는 게 이기적이긴 해도 효과적인 선택이라고 여겨질 수 있다.

그러나 이 생존 바이러스도 다른 바이러스처럼 '미래'라는 시간을 지워내기는 마찬가지다. 그 무렵 '경기도청년기본소득' 수령자 인터뷰를 진행하면서, 나는 정책의 효과보다 한국 사회 청년들의 고단함에 더 신경이 쓰였다. 나와 공동 연구자들은 현재의 수령 경험을 통해 정기적으로 충분히 지급되는 기본소득을 상상해보도록 유도하고, 기본소득이 실현되는 미래의 세상은 어떤 모습일지, 그 세상에서 어떤 삶을 살고 싶은지 물었다. 하지만 학력이나 경제 상황과 관계없이, '미래'는 우리가 만난 대부분의 청년에게 상당히 낯선 시간이었다. 인터뷰 참여자들은 코로나 상황에서 어떻게 지내는지, 지역화폐를 어떻게 썼는지 자세한 얘기를 들려주다 미래를 상상해야 하는 대목에서 멈칫했다. 상상 자체를 곤혹스러워하거나, "상상할 수 있는 것만 상상한다"며, 그들은 시간의 줄자를 잘라냈다.

기본소득운동에 적극적인 청년들은, 기본소득을 자기 삶의 결정권을 획득할 기반으로 바라보면서 임금노동보다 자율적인 '활동'에 더 주목하는 경향이 있다. 하지만 우리가 만난 인터뷰 참여자들에게 가장 중요한 것은 여전히 '일', 특히 안정적인 일자리였다. 이 일은 자기 삶의 가치를 승인하는 절대 규범인가 하면, 때로 노동 윤리에 대한 강박을 부추기며 열심히 노력한 '나'와 그렇지 않은 '남'을 구분하는 잣대가 되기도 한다. 인터뷰 참여자 중에는 공무원시험 준비생이 제법 많았다. 혹자는 부모님의 집요한 조련에 항복했다며, 이런저런 꿈을 키우다나이를 먹으면서 불안이 밀려왔다고 변명하듯 답했다. 하지만 공무원시험이 '부모 찬스'를 쓰지 않아도 되는 '공평한 기회'라고 주장하는 청년도 제법 많았다. 한 참여자는 보편 기본소득의 먼 미래를 상상해보자는 우리의 바람을 일거에 무너뜨렸다. "기본소득이 있다면 9급 시험을 건너뛰고 바로 7급 시험을 준비할 겁니다."

코로나 이후 다행히 여러 백신이 빠르게 개발되었다. 그런데 대한민국은 '생존 바이러스'에 맞서 백신을 개발할 의지가 있기나 한지 의문이다. 나를 포함해, 이 바이러스 감염자들은 오늘도 학교와 학원에서, 공장과 회사에서 자기 안전을 확보하느라 필사적으로 공부하고 일한다. 어떤 삶이 살 만한 삶인지 스스로 결정할 자유를 포기한 채, 과한 연결로 다른 바이러스의 출몰을 조장하고, 임기응변으로 피한다고 야단이고, 서로에게 책임 씌우기를 반복하며 우리는 지구의 소멸을 앞당기고 있다. 억울한 감이 없지 않지만, 상처뿐인 생존 대신 만물의 숨통을 틔울 백신 개발은 결국 감염자의 몫으로 남았다.

노동자 청년의 안부를 묻다

2018년 8월 중순, 『중국 신노동자의 미래』 저자 뤼투를 만나러 번역자인 정규식 선생 일행과 베이징 교외 지역을 찾았다. 중국 빈곤 정책 연구로 사회학 박사학위를 받은 뤼투는 학계에 남는 대신 기층 노동자들과 함께 연구하고 일하는 삶을 택했다. 작가 위화가 "같은 무대에서 절반은 희극을 공연하고 절반은 비극을 공연하는 이상한 극장"이라 비유한* 중국의 거대한 빈부 격차는 2억 8000만 농민을, 도시를 배회하는 품팔로 만들었다.

농촌에 남겨진 아이들의 잿빛 얼굴을 보고 제 논문이 이들에게 무슨 소용이 있겠냐는 회의감이 들었던 뤼투는 굽이진 길을 택했다. 노동자들의 삶을 추적하고, 이들을 대화자로 삼아 글을 썼다. 자신의 질문을 어려워하는 노동자들을 이해하기 위

* 위화, 『사람의 목소리는 빛보다 멀리 간다』, 김태성 옮김, 문학동네, 2012, 210쪽.

해 위조 신분증을 들고 공장에 취업하기도 했다.

뤼투가 몸담고 있는 '베이징 노동자의 집'은 노동자들이 함께 노래하고 공부하고 일하는 공동체다. 그곳에는 품팔이 자녀들을 위한 비인가 실험학교가 있고, 노동자 문화를 만들어가는 극장과 공연장이 있고, 노동자들의 삶을 실어나르는 박물관이 있다. 2010년 폭스콘 연쇄 자살 생존자인 텐위도 진열품을 보탰다. 하체가 마비된 채 누워 있는 동안 노동자 친구들이 보내준 격려가 위안이 되었다며 감사 편지를 부치기도 했다. 고향에 돌아간 뒤 만들기 시작한 감귤색 슬리퍼가 편지 위에 놓여 있었다.

뤼투의 동네는 편벽한 교외 지역이지만, 전국 각지의 노동자들을 대상으로 '대학'을 운영했다. 위챗 단체 채팅방이 플랫폼 구실을 한다. 그날 밤 우리가 초대받은 단톡방에서는 노동자대학 16기 2조의 수업이 열렸다. 20년 품팔이 생활을 접고 고향에서 자연농 실험을 하는 중년 남성부터 베이징의 한국인 가정에서 돌봄 노동을 하는 여성, 품팔이 아버지를 둔 법대생까지 아홉 명이 순번을 정해 '농촌 신용협동조합'을 주제로 토론을 진행했다. 발표자는 위챗에 음성을 남기고, 뤼투와 나머지 사람들은 문자로 의견을 나눴다.

도시와 농촌을 떠도는 유동성 때문에 조합 설립이 어렵다는 하소연이 오갔다. 찔끔 저축해 찔끔 이자 받는 농민이 자본에 대항할 방법은 단결밖에 없다는 주장도 등장했다. 간절한 목소리에 귀도 예민해진 걸까. 아이가 옆에서 칭얼대는 소리, 버스 안의 웅성거림, 병상의 아버지를 간호하던 중 내뱉는 숨죽인 소리에 말문이 트였다.

베이징에서의 짧은 만남을 뒤로하고 내가 오랫동안 조사해온 선전 폭스콘 공장지역에 돌아갔다. 폭스콘 숙사가 있는 건물 앞에선 노무파견업체와 직업학교를 통해 중국 각지에서 채용된 젊은 노동자들이 양동이며 캐리어를 들고 버스에서 내리는 중이다. 그 옆 광장에선 지역 커뮤니티센터에서 자원봉사자로 활동하는 폭스콘 노동자들이 바자회를 열었다. 직접 만든 케이크나 후원받은 물품을 판매하고, 밴드 공연을 하고, 주민들의 가전제품을 수리해주고 있다.

공산당의 전폭적인 지지를 받는 센터 봉사자들은 위챗을 통해 만난 노동자대학 청년들처럼 자본과 착취, 저항을 얘기하진 않는다. 그렇지만 (공장과 달리) 이름을 불러주고, 가치를 인정하고, 안부를 걱정해주는 동료들을 갖게 되었다는 점에서는 그곳 청년들과 비슷하다.

한국의 노동자 청년들에게도 이런 동료 집단이 있을까? 지하철 구의역 참사부터 택배 물류센터에서의 잇따른 사고사까지, 그들은 왜 주검이 되어서야 공론장에 초대받을까? 대학생 또는 대졸 취준생이 '청년' 논의를 지배하는 한국 사회에서 별반 호명되지 않는 노동자 청년의 안부가 궁금해졌다. 그리고 그 시각 위챗에서 노동자들과 열심히 토론 중일 뤼투가 그리웠다.

1997년 베이징,
2019년 홍콩

1997년 7월 1일 홍콩이 중국에 반환된 날에 나는 베이징에 있었다. 함께 어학연수를 하던 기업 주재원이 역사적인 순간을 기념해야 한다며 시내 중심가의 스카이라운지를 일찌감치 예약해둔 터였다. 천안문을 좌우로 가로지르는 창안제長安街(장안가)는 이제 정치 행사가 있을 때마다 봉쇄되고 평소에도 검문이 잦지만, 그날 밤엔 베이징 시민들에게 온전히 자리를 내주었다. 오성홍기를 손에 들고 천안문을 향해 뛰어가던 시민들의 행렬은 장관이었다. 밤하늘을 뒤덮은 불꽃과 함성, 북받친 감정이 뒤섞인 그날 창안제의 풍경은 오래도록 내 마음을 훔쳤다. 자신을 세상의 중심華에 두었던 나라가 서양 오랑캐夷에게 처참히 패배하고 불평등 조약을 맺었던 게 1842년의 일이다. 많은 중국인은 1949년 중화인민공화국 수립을 사회주의 혁명보다 분열된 나라를 통일한 역사로 기념한다. 이들에게 홍콩 반환이란 굴욕적인 근대사에 종지부를 찍고 중화中華의 귀환을 선언하는 일대 사건이었다.

　당시 천안문에 모였던 베이징 시민들은 2019년 홍콩에서 벌어진 사태를 어떻게 바라볼까? 1997년 시민들이 호기롭게 내달렸던 창안제는 건국 70주년 열병식 행사를 한다고 이들의 걸음을 막았다. 홍콩인들은? 비가 퍼붓는 가운데 영국과 중국의 국기교대식이 거행되던 그날이나, 최루탄 먼지가 도심에 자욱한 지금이나 중국 관영방송의 짤막한 화면만으로 홍콩의 마음을 읽긴 어렵다. 하긴 베이징에서 2000킬로미터나 떨어진 곳이다. 비행기를 타도 족히 네 시간이 걸린다.

　그렇다고 20여 년이란 시간 동안 마주침이 없었을 리 없다. 특히 고속철과 지하철MTR로 일일생활권이 된 중국 남부에서 '홍콩'은 육화된 정동情動으로 다양한 교접의 순간을 만들어냈다. 개혁개방 이후 전례 없는 불평등이 경제발전의 토대마저 위협했을 때, 중국 정부는 사회주의국가에 사회문제란 있을 수 없다는 자기최면을 걷어내고 사회복지(사회공작)에 눈을 돌렸다. 식민의 유령을 소환하는 구미 나라들 대신 홍콩의 사회복지사와 연구자 집단을 초청해 전문적인 기술을 배우고 교류를 넓혀왔다. 숙련된 사회복지사들은 고용 조건의 유불리를 따지지 않고 직접 달려와 신생 학문과 제도가 중국 본토에 뿌리내리도록 힘썼다.

　홍콩에 기반을 둔 글로벌 NGO나 홍콩의 노동운동 조직은 중국 노동운동사에 거대한 자취를 남겼다. 『전태일 평전』
도, 『한국 노동계급의 형성』도, 삼성 반도체 공장의 백혈병 문
제를 다룬 다큐멘터리도 홍콩을 경유해 대륙의 노동운동가들
에게 전해졌다. 이들의 활동에 중국 정부가 언제나 적대적이기
만 한 것도 아니었다. 한국과 달리 국가 조직인 중국의 노동조
합(공회)은 때때로 홍콩과 연결된 비합법적인 NGO로부터 기층
노조를 운영하기 위한 혜안을 얻기도 했다. 2010년 애플의 하
청업체 폭스콘에서 젊은 노동자들이 연달아 목숨을 끊었을 때,
베이징과 타이완, 홍콩의 학자들이 공동으로 연구팀을 조직한
일도 있다. 타이완계 기업의 횡포와 글로벌 노동 체제의 폭력
을 고발하고 생존자들을 보살핀 이들의 범중화권 연대는 전 세
계의 주목을 받았다.

새로운 상상과 실험 역시 홍콩과의 교류에 빚지고 있다. 광
둥성에서 내가 만난 젊은 창업가 대부분은 홍콩을 통해 사회적
기업, 협동조합 등 대안적 시장의 실례를 접했다. 홍콩과 선전
의 청년들이 온라인과 오프라인에서 지혜를 맞댄 덕택에 윤리
적 책무와 창의적 아이디어를 결합한 사회혁신 스타트업이 탄
생하기도 했다. 선전 텐센트의 IT 개발자였던 내 친구는 홍콩
의 사회적 경제 포럼을 부지런히 드나들더니 '잘나가는' 회사
에 사직서를 던지고 광저우에 사회적 기업을 만들었다.

도시 연구자인 앤디 메리필드는 "지속하는 마주침이 일어나

면 그 어떤 것도 예전과 동일해지지 않는다. 그것은 사람들을 생성의 과정 속으로, 뭔가 다른 것이 되어가는 과정 속으로 쏘아 보낸다"고 말한다.* 중국과 홍콩의 마주침이 그동안 반목과 냉소로 점철된 것만은 아니다. 새로운 제도를 실험하고, 민주를 고민하고, 혁신을 도모하는 생성의 과정은 홍콩이 중국과 가까웠기에, 그러면서 문턱 너머 바깥으로 한발을 디뎠기에 가능했다.

그러나 2014년 우산혁명, 2019~2020년 홍콩 시위를 거치면서 중국을 풍요롭게 했던 마주침의 순간들은 급속히 잦아들었다. 중국의 지방정부는 홍콩 사회복지사들과의 접촉을 기피하고, 노동운동은 극심한 탄압에 좌초되고, "선전시 홍콩구가 될 날이 머지않았다"는 오만한 농담이 선전과 홍콩 청년들의 발랄한 교류를 압도했다. 결국 2020년 홍콩의 자치권을 완전히 무시한 국가보안법이 전격 시행되면서 마주침의 창발성은 빠르게 사그라들었다. '중화의 귀환'이란 홍콩이 바깥에 걸쳤던 한발을 기어이 안으로 들여와야만 완성되는 과업일까? 오랫동안 내 값진 추억이라 여겼던 1997년 여름 베이징의 풍광이 갑자기 섬뜩해졌다.

* 앤디 메리필드, 『마주침의 정치』, 김병화 옮김, 이후, 2015, 292쪽.

코로나 이후, 연결의 빛깔

코로나19 사태 때 공론장을 기웃거렸던 사람이라면 독일의 한 시사주간지를 기억할 것이다. 『슈피겔』이라는 이 잡지는 2020년 2월 초 붉은색 우비를 입고 방독면을 쓴 채 아이폰에 열중하는 인물 사진을 표지에 싣고 「CORONA VIRUS: Made in China—Wenn die Globalisierung zur tödlichen Gefahr wird」(코로나 바이러스: 메이드 인 차이나—세계화가 치명적인 위험이 될 때)라는 제목을 달았다. 중국 정부는 이에 인종차별을 멈추라며 항의했고, 독일에서도 정치 풍자치고 과하다는 의견이 많았다. 그로부터 두 달이 지나자, 독일의 확진자 수는 중국을 추월했고, 대한민국에서 정책 공방이 오갈 때마다 '좋은 삶'의 척도 역할을 해왔던 유럽은 아수라장이 됐다.

『슈피겔』의 오만을 풍자할 시점이었을까? 표지 사진에 분노했던 사람들이 실제로 기사를 읽었는지는 의문이다. '세계화가 치명적인 위협이 될 때'란 부제가 달린 당시의 글은 글로벌 경제위기를 신중히 예견한다. '메이드 인 차이나'를 명시한 것은 코로나바이러스의 기원이 중국 우한의 수산시장임을 주장하기 위해서가 아니라, "글로벌 경제성장의 3분의 1을 책임지고 연 수출액이 2조3000억 달러가 넘는" 중국이 바이러스에 감염되 었을 때 벌어질 디스토피아를 조감하기 위해서였다. 세계의 공 장이자 미국의 최대 교역 파트너인 중국이 국경을 막는다면? 중국인들이 여행, 무역, 생산을 멈춘다면? 유가가 폭락하고, 금 융에서 의약품까지 촘촘히 연결된 글로벌 네트워크가 무너진 다면? 『슈피겔』은 바이러스의 치사율이 낮고 중국 바깥은 확진 자가 적다며 통제 가능성을 전망했지만, 그로부터 한 달 뒤 세 계보건기구WHO는 팬데믹을 선언했고, '거리두기'가 세계화의 역설적 슬로건으로 등장했다.

그래서, 다시 연결해낼 수만 있다면 다행인가? 『슈피겔』의 기사에서 인종주의 혐의를 다소간 걷어내니 다른 문제가 드러 난다. 기사는 기업가의 눈으로 세계를 바라본다. '메이드 인 차 이나' 표지 사진 속 인물은 아이폰을 응시하는데, 『슈피겔』이 친절히 다뤘듯 아이폰의 설계자 애플과 제조자 폭스콘은 코로 나 사태로 노동자의 발이 묶이면서 생산에 차질을 빚었다. 기 업가에게 단절은 위기이고 연결은 정상성의 복원이다. 하지만 폭스콘 노동자들에겐 연결도, 단절도 속도와 방향을 알 수 없 다는 점에서 불투명하긴 매한가지다. 중국 선전에서 만난 노동

자들은 아이폰에 관한 한 모든 게 비밀이기 때문에 언제 초과
근무를 하게 될지, 언제 일감이 줄어들지 알 수 없어 답답해했
다. 비밀주의는 스마트폰의 브랜드 가치를 높이지만 노동자들
의 자기결정권을 박탈한다. 관리자는 결함 없는 제품을 완성하
기 위해 혹독한 노동 규율을 강요하고, 고향이 서로 다른 노동
자들끼리 기숙사 한방에 배정해 잡담과 쟁의의 여지를 줄인다.
적시 생산에 최적화된 방식으로 모든 시설을 배치해서 "수돗물
처럼 제 맘대로 노동자를 틀고 잠근다."* 전 세계 아이폰 마니
아들이 새로운 기능과 디자인을 앞세운 애플의 깜짝 쇼를 기대
하며 들떠 있는 동안, '무균실'에 격리된 인간-로봇들은 시작도
끝도 알 수 없는 환경에서 신원 미상의 부품 조립을 반복한다.
마니아를 흥분시키는 불확실성이 이들에겐 고통이다.

　『슈피겔』에 따르면, "역설적이지만 이 시점에서 글로벌라이
제이션(세계화)을 구해내는 길은 고립과 침착함, 인내심이다".
하지만 단절을 견뎌내고 세계가 재연결되면 어둠이 걷힐까? 가
난한 사람들에게 견디는 삶은 코로나 이전에나 이후에나 일상
이다. 많은 이가 코로나19 초기에 확진자와 사망자가 속출했던
경북 청도대남병원을 기억할 것이다. 이곳의 폐쇄병동 입원실

---

*　Ngai Pun and Jenny Chan, "The Spatial Politics of Labor in
China: Life, Labor, and a New Generation of Migrant Workers",
South Atlantic Quarterly 112 (1), 2013, p.182.

은 온돌방 구조의 다인실이라 감염 위험을 키웠을 뿐 아니라, 정신병원 102명의 환자 가운데 84명이 경제적으로 어려운 의료급여 수급권자였다. 처음 사망한 정신장애인도 수급권자로, 20년 가까이 폐쇄병동에 유폐되어 있었다. 빈곤과 감염의 질긴 매듭은 어디서나 매한가지다. 미국에서 사망이 속출했던 홈리스들도 오랜 거리의 삶으로 면역체계가 고장 난 상태였다. 코로나 위기, 경제 위기가 연일 거론되지만, 지구상엔 삶의 매 순간이 위기였던 인간과 동물이 태반이다.

나는 코로나19가 견디는 시간이 아니라 새롭게 질문하는 시간, 연결을 기다리는 시간이 아니라 어떤 연결이 지구를 좀더 공생에 적합한 환경으로 만들지 궁구하는 시간이 되길 바랐다. 애플이 올해 신형 아이폰을 무사히 출시할지 걱정하기보다 폭스콘 노동자들이 글로벌 연결을 비덕으로 느끼려면 어떤 이행이 필요할지 모색하는 시간이 더 절실하지 않겠는가. 하지만 2022년 10월 중국 정부의 코로나 봉쇄 정책으로 '폐쇄 루프'에 갇혀 작업하던 정저우 폭스콘 노동자들이 더는 못 참고 탈출을 감행했을 때조차, 국내외 언론은 "11월 아이폰 생산량 30퍼센트 감소 가능성"을 긴급 뉴스로 타전했다. 음식과 식수가 엄격히 제한된 기숙사에 밀집 거주하면서 생명에 위협을 느낀 노동자들은 검문검색을 피하려고 도보 귀향을 택했다. 이들이 빗속에서 10여 시간 캐리어를 끌며 고속도로를 헤매는 황당한 풍경이 소셜미디어로 실시간 전파된 '덕분'에 기업과 정부가 관심을 가졌으니, 그나마 글로벌 연결에 감사해야 할까. 폭스콘은 더 많은 임금과 인센티브 약속으로 노동자들을 다시 끌어모았다. 무슨 일이 있어도 아이폰 생산은 중단되어선 안 된다! 감염 위험에도, 가진 게 몸뚱이뿐인 노동자들이 다시 몰려들었다.

그래도 새로운 연결은 뻗어 나간다. 정저우 폭스콘 노동자들이 '대탈출'을 감행했을 때, 인근 농촌의 가난한 주민들은 어린 청년들이 배라도 곯지 말아야 한다며 길거리에 음식을 놓아두었다고 한다. 이들이야말로 글로벌 연결의 최대 패자가 자본과 달리 경계를 자유롭게 이동할 수 없는 노동자임을 누구보다 예리하게 직감한 '동지'였다.

노동의 대화가 국경을 넘는 법

　2019년 6월 중순 베이징에 센터를 둔 미국 시카고대학에서 '노동자 문학과 미디어 실천'을 주제로 워크숍이 열렸다. 홍콩 시위 이후 중국 정부가 타국 학자와의 접촉을 더욱 불온시하고, 민감한 주제에 관한 국제 회의도 줄줄이 취소되던 때라 노동을 전면에 내세운 학술 행사가 열린 게 기적이라고 다들 입을 모았다. 주최 쪽이 공식 홍보를 하지 않았는데도 소문을 듣고 모여든 연구자와 학생으로 회의장은 이틀 내내 북적였다. 워크숍 참가자의 면면도 흥미로웠다. 중국 안팎에서 노동 문제를 연구해온 학자들 외에도 오랫동안 노동운동에 몸담아온 활동가들, 연극과 노래로 자기 삶을 얘기해온 노동자 예술가들이 한자리에 모였다.

　영어권 나라에서 온 연구자를 위해 통역인이 배석됐지만, 낯선 언어로 워크숍 열기를 식히고 싶지 않아 다들 중국어 발표를 고집했다. 공장 노동자 출신 여성 활동가들 사이에서 '우리

선생님'으로 통하는 중국사회과학원의 한 교수는 중국 노동자들과 함께 미국 노동운동 조직을 탐방한 경험을 소개했다. 나는 선전 폭스콘 공장지대에서 처음 만난 여성 노동자를 6년 남짓 도시와 농촌, 온라인과 오프라인에서 부분적으로나마 동행하며 기록한 분투기를 전했다. 중앙희극학원의 한 교수는 농촌 출신 가사노동자들과 공연을 준비한 과정을 술회했다. 고립된 노동으로 위축된 자아를 새롭게 몸을 써가며 보듬기 시작한 여성들에게 주말 공연 연습이란 완성된 드라마만큼이나 극적인 경험이었다. 홍콩 하층민들의 커뮤니티에서 활발히 전개되는 미디어운동 사례를 발표한 싱가포르의 한 대학교수도 과정의 의미를 복기했다. 비좁은 홍콩 골목길에서 비디오를 찍는 사람과 찍히는 사람 사이에 형성된 작은 교감이 정치적 문제의식을 싹 틔우는 계기가 되었다고 한다.

한국 언론에 제법 알려진 베이징 교외 '노동자의 집'은 문화운동에서 공동체 실험, 학술 연구에 이르기까지 이번 워크숍의 플랫폼 구실을 했다. 워크숍을 조직한 시카고대학 교수는 '노동자의 집'에서 선보인 연극 공연 「우리들」을 분석하며 "노동자를 대표하고 대변하기보다 노동자와 함께 생각하는" 극의 힘을 강조했다. 노동자 출신 제작자 겸 연출가는 엄지를 치켜들며 잔뜩 긴장한 그를 응원했다. 독립 연구자이자 활동가인 뤼투는 한국에도 번역된 신노동자 3부작을 회고했다. 노동자들이 이 책을 읽는 모습을 열망하며 책을 썼지만 그 점에선 분명 실패였다고 성찰한 뒤, 노동자를 대할 때는 물론 일상에서 누구도 서로를 존중하지 않는 세태를 비판했다. 20년 가까이 노동운동에 몸담으면서 '노동자의 집'을 지켜온 왕더즈는 워크숍 참석자들에게 "지식인과 노동자 사이의 거리는 어쩔 수 없는 것"이라며 운을 떼고는, 그럼에도 거리가 너무 벌어지지 않도록 '반보'의 긴장을 유지해주기를 당부했다.

캐나다에서 온 중국 출신 젊은 교수가 젠더 불평등 문제를 제기하자 갑자기 불편한 기류가 감돌기도 했다. 중국 노동운동이 여성과 성소수자 문제를 충분히 다루고 있지 않다는 지적에 왕더즈는 발끈했다. "우리가 뭔가 잘못하고 있다고 생각한다면 비판하기에 앞서 상황에 대한 이해부터 했으면 좋겠다"며 서운한 기색을 내비쳤다. 반보가 순간 백보 이상 벌어진 느낌이었다. 긴장을 다독인 사람은 여공밴드의 보컬인 돤위였다. 그는 아이를 돌봐줄 사람이 없어 이틀 내내 칭얼대는 딸을 데리고 워크숍에 참석한 터였다. "공장에서 일할 당시에는 페미니즘이 뭔지도 몰랐습니다. 관심도 없었고요. 하지만 딸을 낳고부터 여러 생각을 했습니다. 남성 노동자들은 그런 고민을 별로 안 하지만……. 여성 노동자는 아이가 생기면 저항을 하기가 정말 어렵더군요." 고인 눈물을 닦고 기타를 집어 들었다. 1993년 여성 노동자 80여 명의 목숨을 앗아간 선전시 인형공장 화재부터 폭력을 견디다 못해 남편을 살해하고 복역 중인 농촌 여성의 사연까지, 그가 나지막이 내뱉는 소리가 노래가 되고 시가 되었다. "20년을 맞았지. 20년을 참았지. 단 한 번도 저항하지 못했지. 이제 정말 마지막으로……."

'중국'이라는 주어로 시작했으면, '친중'과 '반중'이라는 단순한 이분법을 전제했으면 주변으로 밀려났을 주제들이 노동이라는 세계 보편의 주제를 두텁게 감싸면서 다양한 논의를 촉발했다. 실적 채우기에 급급한 한국의 각종 회의에서 빈번히 느껴온 공허감을 정치적 혹한기를 맞은 중국에서 달랠 줄 누가 알았을까.

비정규직과 기본소득

　「국가부도의 날」은 IMF 대란이라 불리던 1990년대 말의 외환위기를 조명한 영화다. 영화는 다양한 인물이 재난과 마주한 순간들을 긴박하게 쫓다가 각자의 변화를 짧게 보여주며 끝난다. 외환위기 당시 공장을 운영하던 한갑수는 납품 기업의 도산으로 집까지 팔아야 했다. 10년 후에도 그는 공장에 남았다. 환경은 더 열악해졌고, 값싼 임금으로 부릴 수 있는 외국인 노동자가 한국인을 대체했다. 홀쩍 자란 아들은 기업 면접을 앞두고 있다. 아버지는 아들에게 간곡히 조언을 건넨다. "절대로 손해 보지 마라. 경쟁에서 반드시 살아남아야 한다."

　'비정규직'은 현재 이 경쟁에서 도태된 자를 가리키는 이름으로 통용된다. 사실 1960~1980년대 경제개발 시기 인구 대다수는 정식으로 호명되지 않았을 뿐 비정규직의 삶을 살았다. 특히 무임금 가사노동을 떠맡고, 부업과 아이 돌봄을 병행하던 여성들의 삶엔 '정규'라 할 만한 게 없었다. 1990년대 통계청 조사에서 임시 일용직 비중이 주목을 받더니, 1996년 날치기 통과된 정리해고제, 변형근로제, 파견근로제가 외환위기 이후 대기업 노조를 강타하면서 비정규직은 전 사회적 쟁점으로, 불안정한 삶의 표지로 급부상했다.

돌이켜보건대 노동유연화 정책이 가속화된 2000년대 이후에도 비정규직 논의에서 새로운 가능성을 찾으려는 움직임은 꾸준히 있었다. 비정규직의 정규직화가 최선인가? 아이와 노인을 살리는 돌봄노동, 지구를 살리는 환경운동, 마을을 살리는 공동체 활동은 왜 노동 바깥의 노동에 머물러야 하나?『분배정치의 시대』에서 제임스 퍼거슨이 강조했듯 "보편화된 임금노예의 삶은 필경 마르크스도 바라던 바가 아니었다".* 10여 년 전 좌파 연구자와 활동가들이 일본 청년들의 운동에 주목한 것도 같은 맥락에서였다. 아르바이트 노동이 삶의 양식이 된 청년들은 비정규직의 정규직화가 아니라 비정규직이 비정규직인 채 살아갈 수 있는 조건을 확보하기 위해 투쟁했는데, 유럽에서 이미 공론장을 열어젖힌 기본소득이 이 조건을 마련할 토대로 주목받았다. 2012년 양대 노총과 별개로 치러진 메이데이 '총파업'은 상징적 사건이었다. 비정규직, 백수, 실업자, 장애인, 여성운동가, 예술가 등 다양한 인물이 "부양의무제 폐지하라" "모두에게 기본소득을" "젠더 수행 파업" 등 각자의 요구를 담아

* 퍼거슨, 앞의 책, 130쪽.

행진했다.

뒤이어 기술혁명에 따른 노동의 양적·질적 변화가 가속화되면서, 기본소득을 비정규직 문제의 새로운 해법으로 바라보는 움직임은 정치권과 기업으로까지 급속히 확장되었다. 정규직이 정상적 규범이 되는 사회는 끝났다, 인간이 원치 않는 노동을 기계에 맡기고 자율적 삶을 살아가도록 사회보장 시스템을 바꿔야 한다는 요구가 좌우를 뛰어넘어 공감대를 형성해나갔다.

기본소득 지지자들은 확실히 일과 노동의 의미를 재해석하면서 정규직과 비정규직의 구분이 무의미한 세계에 대한 상상을 지폈다. 하지만 코로나 시기 인천국제공항 보안업무 정규직화를 둘러싼 공방에서 보듯, 21세기 한국 사회에서 정규직과 비정규직은 신분이 되었다. 손해 봐선 안 된다는 강박, 삶이 곧 경쟁이라는 위기감을 비장하게 두른 채 성인이 된 한갑수의 자식들이 비정규직으로 남지 않기 위해, 가까스로 쟁취한 정규직 신분의 권위를 유지하기 위해 필사적으로 노력하는 세상이 되었다. '도래할' 기본소득을 두고 그 정당성을 논했던 주장은 여기서 길을 잃고 만다. 코로나라는 돌발 사태로 기본소득은 만인의 언어가 되었지만, 이상적인 기본소득의 요건인 '충분성'은 갈 길이 멀다. 끈질긴 사회적 합의를 거쳐 전 국민 30만 원 기본소득 시대를 연다 한들 이 전쟁이 끝날까. 재난기본소득이 '우리'의 감각을 갖게 했다고 들뜬 사이, 2020년 4월 이천 물류센터 화재에서 보듯 어떤 빈자들은 '을들'의 전장 바깥에서 고투하다 사라졌다.

"선생님이 부러워요. 정규직이라서." 대학에 부임한 첫해 한 학생이 건넨 말이다. 그때는 대꾸를 못 했다. 그러다 한동안은 기본소득을 함께 고민하자고 말해주고 싶었다. 지금은 그 말도 겸연쩍다. 을들의 싸움과 그 바깥의 주검들을 뒷짐 지고 바라보는, 인권 감수성만큼이나 부동산 감수성도 충만한 엘리트 집단한테 겨누기엔 너무 무딘 칼처럼 보이는 말이어서다. '지금 여기'의 기본소득 운동이 정규직 기득권 정치에 어떻게 맞서야 할지 진지하게 고민할 때가 왔다.

공생의 숙명

혐오가 도처에 가득하다. 사회적 경제, 사회적 기업, 사회혁신 등 '사회'란 수식은 범람하지만, 우리가 날마다 목도하는 것은 상호의존의 사회를 더 이상 용인하지 않는 비사회적 풍광이다. 국토에 난민 유입을 막겠다고, 동네에 청년임대주택 건립을 막겠다고, 캠퍼스에 불온한 강연이 생기는 걸 막겠다고 항전을 치른다. 댓글이든 국민청원이든, 모두가 '피해자'임을 주장하면서 다름을 거부하기 위해 직접 행동을 불사한다. 이렇게 계속 빗장을 걸어 잠그다 보면 어떤 공동체가 남을까? 가족이라고 안전할까?

밟지 않으면 밟힐지 모른다는 불안은 전쟁과 분단을 거쳐온 한국 사회에 오랫동안 집단 심성으로 남았다. 하지만 이 심성은 제도적 민주주의와 신자유주의가 동시에 출몰한 1990년대 이후 더 증폭되는 것 같다. 경쟁과 효율, 자기방어에 최적화된 삶의 기저에 경제적 불안정성이 똬리를 틀고 있다면, 기술 발전과 경제의 금융화로 고정적 일자리 대신 파편화된 일거리만 양산될 뿐이라면 어디서 돌파구를 찾아야 할까?

물질의 빈곤과 실존의 빈곤을 완화하기 위한 출발점으로 기본소득의 의미를 환기하고 싶다. 모두에게 조건 없이 정기적으로 현금을 지급하자는 제안은 지난 한 세기 동안 전 세계 다양한 지역에서 다양한 역사를 경유하며 진폭을 키우다 21세기 들어 본격적으로 울림을 내기 시작했다.

임금노동 중심의 경제 패러다임은 수명을 다했고, 완전고용을 전제로 한 사회보장 시스템도 한계에 직면한 지 오래다. 지금도 끔찍한 소득 불평등이 인공지능이 보편화된 미래에는 더욱 심화되리란 전망이 쏟아진다. 더구나 지구는 더 많은 공장을 짓는 게 능사가 아님을 미세먼지와 스모그, 기후변화로 연일 증명해내고 있다.

이런 배경들이 기본소득을 공론화하는 데 영향을 끼친 것은 분명하나, 기본소득은 여전히 동상이몽의 의제로 남아 있다. 생태적 전환을 위한 새로운 이행 전략인가? 원치 않는 일과 조직에 종속되는 대신 개인의 자율성을 발양하는 기회인가? 기존 복지 시스템을 축소하거나 간소화하기 위한 전략인가? 기술 발전에 따른 충격을 완화하고 구매력 있는 소비자를 재생산하기 위한 기제인가? 아니면 이미 수명을 다해가는 자본주의의 연명 장치에 불과한가? 정당성의 논리가 다르다 보니 실험이나 제도화, 재원에 대한 생각도 제각각이다. 논의의 스펙트럼이 진보와 보수를 가로지르다 보니 갑작스레 찬사를 받다가도 한순간 잊히고 만다.

논쟁은 앞으로도 계속되겠지만, 나는 다양한 기본소득 실험이 우리가 어떤 세계에서 살고 싶은가(혹은 살 수밖에 없는가)를 질문하는 과정이 되길 바란다. 인류학자 제임스 퍼거슨은 기본소득을 (토지에서 데이터까지) 지구의 공유부에 대해 모두가 요구할 수 있는 정당한 몫으로 인식하고, 국민의 자격을 묻는 성원권이 아닌 '현존presence'에서 이 몫의 근거를 찾는다. 그들이 우리에 속하기 때문(one of us)이 아니라 우리 곁에 있기 때문에(among us), 적극적 환대보다 사회적 의무감에서 이뤄지는 분배는 인류학자들의 현장연구에서 곧잘 발견된다. 사회적 의무란 "'인류애'의 문제가 아니라 바로 옆에 있는 사람과의 문제"이며, 공동의 생존을 위해서는 짜증이 나더라도 타인에게 곁을 내어줄 수밖에 없다는 인식에 기초한다.*

토머스 위들록에 따르면 이 의무감은 물리적 존재와 연결된 특정한 취약성, 인간의 유한성에 대한 통렬한 인정을 기초로 한다. 인간이 어차피 빈손으로 왔다 빈손으로 가는 존재라면, 기본소득은 이런 인간들 사이에서 개인적 자율과 상호의존을 배양하는 공유적 실천에 가깝다는 것이다. 이쯤 되면 기본소득

* 퍼거슨, 『지금 여기 함께 있다는 것』, 73쪽.

을 '공생배당'이라 불러도 좋겠다. '우리'와 '그들'을 필사적으로 구분하는 대신, 곁에 왔으니 신경 쓸 수밖에 없는 공생의 숙명을 인정하는 것. 이런 풍광은 사실 드문 게 아니라 매일의 일상에서 흔하게 펼쳐진다. 자극적이지도, 거창하지도 않아서 연구자나 기자의 시선이 가닿지 않을 뿐.

물고기 그냥 줘라

기본소득이 한국 사회에서 완전히 낯선 개념은 아니다. 기초노령연금이나 무상급식처럼 소득 기준을 철폐한 분배방식이 미흡하나마 정책화되기도 했으며,『녹색평론』같은 지식 공론장, 한국기본소득네트워크·기본소득청'소'년네트워크와 같은 민간 단체가 기본소득의 정당성을 알리는 데 적잖은 기여를 해왔다.

기존 논의는 유럽발 이론에 근거해 기본소득 법안이 제정되었거나 일부 시행 중인 나라의 사례를 주로 소개했다. 하지만 복지에 대한 뒤늦은 관심과 개인의 책임을 강조하는 신자유주의적 에토스가 동시에 부상한 한국 사회에서 기본소득의 제도화를 공론화하려면 유럽 중심성을 넘어 다양한 경험적 연구를 참조할 필요가 있다.

물고기 잡는 법 가르쳐라?

남아프리카공화국 사회복지 프로그램에 관한 제임스 퍼거슨 스탠퍼드대 교수의 작업을 소개하는 것은 이 같은 취지에서다. 퍼거슨은 아프리카에 관한 경험적 연구를 중심으로 빈곤과 개발, 이주와 현대성 문제에 관한 인문사회과학 논의에 중요한 영향을 끼친 인류학자다. 그는 2012년과 2017년 연세대 문화인류학과와 한국문화인류학회 초청으로 두 차례 한국을 방문했다.

30여 년 동안 남아프리카 현지조사를 통해 축적된 자료들을 분배라는 주제 아래 통합한 책『분배정치의 시대』는 국내에 번역 출간되어 의미 있는 반향을 낳았다. 이 책의 원제는 흥미롭게도 "*Give a Man a Fish*(물고기를 주어라)"다. 상식을 배반하는 도발적인 문구다.

어떤 사람에게 물고기를 그냥 준다면 그를 하루만 배부르게 할 것이고, 물고기 잡는 법을 가르쳐준다면 평생을 배부르게 할 것이다.*

빈곤 퇴치 사업에 참여하는 정부나 NGO, 종교단체의 관용

* 퍼거슨,『분배정치의 시대』, 91쪽.

적 수사를 현 시기 어업의 사례를 들어 반박하는 것으로 퍼거슨의 논의는 시작된다. 오늘날의 어업은 과거와 달리 아시아의 양식업에 상당 부분 의존하며, 일반 어업은 고도로 자본화, 기술화된 특정 기업들이 독점하고 있다. 노동에 대한 수요가 감소하면서 실직 어민이 넘쳐나는 판국에 현재의 어업이 정말로 숙련된 노동을 필요로 한다고 말할 수 있을까? 게다가 우리가 지금보다 물고기를 더 많이 잡을 필요가 있는지도 의문이다. 작금의 어획량은 이미 바다 생태계를 파괴할 만큼 엄청나다. 어획량을 무작정 늘리는 게 능사는 아니다.

이러한 비유는 고용 없는 성장의 시대, 생태 위기가 일상이 된 시대에 살면서도 여전히 분배가 아닌 생산에서 탈빈곤의 해법을 찾고자 하는 시각에 문제를 제기한다. 아프리카에서 공식 부문에 종사하는 임금노동자는 전체 성인 인구 중 극소수에 불과하며, 실업률은 기약 없이 치솟고 있다. 도시에서 살아가는 사람 대부분은 임시로 잡일을 하거나 주변 사람들에게 적당히 손을 벌리거나 자잘한 소매치기를 하며 '땜질'을 반복한다. 과거 식민 지배자들이 '부랑자'라 불렀고 마르크스가 '룸펜 프롤레타리아트'란 경멸적 표현으로 호명했던 이들은 이제 남아공에서 나이가 40대든 50대든 상관없이 '청년'으로 통한다. 청년이 단순히 세대 범주가 아니라 공식 부문에 고용될 기회를 박탈당한 채 결혼과 출산, 양육을 통해 가족을 구성할 기약이 없이 만성적으로 유예된 삶을 살아가는 사람들 일반에 대한 통칭이 된 것이다.

남아공이 극단적인 사례일까? 실물경제와 무관한 금융자본주의가 대세가 되면서 기업이 일자리 대신 각종 인턴십과 자원활동 기회만 선물처럼 남발하는 한국 사회에서 청년들이 살아갈 사회가 남아공보다 낫다고 자신할 수 있을까? '못사는' 남아공은 동정과 연민의 대상으로 남겨둔 채 이미 파산선고를 한 유럽 복지국가 체제의 파편들을 짜깁기하는 게 유일한 대안일까?

유럽 복지국가에 노스탤지어를 가져야 할까

퍼거슨은 (대부분의 비서구인이 경험해보지도 않은) 유럽 복지국가에 대해 노스탤지어를 가질 필요가 없다고 단언한다. 전통적인 복지국가의 근간이자 현재 종말을 고했다고 이야기되는 '사회적인 것the social'은 '정규직 임금노동자와 그 가족들'만을 대상으로 사회적 돌봄을 제도화했던 불완전한 구성물에 지나지 않았으며, 안정적인 임금노동의 기회를 박탈당한 프레카리아트가 새로운 노동자의 전형으로 급부상한 시대에 조응하는 체제도 아니다. '보편적인 사회적인 것the social'의 종말 이후 무엇이 올 것인가가 아니라 '이러한 사회적인 것this social' 이후에,

남아공 역사로 한정 짓자면 "백인 정착자와 흑인 노동 귀족만을 위한 역사적으로 특수하고 위계적이었던"* 사회적인 것 이후에 무엇이 등장할까를 질문해야 한다는 것이다.

신자유주의 구조조정은 복지국가를 파괴한 주범으로 곧잘 거론되나, 남반구의 많은 나라는 이 흐름 속에서도 역설적으로 새로운 형태의 사회 지원체계를 실험 중이다. 과거의 차별정책이 종식되고 첫 흑인 대통령이 선출된 1994년 이후 남아공의 사회적 부조체계는 계속 확대되어왔다. 2000년대 초반에 이미 전체 인구의 30퍼센트에 달하는 1600만 명의 국민이 정부의 사회 지원 프로그램을 통해 보조금을 받았고, 극빈 지역에서는 이 수치가 전체 가구의 75퍼센트나 됐다.

이를 두고 유럽에서 이미 한물간 '사회적인 것'이 현재 아프리카에서 등장하고 있다고 여긴다면 오산이라는 게 퍼거슨의 생각이다. 아프리카에서 등장한 '사회적인 것'은 유럽 복지국가의 근간이었던 임금노동 및 보험 메커니즘과 거리가 멀며, 대규모 사회적 지원은 오히려 임금노동에서 배제된 다수의 개인을 대상으로 한다. 1998년 이후 대대적으로 시행되어온 아동 지원 보조금은 결혼 여부를 따지지 않으며, 오직 보조금 지원 대상이 아이를 가장 적극적으로 돌보는 사람인지만 조사한다. '규범적'인 혈연 가족을 더 이상 복지 급여의 기준으로 전제

* 퍼거슨, 앞의 책, 153쪽.

하지 않게 된 셈이다. 또한 모든 남아공 국민에게 매달 15달러 수준의 현금을 지급할 것을 제안하는 기본소득 캠페인은 가족 구조는 물론 임금노동 수행 여부도 따지지 않는다. 임금이라는 공식적 대가를 지급할 적절한 일자리가 늘지 않는 상황에서 생계를 위해 다양한 형태로 노동하는 다수를 끌어안을 방도가 논의되고 있는 것이다.

사회적인 사람들과 현금화된 물고기

이쯤에서 다시 물고기 이야기로 돌아가보자. 남아공의 사례에서 보듯 기본소득운동이 제안하는 것은 물고기 자체라기보다 '현금화'된 물고기다.

금전을 매개로 한 관계를 사회적·도덕적 연대의 대척점으로 생각하는 사람들은 기본소득의 정당성을 어느 정도 인정하면서도 현금 지급에 불편한 감정을 드러내곤 했다. 하지만 퍼거슨은 사람들에게 생필품이 아닌 현금을 주자고 호소하는 기본소득 입안자들의 주장을 경험적 연구를 바탕으로 옹호한다. 빈자들은 굉장히 사회적이며, 동시에 현금에 집착한다.

이들의 일상에서 시장의 논리와 공통 연대의 논리는 서로 모순적인 것으로 등장하지 않는다. 자기 호주머니 안의 돈이란

(결국 생사의 문제이기도 한) 사회성, 상호의존성의 기회를 배가할 너무나 소중한 자원이다. 교통비가 없어 이동조차 못 한다면 어떻게 자신이 의존할 사회적 관계를 만들 수 있을까? 현금 거래란 결국 사회적 세계에 '의존성'을 새로이 도입하는 것이 아니라, 빈자들의 삶에 덜 해악적인 의존관계가 뿌리내릴 수 있도록 돕는, 일방적인 의존관계가 상호의존이라는 좀더 평등한 형태로 나아갈 수 있도록 호혜성의 통로를 열어젖히는 창구로 볼 필요가 있다는 것이다.

물고기를 주라는 게 무작정 현금을 베풀자는 뜻이 아님을 덧붙여야겠다. 개인은 토지든 지하자원이든 특정인이 소유를 주장할 수 없는 공동의 공유부에 대해 자신의 몫share을 배당받는 것이다. 노동권이 아닌 사회적 성원권을 강조했던 러시아의 무정부주의자 표트르 크로포트킨의 말을 빌리자면, "나는 재화를 생산한다고 해서 그 재화를 받을 자격이 있는 것이 아니"라, "전체생산기구와 그 산출에 대한 몫을 (유산으로) 소유하기때문에 생산의 몫을 받을 자격이 있는" 것이다.*

물론 기본소득이 새로운 정치 형태의 포문을 여는 것인지, 아니면 슬라보예 지젝의 주장처럼 현재의 구조적 모순을 야기한 체제를 건드리지 않는 값싼 해결책에 불과한지는 여전히 논쟁거리로 남아 있다. 크로포트킨이 주장한 정당한 몫rightful share

---

* 퍼거슨, 앞의 책, 122쪽에서 재인용.

이 국경을 넘어 전 지구적으로 배당될 수 있는가도 현재로선 미궁의 과제다. 그럼에도 퍼거슨은 프롤레타리아트 임금노동의 찬양, '룸펜'이나 금전적 관계에 대한 경멸 등 이론적 연역에서 출발한 편견이 수십 년간 좌파 정치학에 전혀 도움이 못 되었다는 점을 고백하면서 우리에게 다른 출발점을 제안한다. 사람들이 무엇을 해야 하는가에 대한 이론가들의 생각이 아니라, 이들이 실제로 무엇을 하고 있는지에 대한 경험적 관찰로부터 급진적인 정치를 실험하자고 촉구한다. 그는 냉소적인 좌파에게 묻는다. 신자유주의의 '안티'가 되는 데 자족하기보다 '우리는 무엇을 원하는가'로 문제의 지형을 바꿔내야 하지 않을까?

6부   정치하기

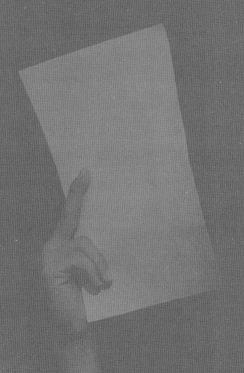

'주군 놀이'의 시대

'주군 찾기'는 인류학자들이 원주민 사회의 역사에서 종종 발견해온 문화 현상이다. 사람들은 자신을 보호해줄 영웅적인 지도자를 찾고, 지도자는 의례와 상징을 동원해 위계적 연대를 공고히 한다. 역사인류학 고전인 『역사의 섬들』에서 마셜 살린스는 주군 찾기의 실례를 여럿 소개한다. 아프리카 응구니족은 재해와 약탈을 피해 자발적 종속을 택한 이들이 거대한 무리를 이루면서 부족국가로 세를 확장했다. 사람들은 전쟁에서 지도자를 빼앗기는 순간 본능적 무력감에 빠질 정도로 불안정해서, 국가는 "몇몇 개인의 영광을 투사하는 구조적 수단"으로 보이기까지 했다.*

주군의 영향력은 유럽과의 접촉 이후에도 계속됐다. 피지의 왕은 선교사에게 자신이 기독교로 개종하면 모두가 자신을 따

* 마셜 살린스, 『역사의 섬들』, 최대희 옮김, 뿌리와이파리, 2014, 93쪽.

라 기독교도가 될 거라 장담할 정도였다. 개종이 종교적 신념의 표현이 아니라 영웅 정치의 일부인 셈이었던 것이다. 18세기 영국 탐험가 제임스 쿡 선장이 하와이에 닻을 내렸을 때, 평민 여성들은 서양인 선원들과 사랑을 나누기 위해 갑판으로 뛰어들었다. 성적 결합이 단순한 '알로하'가 아니라 신분 상승의 주요 통로였던 사회에 유럽인이 등장한 이후 주군 찾기 양상이 더 복잡해진 것이다.

사실 주군 찾기는 전근대 원주민 사회의 철 지난 관행이 아니다. 강력한 아버지 지도자를 섬기는 집단은 세계 곳곳에 있다. 권위주의국가는 물론 시민의 자발성을 강조하는 민주주의 국가에서도 주군 찾기는 계속된다. 추종자들은 포퓰리즘으로 비난받을수록 더 단결하고, 성과 속의 경계를 뭉개는 대신 선과 악의 구분은 강화한다. 지난해 경북 의성군에 들렀다가 "자유통일 3·1절 광화문 국민대회 투어" 현수막을 봤다. "선착순 150명 모집"이라는 문구 옆 사진에선 "의성이 낳은 이 시대 영적 지도자 전광훈 목사"가 태극기를 들고 연설 중이었다. 그가 목사로 있는 사랑제일교회가 재개발 보상을 두고 벌였던 진흙탕 싸움은, 바깥에선 '알박기'로 보여도 내부에선 성전聖戰이다.

살린스는 하와이 역사에서 주군의 권위가 무너지는 과정을 카푸kapu라는 금기의 변화로 설명한다. 지배자들이 신의 은총을 약속하는 금기를 유럽과의 교역을 독점하는 용도로 사용하자 평민들의 저항이 시작됐다. 카푸도, 주군도 신성함을 잃었다. 하지만 현재 한국 사회에서 (일부 광신도를 제외하면) 주군의 영원성을 바라고 확신하는 사람은 많지 않은 듯하다. 대신 주군 찾기는 주군 놀이에 가까워지고 있다. 정치인은 물론 학자, 의사, 종교인, 연예인, 인플루언서, 성공한 투자자, 일타 강사, 드라마 캐릭터, MBTI라는 우주론 등등. 추종하고 의지하는 주군의 목록은 계속 늘어나고 바뀐다. 나를 위로하고 불안과 억울함을 달래준다면 누구라도, 무엇이라도 주군이 될 수 있다. 주군을 쉽게 갈아치우는 시대는 달리 말하면 주군에 대한 믿음이 사라진 시대다. 누구라도 믿고 싶지만 아무도 믿을 수 없는 시대다.

의지할 주군을 찾기보다 행동하는 '나'에게, 소통하는 '우리'에게 신뢰를 건네던 시절도 물론 있었다. 2016~2017년 박근혜 대통령 퇴진운동 당시 시민들이 광장의 지도자를 거부했던 일은 특히 인상적인 기억으로 남았다. 많은 시민이 '촛불'을 희망으로 번역했던, (아무개 지도자가 아닌) '촛불 시민'이 역사의 주체로, 민주주의의 주역으로 등장했던 때였다. 독일 에버트 재단은 "민주적 참여권의 평화적 행사와 평화적 집회의 자유는 생동하는 민주주의의 필수적인 구성요소"임을 한국의 촛불집회가 전 세계 시민에게 각인시켜주었다며, 1000만 '촛불 시민'에게 2017년 인권상을 수여할 정도였다.

그로부터 5년여가 흐른 지금, 촛불을 '항쟁'으로, '혁명'으로 부르는 사람은 부쩍 줄었다. 광장의 잡음을 매끄럽게 통역할 지도부를 거부했던, 각자의 다양한 구호가 별이 되고 성좌를 이루는 세계를 바랐던 시민들의 행방은 묘연해졌다. 누군가는 주군을 수시로 바꿔가며 실망, 냉소, 분노를 배설하고 있을지도 모르겠다. 하지만 다른 미래를 만들기 위해 묵묵히 분투하는 풍경도 엿보인다. 지역과 생태를 살리는 토종씨앗운동이든, 화력발전소 폐지 시위든, 정의로운 에너지 전환과 석탄 노동자의 일자리 전환을 함께 요구하는 투쟁이든, 기후위기에 맞선 집단 행동은 더욱 긴밀히 연결되고 더욱 담대해지면서 자본주의 체제의 위험을 직접 겨냥하기 시작했다. 이 같은 행동은 주군에 의지하지 않아도 괜찮은 세계, 숙의와 쟁론을 거듭하고 직접행동을 불사하며 공생의 길을 내는 과정으로서의 세계를 지향한다. 저마다의 고요하고 찬란한 움직임이 서로를 비추면서 다시 성좌를 이루는 순간은 불현듯 찾아올 것이다. 그러나 저절로 찾아오진 않을 테다.

시선의 정치

　14억 사람들이 살아가는 중국은 공산당 일당체제를 고수하고 있다. 선거를 통해 민의를 수렴하기보다 당이 영도하는 수직적 의사 결정 구도를 고집하다 보니 통치의 정당성을 둘러싼 논란이 계속된다. 극심한 빈부격차에서 미국과의 무역전쟁까지 나라 안팎이 들썩이다 보니 '안정유지維穩' 자체가 국정 목표가 된 지 오래다. 그렇게 인터넷 통제와 일상의 감시, 체제 선전 등 인민의 시선을 가리거나 한곳에 붙들어 매는 데 천문학적인 재정이 투입된다.

　시선의 정치는 공산당의 전유물만은 아니다. 자유로운 공론장이 위축되고, 법치와 인치가 뒤섞인 행정이 대개 기득권층의 이익만 대변하다 보니 공적 해결을 더는 신뢰하지 않는 사람들 역시 시선의 권력을 활용한다. 부패한 관리를 응징하기 위해 한국의 '신상 털기'와 흡사한 '인육수색人肉搜索'에 가담하거나, 억울함을 호소하기 위해 관공서 앞에서 읍소하는 식으로 군중을 끌어모은다. 선을 넘으면 화를 자초하지만, 안정 유지가 지방정부를 평가하는 주요 기준이 된 이상 공무원들과의 '밀당'은 의외의 수확을 남기기도 한다.

2015년에 선전에서 현지조사를 하던 때, 폭스콘 공장에서 일하던 19세 여성이 숙사에서 자다가 사망한 사건이 있었다. 여공의 어머니는 지역 관공서 앞에서 사흘 밤낮을 울다 피를 토하고 기절하기까지 했다. 약간의 돈으로 사건을 무마하려는 폭스콘에 분노한 가족들은 공장 앞으로 달려가 하염없이 울었다. 언론에 한 줄도 보도되지 않았으나, 관공서와 공장을 드나드는 시선의 압력이 거세지자 정부가 팔을 걷어붙였다. 폭스콘이 애초 주장했던 1만 위안의 위로금이 정부의 중재를 거치면서 25만 위안의 배상금으로 바뀌었다.

시선을 끌어모으는 데 성공한 사건들은 힘없는 사람들의 승리로 회자되기도 하지만, 같은 대우를 받지 못한 사람들의 억울함을 증폭시키기도 한다. 법과 제도가 제 기능을 하지 못하는 상황에서 즉흥적으로 이뤄지는 결정은 분노와 원망을 부채질하기 일쑤다. 시선의 정치가 감성의 정치와 결합하면서 만인에 대한 만인의 평가와 응징은 때로 속도전을 방불케 할 정도로 쏟아진다. 사이버 공간의 인육수색에 의해 억울한 가해자로 몰려 극단적인 선택으로 이어진 사례도 허다하다. 온몸으로 맞선 어머니 덕분에 여공의 죽음은 과로사로 인정받았지만, 이런 죽음이 발생하지 않도록 공장 환경과 제도를 바꾸어내려는 노동자들의 집단 저항은 극심한 탄압을 버텨내는 중이다.

흥미로운 것은 '민주주의'를 국가 브랜드로 만든 대한민국에서도 상황이 별반 다르지 않다는 점이다. 표심을 쫓는 정치인과 자극적인 소재에 목마른 언론, 인터넷을 분노의 배설구로 삼는 대중이 삼각 편대를 이룬 한국의 시선 정치는 중국의 그것보다 오히려 더 소란스럽다. 촌철살인의 공방이 수시로 펼쳐지는 소셜네트워크 링 위에서 모두가 저마다 정의감을 불사르는 가운데, 시선의 폭력에 노출되어도 무방하다 생각하는 적절한 먹잇감을 찾아 집단적인 한풀이를 하는 모양새다. 수사 과정의 미비함을 지적하는 것은 온당하지만, 그렇다고 모든 국민이 날마다 고유정의 일거수일투족을 접할 필요가 있었나? 언론도 일본 제품 불매 상황을 실시간으로 보여주는 대신 강제징용 판결에 대한 일본의 보복이 어떤 점에서 문제인지 정교하게 분석해줄 순 없었을까? 왜 진보는 외부의 적을 향해 대중의 시선을 돌리는 보수의 행태를 안일하게 답습하려고 하나?

시선의 정치가 거둔 성과를 완전히 부인하려는 것은 아니다. 한국 사회가 외면한 빈곤이란 주제로 대중의 시선이 향하도록 집요한 노력을 기울였던 사례도 있다. 서울 도심에서 지하철을 이용한 사람들이라면 2012년 8월 12일부터 1831일간 광화문 지하 역사에서 진행된 '장애등급제·부양의무제 폐지 공동행동' 농성을 기억할 것이다. 나도 농성 텐트를 그냥 지나치기가 힘들었다. 사람의 몸과 삶을 등급화하는 제도 때문에 죽음을 택한 빈자들의 영정에서 시선을 거두기가 괴로웠다. 정부로부터 폐지 약속을 받아내기까지, 활동가들이 나 같은 행인들을 붙잡고 전단지를 나눠주고, 끈기 있게 설명하고 서명을 받았다. 임시방편으로 타인의 시선을 조종하는 대신 끈질기게 편향된 시선을 탈환하고 시야를 확장해내는 것, 그리하여 한 개인이나 집단을 응징하는 것을 넘어 우리 모두가 인간답게 살아갈 수 있도록 시스템을 변화시키는 것. 이런 시선의 정치는 확실히 품이 많이 든다.

베이징의 현수막,
서울의 광장

2022년 10월 13일, 지인이 소셜미디어에 공유한 사진에 화
들짝 놀랐다. 한 시민이 베이징 고가도로에 두 장의 현수막을
내걸었다. 한 현수막엔 "PCR 검사 대신 밥을, 봉쇄 대신 자유
를, 거짓말 대신 존엄을, 문혁(문화대혁명) 대신 개혁을, 영수(우
두머리) 대신 투표를, 노예 대신 공민公民을"이란 요구가, 다른
현수막엔 "독재자 시진핑을 파면하라"라는 구호가 붉은 글씨로
적혀 있었다. 현수막이 걸린 도로는 베이징에 머물렀던 한국인
이라면 누구나 알 만한 유명 대학가 부근에 있었다. 중국공산
당 20차 당대회를 불과 사흘 앞두고 벌어진 사건이다.

행인들의 시선을 붙잡은 현수막, 확성기를 통해 흘러나온 반
시진핑 구호, 기습 시위를 감행한 시민, 이 풍경을 재빨리 담아
낸 동료 시민의 사진과 영상 모두 중국 당국의 삼엄한 통제 아
래 재빨리 모습을 감추었다. 그리고 국내외 언론이 대대적으로
보도한 대로, 20차 당대회는 시진핑 국가주석의 공산당 총서

기직 3연임을 확정했다. 개혁개방 이후 견고하게 자리잡은 듯 보였던 집단 지도체제마저 사실상 무너졌다. 하지만 반시진핑 시위는 불씨를 이어갔다. 중국 대도시에서 감시카메라CCTV가 미처 닿지 못한 화장실, 보도블록, 공공장소 벽에 "독재 반대", 1989년 천안문 민주화 시위를 상징하는 "8964" "창장長江과 황허黃河는 거꾸로 흐를 수 없다" 같은 글귀가 거친 낙서로, 전단으로 여기저기서 등장했다.

시 주석을 직접 겨냥한 시민 저항이 서구 사회는 물론 홍콩과 한국 대학가에도 반향을 일으키는 동안, 국내 학계나 정치권의 반응은 외려 잠잠했다. 경제 대국인 중국의 심기를 건드리지 않겠다는 실리적 명분 때문만은 아니다. 보수든 진보든 국제관계나 이념 지형을 축으로 중국의 현안을 분석하는 사람들은 사건 당사자인 개인을 '국민'으로, '국가'로 곧장 치환하는 경향이 있다. 그들은 신장 지역 인권 침해든 홍콩 민주화 시위든 모두 장기판의 말처럼 취급하면서, 국익을 위해 어떤 태도를 보이는 게 합당한지, 민주·인권·자유 등 '서구' 가치를 보편성으로 둔갑시킨 문화제국주의 역사에서 어떤 관점을 취해야 할지 되묻는다. 영국 국기를 들고 시위에 참여한 홍콩 시민의 '식민성'은 그가 경찰한테 무방비로 두들겨 맞은 일보다 더 중차대한 정치적·학술적 사안이 된다.

근현대 역사를 지배한 서구 패권주의가 미중 대립과 한반도·타이완 위기를 더욱 부추긴다는 점을 부인할 생각은 없다. 하지만 서구식 자유주의의 허상을 비판한다고 해서 자유주의를 추종하지 않는 국가가 인간 생명에 가하는 폭력까지 묵인해선 안 된다. 생명의 존엄이 사라진 반서방 연대에선 히잡을 거부하며 선택의 자유를 외치는 이란 여성도, 주영 중국 영사관 앞에서 시진핑 주석을 모욕했다는 이유로 구타당한 홍콩 출신 시위자도 '서구에 물든 한 줌 매국노'일 뿐이다.

금세 체포될 걸 알면서도 반시진핑 현수막을 내건 시민, 중국 전역을 뒤덮은 CCTV를 아슬아슬하게 피해 가며 낙서로, 전단으로 연대에 동참한 시민들은 어떤 마음이었을까? 이들의 절박함을 온전히 헤아릴 자신은 없지만, 나는 혼자 죽은 쪽방 주민의 방에 끈질기게 남아서 빈곤의 참상을 고발하는 구더기를 별안간 떠올렸다. 구더기는 "몸을 감출 구석을 찾아 필사적으로 기었다. 그 남자와, 그 방과, 그 건물과, 그 사람들의 이야기도 차가운 방바닥과, 습한 벽과, 낡은 계단과, '그 사태'[강제철거] 사이를 기어다니며 소리 없이 우글거렸다".*

중국에서 현수막 사건이 발생했던 그 주 토요일, 나는 빈곤철폐의 날 집회에 참여했다. 베이징은 집회는커녕 낙서도 불허하는데, 주말 서울 도심엔 거리마다 사람, 노래, 구호, 유인물, 깃발이 넘쳐난다. 그날 오후, 내가 참여한 행사 말고도 '주한미

* 이문영, 앞의 책, 13쪽.

군 철군 촉구 집회' '4·15 부정선거 원천 무효 및 코로나 대국민 사기극 규탄 범국민대회' '여성가족부 폐지 반대 집회' '코로나 백신 희생자 추모 집회 및 행진' '김건희 특검·윤석열 퇴진 10차 촛불대행진' 등이 광화문·시청 일대에서 열렸다. 광장의 열기가 혼란스럽게 달아오를수록 베이징 고가도로 위에서 홀로 현수막을 걸던 그 시민이 생각났다. 그가 바란 자유란 이런 풍경일까? 차도를 따라 행진하는 나는 그처럼 간절한가?

그늘은 관심 두는 게 아니라 없애는 것이다

2022년 대선에서 나는 윤석열 당선자를 지지하지 않았다. 유세에서 빈곤과 불평등이 중요한 화두로 등장한 적이 없었기 때문이다. 텔레비전 토론에서도 마찬가지였다. 처음부터 외면했던 주제는 아닌 듯하다. 후보로 선출되기 전, 그는 '코로나에 의한 빈곤과의 전쟁'을 차기 정부의 가장 중요한 과제로 꼽기도 했다. 선대위 출범 당시 기자회견에서도 "무주택 가구가 절반에 가깝고, 근로자 세 명 중 한 명은 비정규직이고, 여섯 가구 중 한 가구가 빈곤층"인 현실을 지적하며 사회안전망 확충을 강조했다.

하지만 유세 활동을 시작한 뒤 그는 자유민주주의와 시장경제만을 온몸으로 외쳤다. 팬데믹이 장기화되면서 불평등과 양극화가 수습 불가능한 상황으로 치닫자, 자본주의가 이대로 가다간 모두 망한다며 전 세계에서 대안 사회 논의가 활발하던 때였다. 자연을 인간 바깥의 프런티어로 취급하고 온갖 비용과 부담을 전가한 결과를 목격하면서, 자본주의와 기후재난의 폭력적 얽힘에 대해 경각심이 고조되던 때였다. 심지어 자본주의 위기에 누구보다 예민한 기업들이 '포용적' '윤리적' 같은 수사로 땜질에 돌입하고, 스타트업이 상품을 구매할 소비자가 없으면 망한다며 실리콘밸리에서 기본소득 실험에 나선 지도 한참이 지났다. 그런데 당선자의 지난 유세는 이상했다. 그는 시장과 정부, 규제와 혁신을 대립물로 삼으면서 시곗바늘을 거꾸로 되돌렸다. 신자유주의 구조조정을 주도했던 국제기구들마저 포스트-워싱턴 컨센서스로 이행하고, 시장경제에서 국가 개입이 갖는 중요성을 역설한 때가 1990년대 후반이다.

전염병, 전쟁, 기후위기로 지구가 휘청거리는데 그는 개발, 성장, 탈원전 폐기를 주문처럼 반복했다. 사회안전망을 튼튼히 하자면 분배가 중요한데 감세 구호만 요란했다. 시민사회의 불평등·양극화 분야 공약 질문에도 대부분 무응답으로 일관했다. '이념에 치우친 586 운동권'을 원색적으로 비난하면서도, 정작 자신이 설파한 자유민주주의와 시장경제가 도그마가 되진 않았는지 돌아보지 않았다.

혐오가 난무했던 유세 기간이 끝나고, 개표 방송을 지켜보다 문득 그런 생각을 했다. 그는 애초 빈곤에 관한 이해도, 빈곤을 감각할 기회도 부족했던 게 아닐까? 방송 카메라가 연신 비춘 그의 서초동 아파트는 '집'이라 부르기에 망설여지는 구석이 많았다. 안과 밖, 위와 아래를 나눌 의지가 결연해 보이는 건축물이었다. 그곳에서 굽어보는 세상은 어떤 풍경일까? "정부의 손길이 미치지 못하는 사회의 그늘진 곳에 당선인이 더욱 관심을 가질 수 있도록 함께 노력하겠다"는 부인 김건희 씨의 말도 의구심을 증폭시켰다. 빈곤은 일찌감치 "정부의 손길" 바깥의 "그늘"에 자리 잡은 게 아니었을까? 당선자가 재건축·재개발 규제를 풀고, (사실상 기업과 동의어인) 민간에 자율성을 부여하는 동안 구조적으로 생겨날 그늘을 자선가처럼 돌보겠다는 얘기인가?

오랫동안 빈곤과 싸워온 사람들의 바람은 그늘 자체를 없애는 것이지, 그늘에 눈길을 주자는 게 아니었다. 건물이 무너져야, 누군가 생활고를 비관해 죽어야 정부가 사각지대를 수선하는 임시변통의 고리를 끊고, "모든 국민은 인간다운 생활을 할 권리를 가진다"는 헌법 조항이 제도로 안착하길 바랐다. 전 정권도 이 그늘을 없애는 데 실패했지만, 적어도 개발 과정에서 가난한 사람들이 더는 내쫓기는 일이 없도록 공공개발에 있어 큰 걸음을 내디뎠다. 2021년 2월 5일 국토교통부가 발표한 서울시 동자동 쪽방촌 공공주택 사업이 그 성과 중 하나다. 하지만 한국 주거권 역사의 한 획을 그을 이 사업은, 안타깝게도 개발 이익 극대화를 바라는 사람들의 반발 때문에 지구 지정 고시도 이뤄지지 못한 채 표류 중이다.

선거가 끝나고 2년여가 흐른 지금까지, 그늘을 없애는 시스템 대신 그늘에 '관심'을 두는 미봉책만 늘었다. 정부는 '약자 복지'를 내세우면서 기초생활수급자 생계 급여를 인상했고, 수급자 선정에 중요한 기준중위소득을 올렸다. 동시에 재정 파탄도 마다치 않고 부자들을 위한 감세 정책을 양산했고, 노동조합을 '기득권' '카르텔'로 지목하면서 대대적인 탄압 의지를 불살랐다. 파업하는 노동자와 쪽방에서 고립된 수급자를 갈라내고, 후자 중에서도 권리를 외치기보다 국가가 제공하는 보호에 만족할 줄 아는 사람들을 약자로 끌어안았다. 이 같은 분리 통치는 대통령이 찬양하는 자유민주주의보다 내가 연구해 온 중국의 사회주의와 더 닮았다. (속살을 까보면 양자 간의 공통점이 많기도 하다.) 국가가 정한 규칙 안에서 '예스' 하고 감사할 줄 아는 가난한 사람들과 그러지 않는 사람들을 '체제 내'와 '체제 외'로 분리하는 통치. '약세군체'로 명명된 이들이 온정적 수혜 대신 권리를 외치고, 노동 NGO를 만들어 저항하면 가차 없이 탄압하는 통치. 이 통치는 양지에도 그늘을 드리우면서 결국 우리를 온정주의적 굴레에 옭아맨다.

7부 돌보기

당신의 잎사귀도 진다

코로나19가 한창이던 2021년 봄, 연구 학기를 맞아 제주에서 한 달을 보냈다. 거리두기 요구에 지쳐서일까, 날씨가 그저 유난히 좋아서였을까. 주말의 해수욕장은 인산인해였다. 부동산에서 코인 투자까지, 식당과 카페에선 경기도 동네에서 늘 듣던 이야기가 오갔다. 그래도 코로나 이전과 다른 게 있다면 노인들이 별반 눈에 띄지 않았다는 점이다. 나는 혼자 제주에 머물렀다. 코로나19로 바깥 활동이 어려워진 데다 지병이 많아 자의 반 타의 반 '집콕' 신세가 된 엄마는 비행기 타는 게 두렵다며 오기를 망설였다. 당시 요양원에 계셨던 아빠에게 바깥출입은 어림도 없는 일이었다. 제주에 가기 전 유리창을 사이에 두고 만났는데, 소리가 안 들리는 건지 인지기능이 더 떨어진 탓인지 아빠는 동문서답만 반복했다.

"내 잎사귀가 다 지는 것 같아." 영화 「더 파더」에서 치매를 앓는 주인공이 남긴 말이다. 늙고 병들고 죽어가는 노인의 시간은 낙엽이 지고 새순이 돋아나는 사계의 시간과도, 새순이 자라 나무가 되고 울창한 삼림을 이루길 바라는 근대의 시간과도 확연히 다르다. 코로나 이전이라고 노인의 시간이 환영받았을 리 없지만, 이후로는 그 존재감이 심각하게 사라졌다. 공공기관이 가장 먼저 문을 닫으면서 집 밖에서 또래와 어울릴 수 있는 장소도 줄었다. 부고장은 어김없이 "코로나 상황으로 조문을 정중히 사양한다"라는 문장과 함께 도착했다. 70세 이상 인구가 코로나19 사망자 수의 80퍼센트 이상을 차지할 만큼, 상당수 노인이 병원에서 바이러스와 싸우다 외롭게 죽었고, 죽어서도 제대로 배웅을 받지 못했다.

생명이든 사물이든 쓸모를 기준으로 가치를 셈하는 자본주의 사회에서 노인이 된 인간도, 노인과 관계하는 인간도 무력하긴 매한가지란 생각이 든다. 근래에 내가 만난 노인 다수는 무시와 외면에 상처받았고, 자신의 건재함을 증명하고 싶어했다. 직장에서 이름값을 하고, 공적 삶에 유난히 무게를 두었던 남성 노인들은 더 그랬다. 평생 가사노동과 비정규직을 오갔던 나의 엄마는 공적 가면의 굴레에서 다소간 자유로웠지만, 그럼에도 타인의 시선 앞에 초라해질까 걱정했고, "내가 이제는 반찬도 못 해주네"라는 말을 되풀이했다. 인생의 낙이던 등산은 고사하고 평지를 걷기도 버거워졌을 때, 그분은 가꾸는 게 아니라 견디는 게 일상이 된 현실을 곤혹스럽게 마주했다.

살면서 가장 열심히 한 게 공부이지만, 나 역시 노년에 관해 무지하다. 노인과 어떻게 마주할 것인가라는 물음을 가치 있는 학습의 장으로 만들지 못했다. 봉급을 털어 여행사에 '효도 외주'를 맡기기도 했으나, 이마저도 어려운 상황이 되니 함께 식사하고 산책하기, 병원에 동행하기, 카카오톡으로 재밌는 유튜브 영상이나 생활정보 공유하기가 고작이다. 카톡 이모티콘이 계속 진화하는 데서 그나마 안도감을 느낀다. 내가 하트를 날릴 때 엄마가 엉덩이를 씰룩이는 곰돌이 이모티콘이라도 보내주면 마음이 놓인다. 성장에 초점을 맞춘 교육에 익숙해진 탓에 마모되고 죽어가는 삶을 위한 공부를 게을리한 결과다. 사족이지만, 기후변화에 대한 사회적 학습이 지지부진한 것도 비슷한 이유에서이지 않을까. 지구가 무너지는 시대에도 건설과 발전이 당위로 여겨지는 나라에서 돌봄과 수선의 삶이 정당한 대접을 받기란 요원하다.

한국은 2015년 "국민의 건강하고 안정된 노후생활"을 위해 노후준비지원법을 제정했다. 이 법은 '노후 준비'를 "노년기에 발생할 수 있는 빈곤·질병·무위·고독 등에 대하여 사전에 대처하는 것"으로 정의하고, 노후 삶의 디자인을 돕겠다며 재무 설계, 건강관리 프로그램을 양산했다. 하지만 재부를 악착같이 쌓아서 (정부가 선전하듯) "폐지 줍는 노인"이 아닌 "손자에게 용돈 주는 노인"이 됐다 해도 몸이 점점 말을 안 듣는다는 자명한 사실을 비껴갈 순 없다. 그런데 우리는 열심히 준비해도 안 된다는 걸 모두가 알면서 개인에게 책임을 강요하고, 준비를 못 했다며 죄책감을 씌우고, 노년의 불안과 공포를 자본화하는 데만 전념하고 있는 건 아닐까?

코로나19 이후에도 노인의 일상이 '정상'을 회복했다는 자축만 있을 뿐, 그 일상을 사회적 공론장에 초대하는 움직임은 별반 보이지 않는다. 늙고 병들고 죽어가는 삶도 생장하는 삶이 그렇듯 모두의 운명이라면, 양자를 대등하게 다루진 못하더라도 전자에 약간의 존엄을 더할 필요가 있지 않을까?

자리를 찾지 못한 슬픔

병원에서 연락이 온 것은 2022년 3월 31일, 오전 9시가 지나서였다. "상태가 갑자기 나빠졌습니다. 연명치료 여부를 보호자가 결정해야 합니다. 동의할 경우 상급병원으로 이송되며 임의로 중단할 수 없습니다." 무슨 소리지? J는 이날 격리 치료를 마치고 퇴원할 예정이었다. 치매가 심해져 지난 1년 요양원에 머물던 그가 코로나19 확진 판정을 받은 게 일주일 전이었다. 기저질환이 있던 J는 감염병 전담 요양병원으로 곧바로 이송됐다. 면회는 금지였다. 의료 현장의 어려움을 익히 들은 터라 안부를 묻기도 조심스러웠다. 열이 있는지, 산소포화도는 얼마인지 매번 수치만 확인했다. 그래도 크게 불안하진 않았다. 전날까지도 담당의는 걱정 말라고 하지 않았던가.

그런데 연명치료라니? 에크모(체외막 산소 공급 장치)가 있는 상급 병원으로 전원을 요청했지만, 80세 이상 고령자는 전원이 안 된다는 답변이 돌아왔다. 병원을 선택할 수도 없었다. J

를 태운 구급차는 한 시간 반이 지나서야 코로나19 거점병원에 도착했다. 중환자실 의사의 목소리는 다급했다. "상태가 너무 안 좋습니다. 이미 의식을 잃었어요." 치료제 종류, 부작용, 의료비 본인 부담에 관한 설명이 몇 분간 계속됐다. 뭐라도 물으려고 운을 떼니 그가 단호하게 잘랐다. "말 끊지 마세요."

한 시간쯤 지났을까. 병원에서 카카오톡으로 10초짜리 영상을 보내 왔다. J가 기관 삽입을 한 채 누워 있었다. 주렁주렁 달린 인공호흡 장치 때문에 정작 그의 얼굴은 제대로 보이지 않았다. 두 시간 뒤 보내 온 영상에서 그는 좀더 평온해 보였다. 상태가 나아진 건가? 의사의 전화가 찰나의 기대를 뭉갰다. "회복이 어렵습니다." 다시 연락이 왔다. "두세 시간 남았습니다." "임종을 준비하세요."

장례식장도 만원이다. J가 오래 드나들던 병원 장례식장에선 이튿날 한 자리 가능할 수도 있단다. 사망진단서가 없으면 접수가 안 된다고 했다. "담당의 말로는 두세 시간 남았답니다. 안 될까요?" J는 삶의 끝자락에서 온 힘을 다해 버티는 중인데, 나는 벌써 그의 임종을 '바라는' 인간이 되었다. 그 와중에 사람은 죽을 때 귀가 마지막으로 닫힌다는 얘기가 떠올랐다. 카톡으로 음성이라도 보내면 J가 들을 수 있지 않을까? 막상 녹음하려니 감정이 북받친다. 보호구를 착용하면 임종 면회가 가능하다는데 병원에서 거부하니 도리가 없다. 묻고 매달리기를 반복하던 중에 전화벨이 울렸다. "J씨는 3월 31일 저녁 6시 17분에 사망하셨습니다." J의 마지막 얼굴이 찍힌 사진이 문자로 전송됐다.

통곡도 잠시, 장례 준비를 서둘러야 했다. 이튿날 빈소를 가까스로 구했으나 안치실이 문제였다. 화장장이 포화 상태가 되면서 시신을 보관할 곳이 부족해 대란이 벌어지던 때다. 반쯤 포기한 채 병실에 하루만 모실 수 없는지 알아보던 차에 장례식장에서 연락이 왔다. "한 가족이 갑자기 화장 자리가 나서 곧 떠날 겁니다." J의 마지막 선물 같았다. 죽음을 슬퍼해야 할 순간에 안도감이 밀려왔다. 상조회사에서 온 장례지도사는 화장장 예약부터 서둘렀다. 발인이 한참 늦어졌지만, "이 정도면 다행"이라고 그는 거듭 말했다. "화장장에 자리 한 곳 날 때마다 전국 200개 상조회사 팀장들이 덤벼들고 있어요." 엉뚱하게 국립공원 야영장 예약 풍경이 겹쳤다.

6일장을 마치고 J가 머물렀던 요양병원을 찾았다. 진료 기록을 복사해 의사한테 설명을 부탁했다. 병원 진단대로, 그의 상태는 돌연 나빠졌다. 하지만 코로나 치료제가 넉넉해서 일찍 처방받았더라면, 중환자실이 있는 병원에 입원했더라면, 근처 병원에 이송됐더라면 상황은 사뭇 달랐을 것이다. 요양병원은 재난 현장을 방불케 했다. 방호복을 입은 간호사가 황급히 접수대로 달려와 소식을 전하고 사라졌다. "방금 한 분 사망했어요. 병상 한 자리 생깁니다."

이렇게 나는 아버지를 떠나보냈다. 그를 포함해, 2022년 3월 한 달간 8172명이 코로나19로 사망했다. 이들의 가족도 내 가족처럼 황망하게, 누군가는 더 쓸쓸하게 고인과 작별했을 것이다. 의료 인력과 자원의 부족을 알면서도 정부가 갑자기 방역을 푼 결과다. 경제 회복을 외치면서, 자본주의의 잉여 인구인 노인의 희생에 모두가 눈감은 결과다. 장례를 마치고서야 찬란한 벚꽃이 눈에 들어왔다. 꽃구경 인파로 거리가 북적였다.

슬픔을 토로할 시공간을 잃고 만 모든 유족에게 위로를 건넨다. 부디 힘내시길.

어르신 말고 노인

　대학원생 시절, 현지조사를 한다고 중국 하얼빈에서 2년 가까이 머문 적이 있다. 하얼빈이 고향인 다른 학과 친구 리옌이 부모님을 소개해줬다. 미국에 남아 있는 자기 대신 나라도 제 부모를 만나 말벗을 해주길 바라는 눈치였다. 하얼빈에 도착한 뒤 만난 두 분의 일상은 꽤 단조로웠다. 어머니는 아침에 태극권 수련을 받고, 오후에는 이웃과 부채춤을 연습했다. 수술 후유증으로 거동이 불편한 아버지는 오래된 아파트 주변을 산책하는 것을 빼곤 대개 집에 머물렀다. 친절하지만 말수가 적은 이분들과 뭘 해야 할지 난감했다. 남쪽이 고향인데 어쩌다 하얼빈까지 오셨나 여쭤봐도 "나라의 발전을 위해"라며 멋쩍게 웃곤 한참 입을 닫았다. 예의를 다하겠다는 의무감으로 몇 번 들른 뒤 끝날 것 같던 만남이었다.

　그런데 신기하게도 방문을 거듭하면서 이 어색한 침묵에 익숙해졌고, 한 달에 두어 차례 가졌던 만남은 하얼빈을 떠날 때까지 이어졌다. 현지조사 과정에서 매번 낯선 사람들과 부대끼다 보니 외려 침묵이 위안이 되었다. 리옌의 부모님과 텔레비전을 보고, 만두를 빚고, 가끔 근처에서 외식을 했다. 나는 한국에 계신 부모님을 떠올렸고, 리옌의 어머니는 문화대혁명 시절 혹한의 농촌에서 두 딸을 낳았던 시절로 되돌아갔다. 달리 줄게 없어 마 뿌리를 까서 먹였더니 커서도 매운 걸 잘 먹는다며 딸들을 기특해하기도 했다. 지금도 급한 성미에 제 발등이 찍혀 어수선할 때면 리옌 부모님과 걸었던 길을 떠올린다. 댁에서 버스 정류장까지 잰걸음으로 5분이면 넉넉했지만, 나를 배웅하겠다고 지팡이를 짚고 나선 리옌 아버지와 30여 분을 걸었던 길이다. 말없이 더디 걷던 그 감각을 되짚다 보면 어느새 마음이 차분해지곤 했다.

2019년 3월 모처럼 리옌한테 이메일이 왔다. 부모님이 미국에 머물고 계시다며 최근 사진을 보내주었다. 두 분은 야위었지만 10여 년 전 그때처럼 조용한 미소를 품고 계셨다. 리옌의 이메일을 확인했을 때 나는 공교롭게도 한 인구문제 전문가의 강연을 듣고 있었다. 이른바 '생산가능' 인구에서 결혼 여성의 출산율까지, 그의 자료는 '급감'을 외치는 지표로 가득했다. 경제학자 특유의 담담한 어투와 통계의 건조함이 그나마 청중의 불안을 다독였다.

강연이 끝나고 며칠 뒤 통계청이 인구 변화 예측 결과를 발표했다. 그해부터 사망자 수가 출생자 수보다 많아지는 인구 자연 감소가 시작됐다고 했다. 현재의 저출산 추세가 지속되면 향후 50년 사이에 인구가 1000만 명 이상 감소할 전망이란다. 통계청 발표 직후 언론은 작정하고 위기 서사를 토해냈다. 인구 '절벽'이고 '재앙'이고 '비극'이다. "생산연령인구는 급감"하고, "고령 인구는 급증"하고, "젊은 층 부양 부담은 가중"된다. 연금제도 붕괴부터 '탈조선' 붐까지, 인구 감소가 소비 위축과 고용 침체로 이어지면서 펼쳐질 디스토피아의 전망도 갖가지다. 젊은 여성은 그나마 출산 기계로 '대접'받지만 노인은 얼른 죽어야 마땅해 보인다.

이 판국에 목숨이 붙어 있는 노인들은 뭘 해야 하나? 쓸모로 인격을 가늠하는 사회에서 줄곧 내달려온 노인들은 국가주의, 발전주의 서사로 자기 생애를 편집하느라 분주하다. '내가 6·25 때 목숨 걸고 싸운 덕분에 공산주의로부터 이 나라를 지켰다.' '내가 월남에서 피 흘린 덕분에 경부고속도로를 깔았다.' '내가 소처럼 일한 덕분에 자식을 남부럽지 않게 키웠다.' …… 말은 차고 넘치나 안타깝게도 들을 귀가 없다. 내일이 오늘보다 더 나을 것이란 기대를 접은 채 일상에서 지리멸렬한 전쟁을 수행 중인 젊은이들에게 빈축이나 사지 않으면 다행이다. 사정이 이렇다 보니 '태극기 부대'부터 은퇴한 노교수까지 자신의 공로를 몰라주는 세상에 대한 설움이 한가득이다. 쓸모를 인정받고 싶다는 욕구가 타인의 무관심과 버릇없음에 대한 공격으로 표출되다 보니 세대 간 불화만 깊어지는 형국이다.

돌이켜보면 리옌의 부모님과 나의 오붓한 만남은 여유가 있어 가능했다. 각자 연금과 조사비라는 적당한 소득이 있었고, 느림의 지혜를 귀하게 여길 마음이 있었다.

지금 당장 '저출산' 대책을 접으라고, 성장주의를 포기하라고 외칠 생각은 없다. 다만 인구 위기 이전의 대한민국이 정말 서로에게 안녕을 약속할 수 있는 곳이었는지 반문할 때가 되지 않았나 싶다. 우리는 모두 죽는다. 그 전에 늙는다. '어르신' 말고 '노인' 그 자체로 존경하고 존중받는 사회를 구상할 때다.

노인 돌봄과 지구 돌봄

코로나 사태 와중에도 부고 메일을 계속 받았다. 달라진 점이 있다면 "코로나19로 인해 직접 조문은 정중히 사양합니다"라는 문구 정도다. 장례식장에 직접 갈지 머뭇거릴 새 없이 조의금을 보낼 계좌번호를 수소문한다.

사실 코로나 이전에도 장례식 풍경은 간소했다. 특히 학계에서 만난 지인의 부모상은 갈 때마다 문턱에서 서성이다 돌아오는 기분이었다. 상을 치르는 사람과 조의를 표하는 사람 사이의 문턱, '자세히 알리고 싶지 않다'는 의지와 '자세히 알고 싶지 않다'는 의지가 만나는 문턱. 그 문턱에 걸터앉기 멋쩍어하는 조문객에게 닻을 내리기라도 하듯, 장례식장의 무게감은 대단했다. 상주의 사회적 지위를 가늠케 하는 각종 화환을 지나 유가족에게 위로를 건네기까지 거쳐야 할 의례는 간단했지만, 행여 실수라도 할까 조바심이 났다. 그렇게 인사를 나누고 할 일을 마쳤다고 안도할 즈음, 고인이 오랫동안 요양원에 계셨단

애길 듣고 나면 다시 심경이 복잡해졌다. 이때 혼돈을 접으려면 알아야 할 것과 몰라도 될 것에 관한 암묵적 규범을 따라야한다. 그 상주가 '교수'란 이름으로 살아가는 시간이 전자라면, 그 교수의 부모가 '노인'으로 살아간 시간은 후자다.

생산성과 효율성 바깥의 삶에 낙인을 씌운 현대 자본주의 사회는 노인의 시간에 금기를 두른다. 아이가 내보이는 의존성은 그가 어른으로 성장했을 때 기대되는 사회적 역할 때문에 관대하게 받아들여지지만, 병들고 노쇠해졌을 때 내보이는 의존성은 어떤 긍정적인 서사도 품기가 어렵다. 그 의존성이 가족과 사회의 생산성을 갉아먹지 않기를 바랄 뿐이다. 노인의 시간뿐 아니라 노인을 돌보는 사람(주로 여성)의 시간도 의도적 무지의 대상이다. 『정동적 평등』에서 논했듯, 사회과학과 정치이론의 사유는 "사회의 돌봄 제도 없이는 연구 대상 중 그 무엇도 기능할 수 없다는 사실을 외면한 채 공적 영역과 삶의 외재적 공간에 집중했다".* 복지를 평생 연구해온 한 학자가 "혈연관계도 아닌데 아내에게 부모님을 맡기는 게 미안하다"는 얘기를 자연스럽게 내뱉어서 당황했던 적이 있다. 그의 인식 세계에선 노인의 병든 몸도, 그 노인을 보듬을 '모성'을 타고난 여성도 자신의 연구 대상인 문화 바깥의 자연에 머물러 있는 것처

* 캐슬린 린치, 『정동적 평등: 누가 돌봄을 수행하는가』, 강순원 옮김, 한울, 2016, 30쪽.

럼 보였다. 제이슨 W. 무어에 따르면, 자본주의란 문화와 자연을 임의로 구분 짓고, 원주민에서 여성에 이르기까지 값싸게 수탈할 수 있는 대상을 '자연'으로 외부화해온 역사에 불과하다.

이 노인 돌봄의 딜레마를 풀기 위한 해법으로 사회적 책임이 거론된다. 돌봄의 책임을 개인에서 국가와 사회로 이전해야 시민적 활력을 되찾을 수 있다는 것이다. 중요한 제안이지만, 돌봄의 부담에서 벗어나 임금노동이든 활동이든 사회의 생산성을 확보할 수만 있다면 다행일까? 근래 들어 학계와 사회운동 진영에서 '탈시설'에 대한 관심이 부쩍 늘었다. 장애인, 홈리스, 비혼모, 인간면역결핍바이러스HIV 감염인 등 '정상성'에서 이탈한 이들을 시설에 격리함으로써 시설 바깥을 '정상화'하는 통치*는 한국 사회의 뿌리 깊은 생산력 중심주의를 정면으로 겨냥한다. 그런데 노인은 어떤가? 아파트 상가마다 한 층 걸러 빼곡히 들어선 요양원이야말로 우리가 일상적으로 접하는 시설이지만, 요양원 '탈시설' 운동은 별반 들어본 적이 없다. 노인의 시간은 여전히 버림의 시간과 동일시된다.

코로나19는 요양원에 갇혀 사회적 죽음 상태에 놓여 있던 노인들을 가장 무자비하게 공격했다. 70세 이상 인구가 코로나19 사망자 수의 80퍼센트 이상을 차지할 만큼, 상당수 노인이 병원에서 바이러스와 싸우다 외롭게 죽었고, 죽어서도 제대

---

* 장애여성공감 엮음, 『시설사회』, 와온, 2020.

로 배웅받지 못했다. 그보다 상황이 나은 노인들 역시 운동이나 종교, 취미 활동이 어려워지면서 '코로나 블루'로 힘든 시기를 겪었다. 공공기관이 가장 먼저 문을 닫으면서 집 밖에서 또래와 어울릴 수 있는 장소도 줄었다.

더 나은 상태를 기약하기 어려운 노인을 돌보는 경험이야말로 코로나 이후 세계에서 우리가 준비해야 할 감각을 일깨우는 일은 아닌지 곱씹게 된다. 역설적이지만, 나는 아무리 노력한다 한들 미래가 나아질 리 없다는 청년들의 불안과 무력감을 노인을 돌보는 과정에서 조금 더 이해할 수 있었다.

미래의 휘황찬란함을 포기한 시대의 지구 돌봄도 노인 돌봄과 크게 다르지 않다. 지구든 노인이든, 취약한 생명을 보듬는 시간을 버림의 시간으로 취급해온 오랜 역사에서 우리 다수는 공모자다. 생명 회복에의 무모한 기대를 접고 지구가 견딜 수 있는 시간을 벌어줘야 하는 재난 시대에 필요한 역량은 오히려 생기가 아닌 끈기 아닐까. 금세 좋아지리란 기약이 없어도 쉽게 포기하지 않는 태도는 노인 돌봄이 일깨운 교훈이자 지구 돌봄에 필요한 윤리다. 코로나 위기를 '경기 침체'로 규정하고, 뉴딜을 통해 '활력'을 되찾겠다고 선언한 국가에서 아직 낯선 덕목이긴 하지만.

미나리는 원더풀

「미나리」를 봤다. 영화가 시종일관 잔잔해서 처음에는 집중하기 어려웠는데, 시간이 지날수록 곱씹게 되는 장면이 늘었다. "언니, *Minari* 보셨나요?" 미국 캘리포니아에 사는 사촌에게 오랜만에 안부를 물었다.

'언니'라 부르지만, 나의 어머니와 같은 나이이다. 그는 1970년대 말 미국으로 이민을 떠났다. 「미나리」의 가족이 허허벌판 위 바퀴 달린 집을 바라보던 장면에서 오래전 언니가 보내준 사진이 떠올랐다. 나의 '미국 친척'이 '저 푸른 초원 위에 그림 같은 집'에 산다며 우쭐댔던 기억이 난다. 용산 미군부대에서 일하던 언니가 아버지 나이뻘인 미군을 만나 결혼했다는 사실은 나중에야 알았다. 남편만 믿고 황량한 시골로 향했던 모니카처럼, 군인인 남편을 따라 동양인이 드문 곳을 여기저기 옮겨 다니는 동안 언니는 얼마나 불안하고 외로웠을까.

다행히 언니는 남편이 퇴역한 후 캘리포니아에 정착하면서 한국에 사는 동생들을 미국으로 불러모았다. 다들 억척스럽게 일했고, 이민자 사회에서 믿을 사람은 가족밖에 없다는 생각으로 똘똘 뭉쳐 사업을 도모했다. 몇 년이 지나 고모 내외도 미국으로 떠났다. 두 분은 「미나리」의 할머니 순자처럼, 자식을 뒷바라지하고 손주를 돌봐야 했다. 예순을 훌쩍 넘긴 나이에 언어도 안 통하는 나라에서 새 출발을 (당)한지라, 고모 내외에게 가족은 소중하고 각별했다. 캘리포니아로 유학 온 나도 당신들이 챙겨야 할 가족이 되었다.

백발의 고모부는 나를 픽업하러 기차역에 늘 먼저 나와 계셨는데, 변명하자면 고모부에게 운전만큼 익숙한 것도 없었다. 해방 전 중국에서 일본군으로 트럭을 운전했고, 후에는 국군 운전병으로 한국전쟁에 참전했다. 전후에는 택시 운전을 했고, 이민 가서는 한인교회 봉고차를 몰았다. 알츠하이머를 앓던 고모를 옆좌석에 기어코 태워 교회, 마트, 호수로 나들이를 다녔고, 집에 돌아와선 젊은 시절 고모의 애창곡을 불렀다. "당신과 나 사이에 저 바다가 없었다면, 쓰라린 이별만은 없었을 것을……" 고모의 '당신'이 생애 대부분을 함께한 당신이 아닌 첫사랑이란 걸 알면서도 개의치 않았다. 병이 깊어져 표정을 잃어가던 고모가 갑자기 노랫가락을 흥얼거리기라도 하면 고모부는 아이처럼 해맑게 웃으며 손뼉을 쳤다. 한때는 '아시아 퍼시픽 운전사' 고모부의 삶을 중심으로 냉전과 식민의 미시사를 재구성해보고 싶다는 연구 욕심을 지폈지만, 내 분석의 언어가 이민자 가족의 오랜 노고를 이해하기엔 너무 투박하다는 생각이 들어 접었다.

사촌들에 따르면 열아홉에 시작한 고모부의 운전은 프리웨이 한복판에서 결국 끝장이 났다. 차가 갑자기 멈췄는데, 걸음도 불편하고 영어도 안 통하는 노인이 기름통을 들고 주유소를 찾아 헤매기 시작한 것이다. 위험천만한 상황에서 한 남성이 고모부를 안전하게 경찰서까지 데려다주었다고 한다. 어린 데이비드의 친구 존처럼, 제이컵의 동료 폴처럼, 누군가는 낯선 땅에서 경계심을 거두기 어려웠을 이민자들에게 큰 힘이 되었을 것이다.

'가족'에 관해 온갖 막장 이야기를 전하던 언론이 「미나리」를 두고 호평을 쏟아내면서 보편과 생명의 가치에 호소하는 풍경이 낯설긴 하다. 가정폭력, 아동학대, 존속살인 등 세간의 뉴스를 보자면 가족만큼 끔찍한 족쇄가 또 있을까 싶다. 성차별을 고착시켜온 오랜 역사를 곱씹자면, 가족은 사라져야 하거나, 가부장적 가족주의의 굴레를 벗고 거듭나야 하거나 둘 중 하나다. 영화에서도 제이컵은 '장남의 의무'를 다하느라, "애들도 한 번쯤은 아빠가 뭘 해내는 걸 봐야" 한다며 무리하다 가족을 위태롭게 만들지 않던가.

하지만 지구상 대다수의 사람은 혈연 가족으로 살아가고 있고, 이 구심성은 미래에도 쉽게 사라지지 않을 것이다. 이런 상황에서 우리의 가족 비판이 더 호소력을 가지려면 '억압'이란 진단과 '폐기처분'이란 권고를 넘어 그 끈적끈적한 관계의 다발을 두텁게 읽으려는 노력이 필요하지 않을까. 지난 2020년 12월 영하 16도 날씨에 비닐하우스 숙소에서 주검으로 발견된 캄보디아 여성 이주노동자를, 그 죽음의 무게를, 그가 함께 살고 견디고 만들어온 가족을 돌아보지 않은 채 가늠할 수 있을까?

8부   자리하기

"오죽하면 군부대라도 바랄까요"

2023년 1월, 『한겨레』에 실린 한 기사에 눈길이 갔다. 대구시가 군부대 통합 이전을 추진하자 경북의 여러 시·군이 유치 경쟁에 뛰어들었다는 소식이다. 군부대 시설 유치를 희망하는 지역은 경북 상주시·영천시·칠곡군·군위군·의성군 등 다섯 곳이나 되었다.

수도권 주민이 봤을 땐 분명 기이한 일이다. 군부대를 반길 만한 이유가 있나. 집값 떨어뜨리는 기피시설이라며 반발이 쇄도할 테다. 개발제한구역으로 묶이는 데 따른 불만도 상당할 테다. 하지만 경북 지방자치단체들은 이른바 '밀리터리 타운'을 유치하기 위해 필사적이다. 후보지마다 유치 업무를 책임질 전담반을 꾸렸다. 모두 대구 주변에 이웃한 시·군이다 보니 당위성의 서사도 엇비슷하다. 군사작전의 요충지임을 강조하기 위해 한국전쟁은 물론 임진왜란, 병자호란 시절 기록까지 샅샅이 소환했다. 전국 어디든 두 시간이면 갈 수 있는 "사통팔달

교통 요충지"라는 선전도 빠지지 않고 등장한다.

평소라면 나 역시 제목만 흘긋 보고 클릭하지 않았을 기사다. 하지만 이번엔 달랐다. 기사를 접하기 며칠 전까지 경북 상주에 머물렀던 까닭이다. 그곳에서 만난 상주 출신 농촌사회학자 정숙정 선생이 건넨 말이 뇌리에 남았다. "오죽하면 (이곳 사람들이) 군부대라도 바랄까요."

상주시 면적은 서울의 두 배에 이르지만, 인구는 9만5000명 정도에 불과하다. 출생률 저하와 인구 유출을 함께 겪다 보니 정부가 선정하는 '소멸위험지역' 리스트에 곧잘 오르내린다. 경'상'도란 지명의 어원이기도 한 지역의 유서 깊은 역사는 벌판에 솟은 박물관이나 기념관에 자세히 등장하나, 상당한 재정이 투입됐을 이 건물에 일부러 걸음하는 사람은 많지 않다.

협동조합역사문화관을 방문했더니 점심시간이라며 문이 잠겨 있다. 잠시 기다렸다가 입장하니 시청 직원이 인사를 건넨다. 주말이라 문화해설사 대신 본인이 나왔단다. 역사관도, 지척의 명주박물관도 관람하기 더없이 좋을 만큼 한산하다. 부근에 육중하게 자리한 한복진흥원을 보니 외려 걱정이 앞선다. 한복의 대중화와 세계화를 위해 2년 전 약 200억 원을 들여 개관했단다. '명주의 고장' 상주에 들어선 진흥원이 시장 말대로 "미래 한복산업의 거점"이 될까? 오지랖이겠지만, 이곳을 누가 어떻게 보수하고 유지할지가 더 궁금했다. 70대 후반인 내 고모님은 소싯적에 '누에의 왕'으로 뽑혀 상주 군수한테 일등상을 받았다지만, 상주에서도 잠사(누에치기)는 일상이라기보다 전시, 체험, 보존의 영역이 된 지 오래다.

'소멸' 위협에 처한 지역이 수명을 늘려보겠다고 헛짓거리를 한다는 말을 하고 싶은 게 아니다. 비판보다 막막함이 엄습한다. "오죽하면 군부대라도 바랄까요"라는 정숙정 선생의 말에, (반복되는 정원 미달에) "지방의 대학들로서는 해볼 만한 자구책은 이미 다 해"봤다는 지주형 선생의 글*에, 수도권 시민이자 서울 소재 대학에서 일하는 나는 어떻게 답해야 할까?

일본 열도를 뒤흔든 '지방 소멸론'이 반도에 직수입된 이래 지방은 시한부 선고를 받고 허둥대지만, 오랫동안 지방의 자연을 수탈하고 헐값에 전유해온 수도권 거주자 다수는 여전히 네 가지 시각 중 하나를 가진 듯하다. 첫째, 지방은 몰라도 상관없다. 대한민국엔 '조·중·동'과 '한·경·오'가 있을 뿐 지역 언론은 알 바 아니다. 둘째, 지방 토호들이 가장 문제다. 지방이 부패해서, 배타적이어서, '꼴보수'라서 지방을 죽이는데 어쩌란 말인가. 셋째, 지방이 체질 개선을 못 한 대가를 내가 대신 치를까 걱정스럽다. 인구 감소에 따른 지방재정 위기를 땜질하는 데 중앙의 세금이 들어가는 게 아깝다. 넷째, 지역이 유일한 희

---

* 지주형, 「지방의 위기와 지방대학의 위기」, 『황해문화』 제112호 (2021년 가을호), 267쪽.

망이다. 기후재난 시대에 인간중심주의를 극복할 전환은 마을이 주도할 것이다. 지구의 소멸을 앞당길 세계화에 맞서 지역화localization를 부르짖는 움직임도, 자신이 파괴한 것을 애도하는 식민주의 유령도 이 범주에 속한다.

앞으로 나는 '소멸'이란 낙인이 찍힌 지역에서 얼기설기 관계를 만들면서 덤덤히, 치열하게 살아가는 사람들과 더 자주 만나고 싶다. 앞서 출간한 책『빈곤 과정』을 다시 읽으면서 찜찜함이 남은 탓도 있다. 내가 논한 한국의 빈곤도, 청년도, 많은 경우 수도권과 도시를 기본값으로 설정한 건 아니었을까. 연구자이자 수도권 식민 지배 연루자로서 이제야 갖게 된 부끄러운 질문이다.

평등한 대안의 상상

2019년 2월 중국 현지조사를 마치고 귀국하는 길에 광저우에 들렀다. 한국과 중국에서 대안적 삶을 모색하는 사람들의 교량 구실을 하고 있는 김유익 선생 소개로 인근 중산中山의 한 자연 마을을 찾았다.

청년들이 설을 맞아 문기둥에 춘련春聯을 달고 대청소를 하느라 분주했다. 대안 생태학교로 널리 알려진 영국 슈마허칼리지 출신의 중국 청년들이 설립한 '슈미학교舒米學院'다. 생태 사회로의 전환을 준비하는 사람들을 대상으로 9주간의 합숙 프로그램을 제공하는데, 소셜네트워크로 소문이 퍼져 중국 전역에서 발걸음을 하고 있다. 길모퉁이를 돌자 넓은 농장이 시야를 틔웠다. 1983년생 하오관후이는 '옥토농경학교'를 열고, 베이징 근교와 이곳 농장에서 유기농 재배 기술과 농장 경영 기법을 전수하는 교육활동을 추진 중이다.

농장 귀퉁이 목조건물에선 몇몇 청년이 점심을 준비했다. 건

강식품 가공과 유통, 관광을 결합한 에코 빌리지를 추진 중인 이들 역시 외지에서 왔다. 그곳에서 신선한 현지 채소를 배불리 먹고, 들판 위 흔들의자에 멍 때리고 앉아 있다가 요가 수업까지 받았다. 빈곤과 노동이 연구 주제이다 보니 메케한 먼지와 불량 식품, 무표정한 얼굴들에 익숙했던 나한테는 신선놀음이 따로 없었다.

워낙에 크고 다양한 중국이다 보니 대안적인 삶을 추구하는 사람들이 없을 리 없다. 직접 재배한 작물을 '파머스 마켓'에 가져와 거래도 하고 수다도 떠는 청년들의 소소한 삶이, 아이폰을 장만하려고 장기를 팔았다는 얘기보다 미디어의 관심을 덜 자극했을 뿐이다. 유례없는 환경파괴가 먹고 숨 쉬는 기본적인 삶을 위협하면서 이대로 가다간 다 망한다는 위기의식이 팽배해졌다. 국가가 '향촌 진흥'과 '생태 문명 건설'을 장려하고, 시중에 유통되는 식품의 안전을 믿지 못하는 중산층이 농장에 투자하고, 도시의 경쟁적 삶에 넌더리가 난 청년들이 농업에서 새로운 활로를 찾고, 억압받는 정치활동 대신 생태를 중심으로 고민을 나누며 세상에 발언하는 과정에서 흥미로운 경관이 펼쳐지고 있다.

도시의 고물가를 견디지 못해 농촌으로의 유턴을 택한 농민공 출신도 간혹 눈에 띄지만, 귀촌청년(반향청년返鄕靑年)의 삶은 대졸자들, 부양 부담이 적고 부모로부터 '기본소득'을 받는 청년들에게 더 근접한 것 같다. 자기자본 없이는 굶어 죽기 십상이라고 한국의 귀농민들도 늘 얘기하지 않던가.

대안의 위계는 여전히 불편하다. 경치 좋은 곳에 공동 육아 시설을 만들어 부모의 자가용으로 자녀를 픽업하는 것을 당연시하는 이들, 학생을 소시지로 가공하는 한국 교육제도에 절망해 자녀를 외국인학교에 보냈다는 이들에게 좋은 선택을 하셨다고 빈말을 늘어놓기가 싫다.

그럼에도 살면서 '대안'으로 소개받은 어떤 풍경은 좋았다고 고백해야겠다. 중산을 떠나려는 찰나, 미세먼지가 걷히고 새털구름 가득한 파란 하늘이 시선을 붙잡았다. 하늘과 농장이 맞닿은 절경을 갓 결혼한 친구에게 보여주고 싶었다. 광저우를 찾기 전 다녀온 폭스콘 여공의 농촌 혼례는 떠들썩하면서도 쓸쓸했다. 도시에서 독립적인 삶을 살겠다고 당당히 얘기해온 친구가 '집안' 사람이 되는 것을 삶의 유일한 안전망으로 삼기까지 겪어야 했던 숱한 고단함을 봐왔기 때문일까. 중국이든 한국이든 빈곤 가정의 청(소)년들이 공장과 알바, 거리와 집으로 사회의 반경을 줄이기 전에 일과 삶을 새롭게 결합할 전망을 보여줄 방도는 없을까? 가난한 사람들에게 연명 정도만 허하고 다른 세계를 상상할 기회를 주지 않는 사회에서 대안은 여전히 신분의 언어다. 그렇게 좋은 대안이, 조금 더 평등의 혜안을 품길 바라본다.

'희망의 나라',
이토시마 기행 일기

    캠퍼스 안팎의 모든 활동이 평가 시스템에 포획되면서 다양한 삶의 소리를 전해야 할 대학은 불행히도 병원이 되어가고 있다. 학점 경쟁에 병든 학생, 업적 경쟁에 병든 선생, 성과 경쟁에 병든 직원, 불안정 파견근로에 지친 노동자 모두 연명치료에 열중하는 동안, 사유하고 창조하고 관계를 만들어가는 힘은 점점 소실되어가고 있다.

    링거를 잠시 뽑고 학생들과 나는 2014년 1월 초에 이토시마系島를 찾았다. 우리 여행은 대학의 신자유주의화가 돌이킬 수 없는 흐름이 된 시대에 신자유주의를 거스르는 해법을 대학에서 찾고자 했던 무모함 덕택에 가능했다. 이 프로그램은 2010년부터 연세대학교 사회과학대학에서 주관해온 글로벌 액션 리서치Global Action Research '태평양을 가로지르는 교실'의 연례행사로, 캠퍼스 바깥의 수많은 교실을 직접 찾아다니자는 기획에서 출발했다. 무한 경쟁과 고용 없는 성장이 동시에 똬리를 튼 밀레니엄 한국 사회에서 대학의 위치와 역할은 무엇일까. 경제적 빈곤뿐 아니라 소통과 실존의 빈곤에 시달리는 사회, 개인에게 닥친 분노와 불안, 자책과 무기력이 팽배한 나머지 나의 빈곤과 우리의 빈곤을 엮어내길 포기한 사회에 필요한 해법은 무엇일까. 이제는 노동과 일, 직업에 대한 의미를 재고하면서 세상을 다르게 바라보는 눈, 다르게 살아가는 지혜를 서로 배우고 공유할 시점이 아닐까. 정답을 내놓을 자신은 없으나 고민은 붙들고 싶었던 선생과 학생들은 2010년부터 5년간 미국의 원주민 보호구역, 일본의 홈리스 시설과 환경 재생 프로젝트, 영국의 사회적 기업, 중국의 지진 재해 지역을 누비며 다양한 삶의 의미를 탐색했다. 외부 지원에 기대는 프로젝트의 단명성을 체험한 사람들에게는 익숙한 얘기겠지만, 이 프로그램 역시 교육부의 사업 변경에 따라 사실상 폐지되었다. 5년의 외유를 마무리할 즈음에 우리가 마지막으로 만난 사람들이 이토시마의 '난민들'이었다는 점을 나는 여전히 고맙게 생각한다.

난민들이 만들어가는 공동체

이토시마는 일본 남단 규슈 지역 후쿠오카현 서부에 위치한 작은 시이며, 인구 10만 명 중 6만 명이 외지인으로 구성되어 있다. 산세가 곱고 해변을 지척에 둔 덕분에 예전부터 귀농·귀촌 난민들에게 각광받았지만, 근래 이 지역이 더욱 유명세를 치른 것은 3·11 이후 또 다른 난민들이 이주해 오면서였다. 후쿠시마 원전 사고의 재앙으로 세상의 벼랑을 체험한 사람들이 일본 북부에서 "반려견만 데리고" "신칸센 타고" "가방 하나 들고" 이토시마까지 온 것이다.

이 난민들과 어떻게 만나야 할까. '문화와 살림이 있는 이토시마 마을 탐방'이라는 나름 발랄한 제목을 달았지만, 사전 학습 때부터 나와 조교, 열여섯 명의 학생은 근심이 가득했다. 3·11 이후 일본 사회를 엿보기 위해 감상한 영화 「희망의 나라希望の國」는 방사능 유출로 모두가 떠나간 마을의 풍경을 잿빛으로 담아냈고, 마지막 희망을 황량한 공간에 남아 쓸쓸히 '함께 죽는' 것으로 표현했다. 이토시마 여행에 부분적으로 동행했던 인류학자 이영진 교수는 3·11을 또 하나의 '전후戰後'로 묘사하면서 예정된 파국의 도래를 이야기했고, '어쩔 수 없음'에 대한 인식과 감정이 팽배한 가운데 자기 자리를 떠나는 것은 기존 삶의 원리를 거스르는 굉장한 결심일 수밖에 없다고 강조했다.

학생들의 태도 역시 출발 즈음의 멜랑콜리를 부추기는 데 한몫했다. 방사능 공포가 실재하는 일본까지 가서 난민들을 만나겠다고 자청한 이 '독특한' 학생들은 참여 동기를 질문받자

곪은 상처를 드러냈다. 미래를 위해 현재를 놓치고 있다는 자책, 불안한 세상에서 어떻게 살아야 할지 모르겠다는 답답함. 노동자 권리를 찾기 위한 이런저런 활동에 공감하고 열심히 참여했으나 점점 부질없음을 느꼈고 급기야 감정 자체가 사라지는 것 같았다는 고백. 매사에 활동적으로 보였던 학생조차 집회에 참여하는 기회가 많아질수록 힘이 빠지고 한계가 느껴진다는 얘길 꺼냈다. 그리고 나는? 브레이크 없는 경쟁이 대학의 비전이 되어버린 시대에 선생이 된다는 것의 어려움을 절감하던 터였다.

이렇게 만나러 가는 사람도 만나야 할 상대도 모두 평범하진 않았다. 그러나 결론적으로 나는 이토시마가 두 집단 모두에게 살아서 '희망의 나라'를 얘기할 수 있는 가능성의 언어를 제공했다고 감히 말하고 싶다. "어떤 일이든 일어날 수 있다는 재난의 메시지는 모든 것이 가능하다는 혁명의 경고와 크게 다르지 않다"*는 문턱의 사유가 궤변이 아니라, 평범한 일상에서 구현되는 조용한 외침일 수도 있음을 얘기하고 싶다. 우선 이토시마의 '평범한' 난민들이 만들어가는 느슨한 공동체를 잠시 들여다보자.

이토시마와의 만남을 터준 사람은 오하요(본명 김현우)다. 한

---

* 리베카 솔닛, 『이 폐허를 응시하라』, 정해영 옮김, 펜타그램,
2012, 260쪽.

국에서 녹색대학을 준비할 당시 참여한 적이 있다는 오하요는 우연한 기회에 일본에서 자연농 농부인 요코를 만나 부부가 되었다. 친구인 후지몽(본명 후지 요시히로)과 한국 땅을 100일간 순례하며 식민지 과거가 남긴 상흔을 통감하고, 동아시아의 평화를 희구하는 마음으로 2012년 6월 비영리단체NPO 법인 '이토나미いとなみ'를 만들었다. 도쿄에서 10년간 아르바이트 일을 전전하며 시위 대열에 동참했던 프리터족 후지몽은 적을 만들고, 적을 이기려고 싸우는 일에 지쳤다고 했다. 학교가 문제면 학교를 새로 만들면 되고, 마을이 문제면 마을을 새로 만들면 되고, 국가가 문제면 국가를 새로 만들면 되는 게 아닌가? 이렇게 '발칙한' 상상을 하며 한국과 일본의 두 프레카리아트 청년은 의기투합했다. "생명과 함께 오래된 미래로"란 모토를 내걸고 "과거와 미래, 사람과 사람, 생명과 생명의 끈"을 새롭게 맺을 준비가 되어 있는 열아홉 명의 멤버를 만났다. 다양한 지역에서 이주해 온 멤버들은 농부, 심리상담사, 공정무역 회사 직원, 엄마, 통역사, 제빵사, 마사지사 등 각자의 일을 하는 가운데 이토나미에서 여러 겹의 활동을 만들어내고 있었다. 이들은 호혜 시장인 '이토 마르쉐'를 열었고, 지구의 소중함을 되돌아보자는 생각에 영화제 '어스데이 이토시마'를 개최했고, 전통 기술을 나누자는 취지에서 '죽공예 교실'을 운영했다. '이토나미 논' 행사를 열어 함께 농사를 짓고, 지역 어린이들과 숲을

가꾸고, 한국 지인들과 교류하며 '한일 신화 순례' '적정기술 워크숍' '어린이 캠프' 등도 운영했다.

이토시마에서 만난 핵심 단체를 간략히 소개했지만, 지금까지도 이토나미가 어떤 단체인지 나는 잘 모른다. 법인의 꼴을 간신히 갖추긴 했으나 그곳엔 기원에 대한 공식적인 서사도, 충성을 제도화하는 의례도 없었다. 사무실도, 상근 직원도, 별도의 회원 모집 제도도 없어서 우리는 6일간 경험한 여러 활동을 밑그림 삼아 대강의 고정 멤버를 추측할 뿐이었다. 창립 멤버인 오하요 스스로 "바쁘면 안 와도 그만"이라 말하는데 달리 무엇을 캐묻겠는가. 오하요는 자신이 소개하는 조직을 '나'의 이토나미, '20분의 1'의 이토나미라 명명하며, 다른 멤버의 이토나미는 다른 색깔을 가질 거라고 말했다. 형형색색의 사람들이 만드는 모임이 일사불란하게 전개될 리 만무하다. 모임의 일상적인 풍경을 오하요는 다음과 같이 묘사했다. "일단 회의를 하면 언제, 어디 등 구체적으로 얘기를 시작해요. 옆에서 일부는 수다를 떨고 있고요. 어느 순간이 되면 전체 회의가 수다에 묻혀버려요. 그러다 아무개 생일이라고 잔치를 시작하죠." 일본에 도착한 첫날 열린 간담회에서 나는 그의 '대책 없음'이 언짢았다. "이토나미는 정치적 목적을 추구하는 조직인가요, 아니면 '나'의 기호를 만족시키기 위한 동아리인가요?" 내 물음에 그가 반문했다. "정치란 결국 기호를 찾는 것 아닌가요?" 답변이 마음에 안 들어 재차 물었다. "정치란 나만 좋은 걸 하는 게 아니라 결국엔 남을 설득해야 하는 작업 아닐까요?" 오하요의 답변은 확고했다. "단언컨대 즐거운 일만 해도 돼요. 내가 좋아하는 걸 찾아서 하면 결국 사람들이 찾아오는 것 아닌가요? 이번에도 제가 기획서를 써가며 연세대에 와달라고 재촉한 건 아니었잖아요." 그의 말이 맞았다. 우리가 그들을 먼저 만나고 싶어했다. 질문을 보따리로 싸 들고 찾아오는 방문객들한테 염증을 느꼈을 법도 한데 그들은 이번에도 환대를 베풀었다.

돌이켜보면 이토시마에서 느꼈던 혼돈도, 매력도, 이 느슨한 공동체가 보여준 새로운 삶정치biopolitics의 가능성 때문이 아니었을까 싶다. 이들이 거창한 대의를 놓고 왈가왈부하기보다 바로 구체적 실무로 들어갈 수 있었던 건 각자의 다양성을 경유하는 공통된 무엇이 있다는 것을 서로 감지했던 덕분이다. 조직을 운영하면서도 단지 내가 좋아하는 것을 할 뿐이라고 말할 수 있는 당당함은 (일부이든 전부이든) 내가 좋아하는 것을 남도 좋아한다는 모종의 확신이 있지 않고서는 가질 수 없을 것이다.

마이클 하트와 안토니오 네그리는 차이가 동일성으로 환원되지 않는 특이성들의 집합을 '다중multitude'으로 개념화한 바 있다. 정치적 주체로서의 인민people이 궁극적으로는 분화될 수 없는 통일성을 지향한다면, 다중은 각자의 특이성이 띠를 두르는 성좌와 같아서 개개의 별이 저마다의 빛을 발하는 순간 공통의 찬란함이 구현된다는 것이다. 하트와 네그리는 책『공통체』에서 이 다중의 존재론적 형태를 '빈자the poor'로 명명했다. 이때의 빈자란 결핍이나 부정의 총체가 아니며, 역으로 "사회질서나 재산과 무관하게 사회적 생산 메커니즘에 편입된 모든 사람이 구성하는 광범한 다양체"*를 지칭한다. 이 사회적 생산의 메커니즘이란 정동, 언어, 관계 등 임금노동에 국한되지 않는 다양한 형태의 삶정치적 생산을 가리킨다. 우리 시대의 빈자 다중은 경제학적으로 가진 게 없고 사회학적으로 배제되었다고 여겨지나, 실제로는 "삶정치적 생산의 전 지구적인 리듬 속에"** 완전히 들어와 있다는 것이다. 이 책을 읽는 동안 한 자활센터의 교육 프로그램을 맡았던 지인의 얘기가 떠올랐다. 지인은 교육을 받으러 온 기초생활수급자들에게 스스로 잘한다고 생각하는 것 열 가지를 써볼 것을 제안했다. 자신이 만나온 중산층 주민들은 피아노, 서예 등 주로 '재능'에 초점을 두었던 반면, 이 수급자들은 머뭇머뭇하더니 "베풂" "도와주기" "배려" "남 챙기기" 등을 적었다고 한다.

* 안토니오 네그리·마이클 하트, 『공동체』, 정남영·윤영광 옮김, 사월의책, 2014, 78쪽.

** 네그리·하트, 위의 책, 21쪽.

느슨한 관계들의 성좌

이토시마에서 내가 확인한 것은, 폐허에서 새롭게 출발하는 난민이야말로 각자의 특이성을 간직한 채 베풀고, 돕고, 돌보면서 벌거벗은 삶을 생산적인 삶으로 전환하는 빈자 다중이 될 수 있다는 가능성이었다. 이들은 재난과 이주의 과정에서 분해된 정체성을 복구하는 데 별 관심이 없었다. 자신의 삶을 철저히 사유화하거나 나이, 출신 지역, 직업 등으로 관계망에 울타리를 치는 대신, 이주한 땅에서 공들여 제 작업을 수행하는 가운데 낯선 타인들과 교감하고 있었다. 원전에 반대하는 『100인의 어머니 100人の母たち』 사진집을 출간한 가메야마 노노코 씨는 3·11 이전에 도쿄 잡지사의 평범한 사진사로 살았다. 후쿠시마 사태 이후 아이들을 지켜내고 싶다는 절박함에 100명의 어머니와 만났고, 용기를 내준 어머니들 덕택에 원전의 위험성을 고발하는 작업을 계속할 수 있었다. 그는 100명의 어머니가 "단순히 100명이 아니라 남자든 여자든 모든 사람의 마음에 있는 모성을 상징"한다며 '모성'을 급진적인 키워드로 제안했다.

노노코 씨를 포함한 이토나미 멤버들은 와쿠와쿠 보육원에 아이들을 맡기고 있다. 방사능을 피해 온 난민들과 종래의 귀촌자들을 중심으로 2012년 가을에 설립된 보육원은 '와쿠와쿠 わくわく'란 말 그대로 30여 명의 아이와 선생님, 부모 모두 '두

근두근'할 수 있는 삶을 만드는 게 목표다. 마사토 원장은 여섯 자녀의 아버지로, 아이들을 좋아해 종래의 상하수도 공사 일도 관두고 보육사 자격증을 땄다. 인가를 받지 않았기 때문에 여전히 보육 '구락부'이고, 정부에서 보조금을 받지 못하니 재정이 열악하다. 그럼에도 마사토 원장의 고집은 대단했다. "인가를 받으면 간섭이 심해서 날것도 못 먹고 위험한 데도 못 돌아다녀요." 보육원에서 특히 인기가 많은 탐험 프로그램에는 별도의 일정표가 없다. 당일 아침에 탐험할 아이들이 다 함께 모여 작전 회의를 열고, 숲이나 밭, 바다 중 탐험할 곳을 정한다. 작전 회의 후 합류한 우리 학생들은 아이들의 손을 잡고 겨울바람이 매서운 바닷가를 찾았다. 한 아이가 바람이 세고 너무 춥다며 칭얼대자 원장이 말했다. "겨울이니까 추운 것은 당연해, 몸을 움직여!" 아이에게 옷을 껴입히거나 다그치기보다는 겨울이라는 계절의 특징을 알려준 그는 직접 폴짝폴짝 뛰면서 몸을 움직여보라고 권유했다. 학생들과의 인터뷰에서 마사토 원장은 아이들 사이에 형성되는 공통감각의 중요성을 언급했다. 그는 이들이 나중에 음악을 하든 미술을 하든 공부를 하든 그것은 부차적인 문제에 불과하며, 그 전에 자기 삶의 감성을 키우는 게 먼저라고 강조했다. 원장과 아이들의 교감을 지켜본 민서(가명)는 와쿠와쿠가 "아이들을 가르치는 곳이 아니라 사람과 사람이 공존하는 공동체"임을 확인했고, 희주(가명)는 발 디던 세속의 자리에서 희망을 논할 수 있는 가능성을 보았다. "마사토 씨는 그 자체로 이 사회의 활동가다. 그의 직업은 사회를 진일보시키는 운동 그 자체다. 지향하는 가치를 실현할 수 있는 직업이 무엇인가 찾고 있던 나에게 그는 '어떤 직업이든 네가 하는 것이 바로 운동이 될 수 있게 하라'라는 메시지를 던져주었다."

보육원에선 원장과 아이들, 그들의 부모 외에도 몇몇 청년이 합리적인 임금을 받고 정기적인 돌봄노동을 제공했는데, 우리는 이 청년들을 셰어하우스에서도 만날 수 있었다. 대도시에서 살다 귀촌한 20~30대 일곱 청년은 각자 1만 엔의 저렴한 월세를 지불하며 자신의 삶과 공동의 삶을 흥미롭게 교차해가는 중이었다. 우리가 방문한 날에는 이토나미의 정기 행사 중 하나인 이토 마르쉐가 셰어하우스 마당에서 열렸다. 단골 상인들은 직접 만든 비건 빵, 우엉밥, 방사능 해독 키트, 공예품, 수세미 등을 가져왔다. 우리 학생들도 수제 팔찌를 만들어 판매했고, 한국 '빈집'에서 온 활동가들과 함께 현지 식재료를 사용해 김치 워크숍도 열었다.

시장이 원래 그렇듯, 마르쉐를 통해 만남의 폭은 더욱 확장되었다. 셰어하우스에서 만난 겐타 씨는 원전 문제지역을 돌아다니던 중 모든 갈등의 시작은 돈임을 확실히 깨달았다고 했다. "회사에서 농지를 팔라고 보상금을 준대도 주민들이 처음엔 반대해요. 그러다 보상금이 1억까지 치솟으면 생각을 고쳐 먹죠. 1억이라면 선조들이 이해해주지 않을까 생각하면서. 평생 1억을 쥐어본 적이 없었으니 이웃과 경쟁하면서 좋은 집 짓는 데만 혈안이 되죠." 그는 스물네 살 나이에 스케이트보드를 타고 1년간 일본을 누비면서 돈을 가급적 쓰지 않고 살 방법을 궁리했고, 심지어 미국 원주민들을 만나 불을 만들고 낙엽으로 집을 짓는 법까지 배웠다. 현재 가고시마에서 연 1만 엔의 저렴한 집세를 내며 수도와 전기, 가스를 안 쓰는 삶을 실천하고 있다. 이 청년은 학생들을 위해 막대기를 사용해 불을 피우는 워크숍을 마련했다. 본인 외에는 아무도 성공하지 못했지만. 희주는 당시의 풍경을 회고했다. "겐타가 그 크고 앙상한 손으로 검불을 조심스레 폈다 덮었다 입김을 불었다 말았다 하는 모습이 너무 사랑스러웠다. 우리가 불을 피우는 데 성공하지 못했지만, 그는 전혀 개의치 않는 듯 보였다. 오히려 우리가 너무나도 손쉽게 사용하는 불이 얼마나 소중한 것인지, 불이 얼마나 작은 씨앗에서 피어나는지 알려준 데 만족한 듯 보였다."

우리의 전 일정에 동행한 무라카미 겐지 씨는 이토나미 지역 달력 제작에 참여 중인 자연농 농부로, 13년간의 축산 사료 업체 근무를 관두고 귀농한 배경을 설명했다. 한쪽에서 경제적 이익이 발생한다면 그 이익은 어디에서 오는가? 그는 양계 기술자, 경리, 품질 관리자, 고객 상담사 등을 거치면서 자신의 임금이 능력이나 노력의 대가라기보다는 다른 비용의 절감을 통해서 마련되었음을 알게 됐다. 또, 사료 생산을 미국 수입 옥수수에 전적으로 의존하는 기형적인 경제체계와 그 옥수수를 먹고 자란 닭의 배설물 때문에 야기되는 기형적인 환경체계가 자신이 가져간 이익과 무관하지 않음을 깨달았다. 그의 자연농법은 모든 생명이 서로 영향을 주고받으며 순환하는 관계에 있다는 철학에서 시작된다. 경쟁을 위해 생태계의 지속성을 더는 파괴하지 않겠다는 다짐으로 경작을 지양하고, 풀과 벌레를 죽이지 않고, 비료나 농약을 사용하지 않는 방식, 즉 '자연을 닮은' 농법을 삶정치적 생산의 과업으로 삼게 된 것이다. 효연은 풍요로움에 대한 무라카미 씨의 정의가 일반적인 정의와 사뭇 다르다는 점에 놀랐다. "풍요로움을 낳는 조건은 각각의 생명이 그 삶을 완수하는 것이고, 생명에서 축적된 에너지가 다음 생명을 기르는 작용을 할 수 있게 하는 것이라는 설명을 들었을 때, 풍요에 대한 내 정의가 얼마나 인간 중심적이었는가 깨달았고, 논에 오직 한 가지 식물, 벼만이 넘실거리는 것을 아무런 의심 없이 선善으로 보았던 것을 반성할 수밖에 없었다."

풀뿌리의 연대와 희망

이토시마에서 우리가 만난 사람들은 각자의 생업을 통해 자연과 대화하고, 이토나미 NPO, 와쿠와쿠 보육원, 셰어하우스, 지역 공방 등 느슨한 조직을 가로지르면서 관계의 성좌를 새롭게 조합해나갔다. 이 성좌에서 펼쳐지는 정치는 국민국가를 중심으로 영토화된 정치와는 다른 궤적을 그리기 시작했다. 그간 보아온 일본의 지역재생운동은 정치에 관한 언설이 별로 드러나지 않아 자립이 곧 고립이 되는 게 아닌지 의구심이 들었던 것도 사실이다. 반면 이토시마를 드나드는 이주 난민들은 행사 첫날부터 우리를 정치의 무대로 이끌었는데, 이 무대란 시위 행렬이나 유세장처럼 익숙한 곳은 아니었다. 이토나미의 창립 멤버인 후지몽이 이토시마 시의원에 녹색당으로 출마하면서 우리는 자연스럽게 그의 선거운동에 동행하게 됐는데, 일단 그의 출마의 변을 살펴보자.

지금까지 10년간 환경과 평화를 주제로 시민 활동, 사회 활동을 해온 가운데, 생활 및 문화와 정치가 멀리 있음을 느꼈습니다. 본래 정치는 모두가 잘 살아가기 위한 도구와 같은 것입니다. 정치를 자기와 인연이 없는 것, 다른 누군가가 하는 것, 잘 모르는 것으로 여기고 멀리 피하는 게 아니라, 정치를 시민의 손으로 되찾기 위해 생활과 관련된 친밀한 것으로, 자신들의 것으로 적극적으로 연결시켜 문화 그 자체로 만들고 싶다는 생각이 들어 이번 이토 시정에 도전하게 되었습니다.

정치란 소중한 것을 소중히 대하기 위한 수단에 지나지 않는다며 그가 초대한 첫 무대는 다름 아닌 이토시마의 길이었다. 정초를 기념할 겸 지역의 대지를 밟고 그 온기를 느끼면서 감사와 평화를 기도드리자는 취지였다. 중요한 결정을 할 때 일곱 세대 이후의 삶을 생각했다는 아메리카 원주민들의 얘기를 모티브로 만들어진 단체 '7세대의 걸음7 Generations Walk'이 순례 길을 이끌었다. 준영(가명)은 말없이 걷는 경험 자체가 익숙하지 않았다며, "목적 없이, 다만 자연과 인간에 대한 고민을 놓치지 않은 채 걷는 것"의 의미를 곱씹었다. 이 순례 길에서 시작해 이토시마의 친구들은 우리를 '도토리 정치 모임'으로, 지역 주민들과의 토론회로 안내했다. 좁은 사무실에 촘촘히 둘러앉은 우리는 원전 사고든 밀양 송전탑 시위든 각자가 경험했던 '벼랑'에 대해 이야기 나눴고, 대립을 넘어선 상생 정치의 가능성을 탐색했다. 셰어하우스에서 열린 지역 주민과의 만남에서 후지몽은 선거 공약으로 시민의회를 제안했다. 이토시마시 예산을 시민의회에서 정하자는 것이다. 한 주민이 (다들 보수인데) 우리가 말한다고 과연 듣겠냐며 회의적인 태도를 보이자 그는 현역 의원 다섯 명이 이미 자기와 뜻을 같이한다며 자신감을 내비쳤다. 이후 일본에서 돌아오고 얼마 뒤에 우리는 그가 상당한 표를 얻고 시의원에 당선되었다는 기쁜 소식을 접했다.

이토시마는 낙원이었을까? 사실 그곳에선 연구자의 시선으로 봤을 때 고개를 갸우뚱하게 만드는 풍경들이 매일 펼쳐졌다. 방사능 유출로 오염된 바다와 생명이 잉태되는 양수를 동일시하는 접근은 여성을 문명과 대비되는 자연의 영역에 가두는 종래의 습관을 반복했고, 여자 선생님들만 많은 보육원을 "완전한 가족"으로 만들고 싶었다는 원장 '아빠'의 이야기에서 '정상' 가족의 신화는 되풀이되었다. 버블 붕괴 이전부터 뭘 해도 안 바뀌는 중앙 정치에서 이미 마음이 떠난 사람들이 주목한 일본의 지역 정치가 민주화운동을 경험한 한국 정치의 미래일 필요는 없겠단 생각도 들었다. 단언컨대 즐거운 일만 해도 된다는 오하요의 주장을 섣불리 따르다간 '사회'의 생산을 포기한 채 '부족'만 만들지 모른다는 우려도 남아 있다. 언어와 스타일이 너무 달라 타인이 쉽게 접근하기 어려운 자족적 공동체만 난립하는 게 미래가 될 필요는 없지 않겠는가.

그러나 희주의 말대로 이 난민들의 삶은 "끝나지 않는 동화"와 같아서 이토시마를 다녀온 이들에게 그 삶의 체온과 발 디딘 흙의 감촉을 기억하고 곱씹게 하는 마력을 가지고 있다. 2014년 1월 그곳에 함께 있었던 학생들은 각자의 자리로 뿔뿔

이 흩어졌지만, 나는 자치도서관이나 학생회 행사에서, 세월호 시위 현장에서 다시 그들과 마주쳤다. 이 느슨한 만남의 과정에서 '또 하나의 가족'이 만들어지길 바란다. 삼성 반도체 집단 백혈병 발병의 진상을 규명하기 위해 모인 사람들이 기나긴 법적 공방 과정에서 '또 하나의 가족'을 만들어 서로를 보듬었듯, 이토시마를 경험한 우리가 세상의 부조리에 쉽게 냉소하지 않고 함께 맞설 수 있기를, 그래서 세월호 사건 이후 만신창이가 된 이 땅에서 여전히 살아 희망의 나라를 얘기할 수 있기를 소망해본다.

9부

공부하기

그들이 품고 온 세계

　박사과정을 시작한다고 미국 땅을 처음 밟았을 때 영어 스트레스가 이만저만이 아니었다. 시험용 영어만 간신히 익힌 상태에서 수업에 들어가니 자존감이 바닥을 쳤다. 탁구공을 받아치듯 매끄럽게 이어지는 대화에 도저히 낄 재간이 없어 글이라도 잘 써보자 다짐했지만, 두어 시간이 지나도록 한 단락을 벗어나지 못했다. 캘리포니아의 하늘은 유난히 파란데 정작 내 마음은 하수구에 끼인 물티슈처럼 너덜너덜했다.

　그즈음 셸리가 면담을 제안했다. 학과 행사 때 인사를 나눴던 교직원이었다. "How are you?"에 "I'm fine, thank you"라 답하는 의례적 대화처럼, 학교생활이 어떤지 묻는 그한테 글 쓰는 게 힘들다고 몇 마디 덧붙인 게 다였다. 사무실에 들렀을 때 셸리는 한 수업의 강의계획서를 내밀었다. 전담 강사가 대학원생에게 매주 일대일로 글쓰기 지도를 해주는 수업이란다. 공대에서 개설된 수업인데 담당자에게 직접 문의해보니 다른 단과 대학 학생도 신청할 수 있다고 했단다. 수업 관련 비평문이나 학기 말 리포트를 미리 작성해 교열 서비스를 받으면 좋겠다는 말도 덧붙였다. 예상치 못한 친절에 당황한 나는 "Thank you"만 연발했다. '코디네이터'로 불렸던 이 교직원을 지금도 생생히 기억하는 이유는 그가 나의 감사 표시를 정중히 사양했기 때문이다. "네가 감사할 일이 아니다. 내가 당연히 해야 할 일을 했을 뿐이다. 한국에서 습득한 지식과 경험을 다른 학생들과 공유하면서 이곳을 풍요롭게 만드는 네 기여를 생각했을 때 학과에서 이 정도 수고를 하는 것은 지극히 당연하다."

당시 다른 학과에서는 중국 유학생을 노골적으로 차별하는 백인 교수한테 항의하는 시위가 벌어지기도 했으니, 내 경험을 미국 대학의 '품격'을 증명하는 일례로 활용할 생각은 없다. 그럼에도 그의 당연한 의무는 내게 선물로 남아 모종의 부채감을 안긴다. 21세기 글로벌 한국에서 살아가는 우리는 20만 명의 외국인 유학생이 품고 온 20만 개의 세계에 가슴이 두근거리는가? 학과에 입학하는 외국인 학생 수는 눈에 띄게 증가했지만, 나 역시 바쁘다는 핑계로 선물을 제대로 갚아본 적이 없다. 대학이 재정난을 이유로 직원 고용을 포기하고 대학원생들에게 변변찮은 장학금을 주는 식으로 학과 행정을 땜질하다 보니 미국에서의 추억을 소환하는 게 멋쩍기까지 하다. 무임승차에 예민한 학생들은 한국어가 서툰 외국인 유학생과 함께 조별 과제를 맡는 '불운'이 생길까 봐 신경을 곤두세운다. 수학 능력이 부족한 외국인 학생들이 수업 분위기를 저해한다며 교수들도 불편한 속내를 내비친다. 중동에서 온 무슬림 학생부터 일본에서 온 성소수자 학생까지 20만의 세계는 한국 대학에 다양성이란 축복을 선물했지만, 정작 우리 사회는 서로가 제 정답만 강요하며 극한의 대립으로 치닫고 있다. 그들이 품고 온 세계를 호기심은커녕 무관심과 냉대, 심지어 조롱으로 대하는 모습을 최근의 뉴스에서 심심찮게 본다.

외국인 유학생이 급증한 배경에 대학 재정 위기가 자리 잡고 있다는 사실은 공공연한 비밀이다. 지방 소멸 위기, 학령인구 감소 등 난제가 겹치다 보니 중국인 유학생 규모에 따라 대학의 적자 폭이 결정된다는 얘기도 들린다. 대학마다 외국인 유학생을 유치하기 위해 새롭게 제도를 정비하고 인프라를 확충하고 있지만 잘못 엮인 첫 매듭을 고치기는 쉽지 않다.

2019년 가을, 중국에 관한 수업을 열었더니 다양한 세계를 품은 학생들이 왔다. 제 나라를 다른 각도에서 바라보고 싶다는 중국 대륙의 학생, 송환법 시위 이후 친중·반중 대립이 격해져 본국에서 중국 공부를 하기가 버겁다는 홍콩 학생, 중국에서 중고등학교를 마치고 귀환한 한국 학생, 전통을 강조하는 부모 세대를 좀더 이해하고 싶다는 중국계 미국 학생, 한중 관계 너머의 중국을 보고 싶다는 다른 한국 학생들까지, 그들은 각자의 세계에서 뜨개질한 '중국'을 대화의 장으로 가져왔다. 지식과 정보가 도처에 범람하는 시대에 교수의 역할이란 제 부분적 앎을 강요하기보다 각자가 품고 온 세계의 가치를 존중해 주는 일, 동시에 그 세계를 낯설게 탐문하도록 대화의 장을 마련하는 일, 이 마주침을 거쳐 또 다른 세계를 상상할 수 있도록 돕는 일일 테다. 질문은 다시 내게로 온다. 나 역시 이 마주침의 여정에서 변화할 준비가 되어 있을까?

더 '잘' 싸우기 위한 숨 고르기

2019년 초 신입생 오리엔테이션에 즈음해 학교에서 메일을 받았다. 술을 원치 않는 학생에게 권하는 것은 형법상 강요 행위에 해당될 수 있으니 금지하도록 지도해달라는 당부였다. 담배 피우고 싶은 사람이 흡연구역을 찾듯, 특정 지역을 정해서 원하는 사람만 음주를 하도록 유도해달라는 당부도 덧붙였다. 만취 후의 꼴불견은 줄어야 마땅하다. 술 취한 선배가 막걸리를 분수처럼 뿜어대던 장면은 20여 년이 지나도 여전히 불쾌하다. 하지만 "선후배 간 위계가 존재"해서 술을 강권하는 행위에 "법적 책임"의 소지가 있다는 지적, 술자리를 싫어하는 학생들의 권리가 침해될 수 있음을 주지시켜달라는 당부는 다소 낯설었다. 누군가의 관행이 다른 누군가에게 폭력으로 여겨질 수 있음을 고맙게 환기해주는 당부였지만, 동시에 이 지침을 모른채 분위기를 띄운답시고 "원샷"을 외친 학생이 법적 공방에 휘말릴 장면을 상상하니 움찔하게 됐다.

어쨌든 오리엔테이션은 별 탈 없이 끝났고 개학을 맞았다. 메일함에는 학교 성평등 상담소에서 보내준「교원을 위한 성폭력 위기 대응 매뉴얼」이 들어 있었다. 성폭력 개념과 법제도, 각종 용어와 사례를 알기 쉽게 정리한 자료였다. 수업시간에 학생의 행동을 통해 성폭력 피해 가능성을 인지하는 방법에서부터 사건 관련 면담 요청이 왔을 때 피해자를 보호하기 위해 어떤 조처를 취해야 할지까지 상세히 적혀 있었다. 미리 알았으면 좋았을 내용이 많다. 위로의 말은 사람에 따라 결이 달라, 공감을 표현하려 건넨 언어가 피해자에게 상처가 될 여지도 많기 때문이다. 한 줄씩 읽어가며 안도감을 느꼈고, 매뉴얼이 고맙기까지 했다.

그런데 한편으론 매뉴얼에 적힌 설명을 교수들이 얼마나 충분히 이해했을까 궁금하다. 전태일의 분신 이후 노동 관련 법률과 제도가 한국 사회에 부분적으로나마 자리 잡기까지 반세기가 흘렀다. 그럼에도 파업을 왜 하는지 모르는 사람이 허다하다. 미투 이후 한국의 여성운동이 이뤄낸 제도와 일상의 커다란 변화는 그런 점에서 놀랍고 고무적이다. 하지만 이 운동에서 도덕적 정당성을 획득한 논의가 너무나 짧은 시간에 모두에게 규범적 힘을 발휘하는 과정에서 생겨난 불화는 누구도 바라던 상황은 아닐 것이다.

무엇보다 새로운 미디어가 미투의 빠른 확산에 막대한 영향을 끼쳤다는 점에 대해 나는 양가감정을 느낀다. 대형 플랫폼과 소셜미디어 덕택에 참아왔던 분노를 표출할 장은 넓어졌고, 이 분노를 검열하는 권력의 입지는 좁아졌다. 언론사 데스크에서 일방적으로 사회 이슈를 선별하고 편집하는 일도 줄어들었다. 과거라면 정치·경제면보다 '부차적'인 사회·문화면에 싹둑 잘린 채 실렸을 사안이 북핵 문제나 대통령 탄핵과 함께 공론화되는 시대가 열렸다. 누군가는 '중대한' 문제를 희석시킨다며 못마땅해하지만, 또 다른 누군가는 인간됨에 관한 고민이 '국민'의 관심사와 별개로 취급받는 현실을 낯설게 보기 시작했다. 연구자들은 온라인 접속을 광장의 결속과 대조하며 우울한 전망을 내비쳤지만, 해시태그로 연결되는 디지털 연대 덕분에 어떤 이들은 처음으로 아픔을 나눌 동료들의 존재를 실감했다.

하지만 이 새로운 미디어는 피해자가 죽을힘을 다해 토해낸 말들에 대해 우리가 예의 있게 화답할 시간을 주지 않는다. 가해자가 잘못을 깨닫고 법적·도덕적 책임에 화답하는 시간, 피해자의 고통을 묵살한 한국 사회를 성찰하는 시간, 무심코 내뱉었던 말과 행동을 되돌아보는 시간을 충분히 갖기란 요원해 보인다. 트래픽(서버에 전송되는 데이터의 양)이 광고 수익과 직결되니 자극적인 후속 기사가 쏟아지고 검증되지 않은 뉴스들이 특종으로 포털 메인을 장식하면서, 이해와 공감은 혐오와 적대에 자리를 내주었다.

신속하고 가혹한 응징이 소셜미디어 전쟁의 주요 무기가 된 사이, 미투의 '공작'과 '변질'을 논하면서 새로운 고지를 점령하려는 무리도 등장했다. 이 전쟁을 특정 정치 세력이 벌인 아비규환이라며 조롱하는 구경꾼도 등장했다. 자극적인 공방에 넌더리가 난 방관자들은 접속을 해제하고 전장에서 사라졌다. 용기를 냈던 성추행·성폭력 피해자들은 그사이 온갖 가십과 협박에 만신창이가 되기도 했다.

미세먼지가 봄볕을 뒤덮어서인지 3월의 대학 풍경치고는 꽤 스산했다. 온라인에선 익명을 무기로 상대를 조롱하고 압살하는 말들이 넘쳐나지만, 오프라인에선 다들 모임을 줄이고 말을 아낀다. 개강 총회 때 여학생, 남학생이 따로 앉은 모습이 낯설고, 학생회가 '중립성'을 지킨다고 갖가지 절차에 매달리는 모습도 안쓰럽다.

안타깝게도 5000만 인구가 억울함을 호소하는 시대에 미투 운동이 폭발했다. 장애인의 이동권 투쟁이 모두에게 편리한 보행로를 만들었듯, 용기 있는 여성들의 싸움이 불안정한 삶에 피폐해진 모두에게 더 나은 삶의 기회를 터주려면 어떤 고민을 해야 할까? 만인의 만인에 대한 경계와 적대를 넘어, 여성이 살 만한 사회가 모두가 살 만한 세상이 되려면 어떤 실천이 필요할까? 더 '잘' 싸우기 위한 숨 고르기가 필요해 보인다. 이 야단

법석의 장이 소중한 것만은 분명하기 때문이다. 물론 새로운 미디어의 연금술을 지혜롭게 활용하고, 오프라인에서 긴 호흡의 공론장을 만들면서 소중함을 지켜내는 일은 모두의 과제로 남아있다.

학습권을 요구하라, 더 과감하게

2021년 2월 국토교통부가 서울시 용산구 동자동 일대를 공공주택지구로 만드는 사업을 발표했으나, 일부 소유주들의 반발로 사업은 표류 중이다. 나와 〈빈곤의 인류학〉 수업을 듣는 학생들은 개발, 거주, 생명의 의미를 톺아보고 공존의 윤리를 모색할 핵심 현장으로 동자동을 바라보고 현장연구를 수행했다.

학생들은 열의가 넘쳤다. 대학 와서 바랐던 활동들이 한동안 멈춘 게 억울해서였을까. 나보다 더 집요하게 인터뷰 참여자를 섭외했다. 정부 부처나 연구실에 계속 전화하고, 보좌관과 물밑 접촉을 하고, 헐거운 인맥이라도 총동원해 전직 국토교통부 장관, 주무관, 한국토지주택공사LH 담당자, 연구원, 활동가, 소유주, 쪽방촌 주민 등 다양한 행위자를 만났다. 거기에 다른 쪽방촌을 둘러보고 인터뷰하러 대전, 진주, 세종까지 종횡무진했다.

팀으로 나뉘어 움직이던 학생들이 대통령 취임 이튿날 용산에서 열린 '동자동 쪽방촌 선이주 선순환 공공주택지구지정 촉구 주민결의대회'로 한데 모였다. 몇몇 학생이 노래 공연과 연대 발언으로 힘을 보탰다. 한 학생이 발라드 곡을 부르자 주변 상인들이 시끄럽다며 거세게 항의했다. 동자동 쪽방촌 주민자치조직에선 외부인 연대 발언이 너무 많았던 게 아닌지 우려했다. 반면 한 소유주는 인터뷰에서 "학생들이 [집회에] 놀러 간 건지 신념이 있어 간 건지 모르겠다. 후자라면 위험하다"며, 쪽방촌 주민 중에 성폭행범이 얼마나 많은가를 겁박하듯 강조했다. 집회를 두고 여러 목소리가 오갔다. 나와 학생들이 토의할 내용도 자연히 많아졌다.

그날의 집회가 떠오른 건 당시 연세대 재학생들이 청소·경비 노동자를 상대로 고소를 했었기 때문이다. 학생 세 명이 집회 소음으로 학습권을 침해당했다며 배상을 요구했다. 고소인 학생과 내 수업 학생들은 집회와 사뭇 다른 관계를 맺었다. 후자에겐 집회가 곧 수업이었다. 집회가 시끄럽다고 상인들이 따질 때 미안한 마음도 들었지만, 다 함께 모아 내는 함성이 절실했다. 가난한 사람들은 모이지 않으면 버려진다. 서울시장이 "약자와의 동행"을 선언했다고 별안간 마이크가 주어지는 게 아니다. 유난히 무더웠던 오후, 질병과 장애로 만신창이가 된 몸들이 아스팔트 위에서 기를 쓰고 버틴 이유다.

연세대 청소·경비 노동자들도 절박하기는 매한가지다. 불안정 노동과 비인간적인 처우를 합법화한 비정규직 문제가 핵심이다. 코로나가 한창일 때, 노동자들은 인적이 끊긴 캠퍼스에서 외로운 싸움을 벌였다. 그나마 연구실에서 비대면 수업을 진행한 덕분에 확성기로 울려 퍼진 청소 노동자의 외침이 노트북 스피커를 거쳐 학생들에게 가닿을 수 있었다. 그에 비하면 이제는 다행이다 싶었다. 집회 중에, 집회 사이로 사람이 지나간다. 볼 수 있다. 들을 수 있다. 하지만 그게 '문제'가 됐다.

학습권이란 게 모든 잡음을 소거한 채 교수의 말을 흡입하면 보장될까? 그런 학습은 인터넷 강의로 충분하다. 대학에서 학습권이란 내가 배운 것을 새롭게 해석하고, 때로 논쟁적으로 되짚을 수 있는 환경을 요구할 권리를 포함한다. 학교가 환경을 미화한답시고 노동자들이 내건 현수막을 바로 떼어내는 행태는 학생들의 권리를 침해하는 행위다. 현수막을 읽고 생각할 권리도 학습권이기 때문이다. 고소인들이 소음 시위를 "학생들을 대상으로 한 폭력"으로 규정하며 학습권의 의미를 축소한 데는 대학 책임도 크다. 고시 응시생을 위해 학교는 '학습' 공간을 마련하고, 동네 이장처럼 합격 현수막까지 걸어준다. 대통령이 '반도체' '인공지능'을 외치면 아무 과정이라도 급조해 복음을 전해야 한다. 대학에서의 학문이 정부와 기업의 눈높이를 맞추느라 한껏 앙상해졌다. 원청인 대학이 법을 들어 노동자를 외면하고, 학생도 법을 들어 노동자를 심판하니 도긴개긴이다.

당시 〈빈곤의 인류학〉 수업을 듣다 종적을 감춘 학생한테 뒤늦게 장문의 메일이 왔다. 학내 비정규 노동자들과 연대해온 이 학생은 신촌·국제캠퍼스 청소·경비 노동자 시위, 세브란스병원분회 노조와해 저지 투쟁, 수업 외 노동에 대한 수당 지급과 시급 인상을 요구하는 한국어학당 강사들의 파업까지, 한 대학에서 동시다발로 터진 사건들과 씨름하다 탈진했다. "연세대학교는 저에게 제대로 된 배움의 장이 되지 못한 지 오래됐습니다." '요즘 20대'라는 수사가 익숙한 사람들한테 덧붙이자면, 이 학생도, 고소인 학생도 모두 동시대 청년이다. 이들 모두 세상에 한껏 고개를 숙인 대학에서 학습 중이다.

잔디밭의 몽상

2018년 가을 학기가 시작되자마자 명절을 맞았다. 선생의 마음은 파란 하늘을 훔치느라 한껏 들떠 있지만, 학생들은 곧 있을 학과 현지조사 준비로 분주했다. 그해엔 복수전공생까지 포함해 100명에 가까운 학생이 강원도 정선 폐광지역에서 나흘간 현지조사를 진행하기로 했다. 학생들은 여름철 폭염을 견디며 예비조사를 다니고 직접 연구지를 물색했다. 그리고 진폐증 환자에 대한 의료인류학 연구에서 카지노 금융에 관한 경제인류학적 탐색까지 다양한 주제를 선정했다.

학교에서 부분적으로 경비를 지원하지만, 학생들도 5만 원가량 현지조사비를 갹출해야 했다. 그해에 형편이 빠듯한 몇몇 학생은 학과의 '잔디밭장학금'을 신청했다. 졸업생 네 명이 재학생들의 학과 현지조사를 지원해주자며 장학금을 제안한 것이 2014년 초반의 일이다. 학과가 2018년에야 10주년을 맞았으니 동문이라 해봤자 앞날이 아득한 사회초년생들뿐이다. 그래도 선생들과 함께 좌충우돌의 역사를 쓰다 보니 저 스스로 학과를 만들어냈다는 자부심이 제법 컸나 보다. 4년 전 회식 자리에서 한 졸업생이 '잔디밭'이란 이름을 제안했다. "아슬아슬하게 한발씩 내딛다가 중간에 떨어져도 잔디밭이 있으면 덜 아프지 않을까요?"

잔디밭장학회를 만든 이 젊은 세대는 명절이면 "싫어"만 외치는 관계 파탄의 주범으로 신문 지면에 등장한다. 친척들의 잔소리도 싫고, 난데없는 관심도 싫다. 결혼 얘기도, 취직 얘기도 지긋지긋하다. 명절에 집에 가냐는 질문을 하는 게 머쓱할 정도로 실제로 많은 학생이 혼자서 조용히 휴일을 맞는다. 갈등을 대화로 풀기보다 아예 빗장을 걸어 잠그는 모습이 당황스럽다. 타인의 땀내를 맡을 필요가 없는 익명의 온라인 관계에서 적당히 우울감을 해소하는 풍경이 우려스럽다. 개인의 상품 가치를 극대화하도록 종용해온 신자유주의 사회에서 모두가 제 덫에 걸린 모양새다.

하지만 잔디밭장학금을 집행하면서, 나는 청년들이 관계를 끝장내기보다 새롭게 만들어가는 모습을 발견하기도 한다. 이 장학회는 지원 제공자도, 신청자도 대단한 의례를 요구하지 않는다. 장학금 취지에 동의하는 졸업생들은 소정의 금액을 매월 학교 발전기금에 적립할 뿐, 올해 어떤 학생이 어떤 이유로 돈을 받았는가에 대해 상세한 보고를 요구하지 않는다. 장학금이 필요한 재학생은 간단한 신청 절차를 밟은 뒤, 계좌로 입금된 조사비를 받아 현장연구를 수행하면 그뿐이다. 원조나 자선, 공공부조에서 흔히 발견되는바, 빚진 마음을 '도덕적' 의무로 갚아야 하는 불평등한 호혜관계를 '쿨하게' 비껴간다.

감사 편지나 인증숏 따위의 극적인 의례를 치르지 않아도 관계가 지속되는 이유는 무엇일까? 각자의 속내는 모르겠으나 적어도 내가 보기엔 어떤 신뢰가 똬리를 틀고 있다. 누구에게나 생애 어떤 시기에 '잔디밭'이 필요하다는 공감, 상처받고 동요하는 시기에 한걸음 내딛도록 부축해준 친구에 대한 고마움과 그리움, 우리는 그렇게 때때로 보듬으며 함께 살아갈 수밖에 없다는 공통 인식…… 그러니 과하게 서로를 상찬할 일도 없다. 마음이 조급한 선생은 '잔디밭'이 학과에서 대학으로, 지역으로, 반도로, 지구로 확장될 때 펼쳐질 풍경을 그려보기 시작한다. 몽상하기 딱 좋은 계절이다.

나는 너다?

『나는 너다』. 일상적 존재로서 '나'와 '너'의 연대를 꿈꿨던 황지우의 1987년 시집 제목이다. 2018년 12월 숨진 태안화력 발전소 청년 노동자 김용균 씨의 추모 문화제에 등장한 선언 이고, 서울의 엘리트 대학에서 학생들과 만나며 내가 고민했던 주제이기도 하다.

〈빈곤의 인류학〉 수업에서 학생들은 대체로 두 종류의 빈곤 에 관심을 내비쳤다. 하나는 글로벌 빈곤이다. 인터넷과 영어 몰입 교육, 해외여행으로 일찌감치 세계시민으로서의 감각을 익힌 청년들은 국제개발 자원활동가로 참여하면서 글로벌 빈 곤 퇴치라는 책무를 자임했다. 한비야처럼 자유롭게, 반기문처 럼 세련되게 글로벌 무대에서 활약하길 꿈꿨다.

이들이 언급한 또 다른 빈곤은 자기 자신을 향한다. 부모 세 대가 습관처럼 강조해온 안정된 정규직과 성공 신화를 버릴 수 도, 현실화할 수도 없는 21세기 한국 사회에서 청년들은 제 처지의 비참함을 호소한다. 치열한 경쟁을 뚫고 소위 '스카이SKY'에 진입했지만, 학교든 가족이든 경쟁은 이제부터라고 다그친다. 온갖 공모전을 기웃거리며 과잉 접속 상태로 살다가도, 어느 순간 관계를 절연하고 '잠수'를 타기 일쑤다. 아침에 눈 뜨고 싶지 않다는 얘기를 상담 중에 빈번히 듣다 보니 서울대 학생 절반이 우울증을 겪는다는 기사가 낯설지 않다.

하지만 자기 삶의 비극성에 대한 천착이 너무 깊은 나머지 타인의 비참을 들여다볼 여유가 사라진 것은 아닐까? 빈곤 수업 수강생들조차 기초생활수급자나 홈리스의 삶에 대해, 지역 주민운동의 역사에 대해, 이 나라 도처에서 진행 중인 철거용역 폭력에 대해, 용산참사에 대해 너무나 무지했다. 사회적 약자에 대한 관심이 외부로 확장되기보다 제 고통을 강조하는 수사로 남을 때도 많았다. '나'는 지긋지긋한 헬조선을 탈출할 날만 기다리는 심정적 '난민'이자, 귀속될 만한 공동체 없이 온·오프라인을 배회하는 '이주자'이자, 도처에 깔린 불법촬영 카메라의 시선에 몸서리치는 '여성'이자, 교수의 갑질에 시달리는 조교 '노동자'이자, 정상성을 강요하는 한국 사회에서 비정상 구역으로 내몰린 삶을 살아가는 '장애인'이다.

자신이 처한 실존의 빈곤에 대한 통렬한 인식과 예리한 비판은 분명 한국 사회 청년 당사자운동을 가능케 한 힘이다. 청년 관련 조례나 정책이 급증한 데는 국가의 미래를 짊어질 청년 세대가 무너지고 있다는 정부의 위기 인식도 한몫했지만, 청년 당사자들의 적극적인 문제 제기가 없었다면 불가능했을 일이다. 그런데도 물음은 남는다. 청년 당사자운동이 연대하고자 하는 '청년'은 누구인가? 스물네 살 발전소 노동자 고 김용균 씨와 스물네 살 서울 4년제 대학생은 같은 청년이 되어 마주할 수 있을까?

이 질문을 비켜갈 수 있는 간편한 방법은 김용균 씨를 '청년' 대신 '비정규직 노동자'로만 호명하는 것이다. 오랫동안 내가 연구해온 중국에서도 농촌에서 온 젊은 공장 노동자들은 '청년' 바깥의 청년으로 남았다. 그러나 『중국 신노동자의 형성』에서 저자 뤼투가 강조했듯, 온라인 세상에서 세계시민으로 살아가는 젊은 비정규직 노동자들은 도시 출신 대학생과 "같은 세계의 같은 꿈"을 꾸고 있다.* 청년 기본소득운동이 제기해온바, 원치 않는 노동을 거부하고 자율적 삶을 추구할 권리를 김용균 씨라고 마다했을까? "나는 너다"라고 선언하기엔 한국 사회가 너무 멀리 와버렸다는 불안감마저 든다. 그래도 빈곤사회연대에서 일하는 활동가를 인터뷰한 뒤 학생들이 스스로에게 던졌던 질문은 곱씹고 싶다. "우리가 들으려는 노력은 하고 있는가?"

---

*　뤼투, 『중국 신노동자의 형성』, 정규식 외 옮김, 나름북스, 2017, 311쪽.

'뜨거운' 사회에서 살아가기

2018년 가을 학기 수업에서 학부생들과 진행한 반빈곤 활동가 인터뷰가 『우리는 가난을 어떻게 외면해왔는가』란 책으로 출간되었다. 서울 동자동 쪽방촌의 활동가를 인터뷰했던 한 학생이 출판 기념회에서 덤덤한 소회를 밝혔다. 책을 전하러 동자동을 다시 찾았는데 활동가의 일상이나 동네 풍경이나 변한 게 없었다며 "시간이 정지된 장소에 와 있는 느낌"을 전했다. 가난을 낭만화할 요량으로 던진 말은 아니었다. "저희는 항상 성장해야 한다, 변해야 한다, 이런 말들을 외부에서 많이 듣잖아요. 성적 안 좋으면 올려야 하고, 실적 안 좋으면 쌓아야 하고. 근데 동자동은 갈 때마다 그 일상이 항상 유지되는 게 신기했어요. (활동가가) 아침마다 주민들에게 인사하고, (소액 대출) 출자 업무 맡고, 인터뷰하다가도 12시가 되면 칼같이 일어나 주민들과 식사하러 가고……. 그 꾸준한 일상이 반복되면서 신뢰를 형성해서 궁극적인 변화를 만들어내는 거잖아요. 가시적이진 않지만."

학생은 우리가 '뭣이 중해서' 이렇게 바쁜지 되묻고 있었다. 그의 말에 『레비-스트로스의 인류학 강의』 한 대목이 문득 떠올랐다. 자신이 연구했던 원주민 사회를 현대사회와 구분하면서, 레비스트로스는 각각을 "정밀한 시계 같은 '차가운' 사회"와 "증기기관 같은 '뜨거운' 사회"라 이름 지었다.* 많은 엔트로피를 만들어내는 '뜨거운' 사회는 사회갈등과 정치투쟁, 개인들 간의 심리적 다툼으로 지쳐간다. 무질서를 초래하지 않는 '차가운' 사회는 답보 상태로 보일 수도 있지만, 그건 "그 문화가 정말 답보 상태여서가 아니라, 그런 발전선상은 우리에게 아무런 의미가 없고 우리가 사용하는 기준 체계 용어로는 측정될 수 없기 때문"이다.**

원시사회의 친족, 토템, 신화에 관한 오랜 연구를 토대로 구조주의 연구와 서구 중심성 비판에 획을 그은 이 인류학의 거장조차 한국 청년들에게는 찬밥이었다. 1981년 한국을 방문한 이 노학자를 서울대 학생들은 "지난 얘기"나 떠드는 구닥다리로 취급했다고 한다. 군사독재에 맞서 횃불을 치켜든 '뜨거운' 사회에서 지도상 어디에 붙어 있는지도 모를 보로로족 얘기가

* 클로드 레비스트로스, 『레비-스트로스의 인류학 강의』, 류재화 옮김, 문예출판사, 2018, 89~90쪽.

** 레비스트로스, 위의 책, 129쪽.

들렸을 리 만무하다. (내가 대학을 다녔던 1990년대 그가 다시 한국을 찾았대도 상황은 별반 달랐을 것 같지 않다.)

나는 민주화를 이끈 '386 세대' 청년들에게 여전히 갚지 못할 빚을 진 기분이다. 사이버 공간에서 '아무 말 대잔치'를 벌여도 불시검문과 고문을 걱정할 필요가 없는 세상이 된 것은 맞지 않나. 하지만 그 '뜨거운' 사회에서 조국의 민주화를 위해 너무 많은 에너지를 만들고 소비하다 정작 제 안의 민주를 돌아볼 시간을 삼켜버린 것은 아닌지 되묻게 된다. 사회학자 이철승이 『불평등의 세대』에서 이미 언급했지만, 이른바 86세대는 민주화운동뿐 아니라 계급 재생산에도 헌신했다. 자녀 입시에 영민한 마르크스주의자, 부동산에 해박한 여성학자 등 이따금 마주한 일부 86세대 지식인이 내게는 가십거리 정도였지만, 목줄이 칭칭 감긴 채 경쟁을 거듭해야 했던 청년들에게는 분노 유발자였다.

지금의 대학생들도 위태롭긴 매한가지다. 정보와 경쟁의 과부하가 대다수를 "영구 감전사"(프랑코 베라르디) 상태에 빠뜨린 '핫한' 사회는 일시정지의 시간을 허락하지 않는다. 불공정 사회가 내 '노력'을 조롱하고 있다는 분노는 몇 분 만에 트위터를 뒤덮고, 며칠 만에 광장의 시위를 촉발한다. 다른 질문을 던질 시간이 없다. 수능으로 되돌아가는 게 정답이라는 식의 '기회의 평등' 차원으로 공정함의 의미가 축소된 건 아닐까? "어느 대학 다녀요?"란 질문에 움츠러드는 빈곤 청년은 그냥 루저에 불과한가? 이 사회는 어쩌다 이 좁디좁은 의미의 '공정'을 금과 옥조로 떠받들게 되었을까?

청년들의 동태를 제 입맛에 맞게 각색하면서 이편저편 갖다 붙이는 정치권과 미디어의 행태는 위태롭다기보다 절망적이다. 주름진 세상을 평평하게 다림질하다 못해 이제는 반을 뚝 잘라 여당과 야당, 좌파와 우파 중 하나만 답하라고 겁박이다. 모호한 태도를 중죄로 여기면서 신속하고 결연한 입장을 추궁하는 경쟁적 소통 문화는 '조국 대첩'은 물론 대일 관계, 홍콩 시위, 인권 교육에 이르기까지 온갖 현안을 잠식하고 있다.

동자동 쪽방촌을 찾았던 그 학생은 찰나일지라도 '차가운' 사회의 풍경을 그려보았을까? 기술적·경제적 수준이 낮아도 "각 구성원에게 살아갈 만한 가치가 있는 한 번뿐인 삶을 제공하는 것"이 중요한 사회 말이다.* 레비스트로스는 이 다른 상상의 조건으로 우리가 사는 방식과 우리가 믿는 가치가 가능한 유일한 것이 아니라는 사실을 강조했다. 하지만 한때는 인류학의 일반 상식으로 통용되던 문화상대주의마저 '뜨거운' 한국 사회에선 불온한 금기어가 된 게 아닌지 돌아보고 싶다.

* 레비스트로스, 앞의 책, 89쪽.

Y에게 감사하며

    2018년 봄, 신입생 Y가 교통사고를 당했다. 교문 바로 앞에서 인도로 돌진한 차량에 치였다. 대학에 입학한 지 한 달도 못 되어 벌어진 일이다. 사고 소식에 급히 고향에서 달려온 Y의 부모님은 응급수술을 마치고 나온 아들의 모습을 보고 온몸이 굳어버렸다.

    거듭 수술을 받았지만 Y는 오랫동안 중환자실에 머물렀다. 하루에 단 두 번인 면회 때 기계덩어리와 연결된 아들의 부은 손을 잠시나마 잡아주는 것 외에 가족이 할 수 있는 일이라곤 기다림뿐이었다. 가족과 친지들은 Y에 관한 이야기를 간간이 들려주며 기다림의 시간을 견디고 또 견뎠다.

    어머니의 기억 속 Y는 좋아하는 농구를 하다 다리를 다쳐 학과 신입생 환영회를 안타깝게 놓쳤다. 갓 시작한 연애에 들떠 전화로 안부를 묻는 당신에게 남산에 와 있다며 자랑도 했다. 고등학교 시절에도 기숙사에서 대부분의 시간을 보냈던 아들이 서울로 떠나는 게 아버지는 못내 아쉬웠다. 서운함도 잠시, 부모님은 직장에서 바쁜 시간을 보냈고, 아들은 캠퍼스에서 수업과 학생회, 동아리를 부지런히 오갔다. 당연한 듯했던 일상이 사고로 뒤엉키기 전까지 말이다.

기다림의 시간 동안 가족들은 Y의 흔적을 필사적으로 주웠다. 어머니는 Y의 카카오톡 프로필 사진들을 몇 번이고 다시 본다. 가족이 함께 제주 오름을 걸었을 때 직접 찍어준 Y의 뒷모습도 보인다. 아들이 이 사진을 좋아했나 보다, 그렇게 말하며 그는 엷은 미소를 지었다. 면회 시간이 되어 병실에 들르고 나면 이마저도 슬픔에 묻혔지만 말이다. 가족들은 잠금 상태인 Y의 휴대전화 화면에 간간이 뜨는 문자 메시지도 놓치지 않았다. 사정을 모르는 학생은 조별 모임에 나오라며 채근하고, 이미 소식을 접한 친구들은 짧게나마 기도와 응원을 남겼다. 병실 밖에 조용히 앉아 있던 어린 동생이 페이스북 친구 신청을 했단 걸 알고 Y가 피식 웃을 날이 곧 올까? 벚꽃이 흐드러지게 핀 날 어머니는 교정을 풍경 삼아 사진 찍는 학생들을 물끄러미 바라봤다. Y도 언젠가 이곳에서 멋쩍게 포즈를 취하게 될까?

부끄러운 얘기지만 교수살이 여러 해 동안 이때만큼 간절히 학생을 생각해본 적이 없었다. 경쟁과 효율이 모든 것을 집어삼킨 시공간에서 정지 버튼이 없는 러닝머신 위에 올라탄 채 연구와 강의, 회의와 행사를 분주히 오갔다. 내가 속한 대학뿐 아니라 대부분의 한국 대학은 '위기론'에 발목이 묶여 있다. 물론 호들갑은 아니다. 2020년 입시부터 대학 입학 정원이 고교 졸업자 수를 넘어서리라 예상하는 보도가 쏟아졌다. 2017년 이미 4년제 대학의 80퍼센트가 신입생 충원 미달을 경험했다.

1990년대 중반 대학 설립 요건을 대폭 완화하며 대학 난립을 자초한 교육부는 이제 인구 감소에 대응하기 위해 구조조정의 칼을 휘두르고 있다. 수요가 높은 대학과 학과만 살아남도록 시장 논리에 맡기자는 주장도 범람하고, 재정 조달을 위해 외국인 유학생 규모를 늘리는 정책이 대학의 글로벌라이제이션으로 둔갑하기도 한다. 이 모든 논의에서 학생은 규모든 금액이든 숫자로 축약되기 십상이다. 위기론에 겁박당하기 전에 잠시만 생각을 비틀어보면 어떨까. 대학 진학 희망자 수가 50만 명에서 5년 뒤 40만 명까지 줄어든다고 말하는 대신, 40만 명이나 된다고 말할 수 있다면? 지식과 정보가 도처에 범람하는 인공지능 시대에도 Y처럼 크고 넓은 세계와 연결된 40만 명의 학생이 굳이 대학을 찾는다면, 우리는 이들을 어떻게 환대해야 할까?

모두의 간절함이 전해졌는지, 한동안 의식불명 상태이던 Y가 다행히 깨어났다. 그리고 여러 해가 지나 어머니와 함께, 휠체어와 함께 다시 학교로 돌아왔다. 혼자서 한두 걸음 내딛는 모습도 가끔 보여준다. 의사들은 지금도 Y의 회복을 기적이라 부르지만, 2년이 넘는 입원 생활엔 그를 직접 돌본 어머니의 무한한 헌신이 있었다. Y와 함께 입학한 동기들은 이제 대부분 졸업했지만, 새로 들어온 학생들이 그의 곁을 지켰다. 수업 시간에 대필을 해주고, 매주 화상으로 만나 수업 내용을 정리해주고, 그와 팀을 이뤄 학과 현지조사를 수행하고, Y와 캠퍼스에 동행하는 어머니의 말벗이 되어주었다. Y가 고마워해야 할까? 지난 몇 년간 나나 학생들이나 Y라는 세계와 마주친 덕택에 새롭게 고민하고 배운 일이 한둘이 아니다. 캠퍼스의 돌길도 비장애인인 나한테나 멋진 풍경이란 걸 그를 통해 새삼 깨닫는다. 사고전에 드럼을 연주하러 밴드 동아리에 가입했던 Y는 요새 난타 수업을 즐기고 있단다. 오늘도 복지관에서 신나게 북을 치고 노래를 부르고 있을 Y에게 감사를!

나를 가르친 어느 중국인 유학생

수업을 마무리하고 성적 평가를 마치고 나니 2021년 새해가 밝았다. 1년 내내 비대면 수업이 이어지면서 학생들은 힘든 시간을 보냈다. 이미 닫혀가던 취업 문이 코로나로 굳게 잠긴 상태이다 보니 A 학점을 받고도 서운함을 토로하는 학생한테 외려 연민이 들었다. 외국인 유학생들도 힘들긴 마찬가지다. 예전에도 캠퍼스에서 소외감을 느껴온 학생들은 언제 고향에 돌아갈 수 있을지 막막한 상태에서 삼삼오오 자기들끼리 모여 기운을 북돋웠다.

혹독한 시절이지만, 선생은 여전히 학생한테 배우고, 깨닫고, 활력을 얻는다. 지난 1년간 국문학과 박사과정생 우자한을 만난 기쁨이 컸다. 대학원에서 중국 수업을 개설하면서, 적절한 교재를 찾지 못해 고육지책으로 영문 책 네 권을 통독했다. 책을 읽고 매주 한국어로 비평문을 써야 했는데, 중국 유학생 자한의 글은 다른 학생들이 봐도 감탄스러운 내용이었다. 인류학과 국문학, 교재에 등장한 20년 전의 중국 농촌과 제 전공인 1930년대 소설 속 식민지 조선, 자신이 기거하는 서울과 고향 베이징을 자유롭게 횡단하며 그는 '국민' 정체성에 속박되지 않는 글쓰기를 보여줬다. 미국 유학 초창기에, 외국인이 한국을 주제로 발표할 때마다 검열하듯 곱지 않은 시선을 던졌던 내 편협함과는 달랐다. 사회주의 중국에서 농민과 노동자가 감내해야 했던 고통을 새롭게 접하면서, 그는 "중국이라는 공동체가 '버림'을 하면서 부상"해온 역사와 용기 있게 대면했다. 이론 수업에서는 '전체'에 대한 환상을 일찌감치 버린 채 지구의 소멸 앞에 한없이 겸손해진 학문에 위로를 건넸다. "인류학은 대서사라는 '동굴'에서 빠져나와 불안과 혼돈의 상태에 처해 있다. 하지만 (…) 이 학문은 이론의 황혼에서 다시 태어나는 중이다."

자한은 중국어로 번역된 김영하의 『살인자의 기억법』을 읽고 한국 유학을 결심했다고 한다. 영어라는 언어에 매력을 못 느껴 구미 유학은 생각도 안 했고, 일본은 지진이 무서워 피했다며 멋쩍게 웃는다. 현재는 소설가 이상에 관심이 많은데, 이후엔 인류학 공부도 더 하고 싶다며 의욕을 내비쳤다. 그는 미국 유학이 학계의 공인인증서가 된 관례를 일찌감치 거부했고, 종래의 관심사에 전문성을 덧입히기 위해 대학원에 진학하지도 않았다. 범속한 삶에서 기이함을 엿볼 줄 알았고, 지적인 호기심을 좇아 제 길을 텄다. 우리가 중국과 중국인을 얘기할 때 삭제한 지 오래인 '자유'라는 단어가, 무해한 표현을 고심하며 눈치를 보고 자기검열을 하는 한국 학생보다 외려 그한테 더 잘 어울렸다.

한국에서 중국을 논하는 작업은 갈수록 버거워지고 있다. 시진핑 집권 이후 국가주의적 기획이 확실히 견고해지고, 코로나 사태 이후 중국 혐오가 걷잡을 수 없이 번지다 보니 중국 연구자들 사이에서도 '길을 잃었다'는 한탄이 새어 나왔다. 중국 언론은 트럼프 지지자들의 의사당 난입 사태를 두고 홍콩 시위의 폭력을 미화했던 미국의 업보라며 공세를 퍼부었고, 한국 언론은 이른바 '김치 공정' '한복 공정'이라는 작명을 보태며 중국 일부 매체의 난장을 선전포고인 양 다루기도 했다. 여기에 중국 정부 인사가 개입해 화를 돋우었고, 1인 미디어가 바통을 이어받아 '애국' 콘텐츠 돈벌이에 나서는 일까지 벌어졌다. 대중은 동요할 수밖에 없다. 그렇다고 국내 언론 보도처럼 중국 젊은이들이 애국주의에 환장인가? 한창 인기를 끌던 일본 애니메이션에서 중국 누리꾼들이 제국주의적 표현을 발견하고 분노했을 때, 자한은 다음과 같이 썼다. (이런 중대한 문제에서조차) "열정은 금방 사라진다. 그들이 이런 사건에 직접적으로 개입하지 못하기 때문이다. 아니다. 그들은 개입하지 않기 때문이다. 어쩌면 개입할 생각이 아예 없을 수도 있다."

살면서 수많은 일을 겪는다. 기자의 조준에 따라 어떤 일은 사건이 되고 역사가 된다. 뉴스뿐 아니라 조사하고 글 쓰는 게 업인 나 같은 연구자도 어떤 일을 종국에는 가시화한다는 점에서 미디어다. 어떤 국가든 생명의 존엄을 짓누르는 행보에 대해서는 비판의 대상이 되어야 한다. 하지만 삶이 퍽퍽해진 사람들 사이에 불화를 부추기는 방식으로 미디어가 움직이면 사태는 걷잡을 수 없게 된다. 김치 종주국의 인증숏을 찍느니, 나라는 미디어는 차라리 한국과 중국의 마주침을 통해 다른 열망을 생성해내는 움직임들을 사건으로 포착하고 역사로 만들겠다.

중국 수업을 마무리하며

여유 있게 한 해를 마무리하고 싶지만, 이번에도 틀렸다. 한 학기 강의를 끝내고 나면 채점할 시험지며 보고서가 수북이 쌓인다. 2022년엔 특히 중국에 관한 수업에서 우여곡절이 많았다. 한중 수교 30주년이라지만 어느 때보다 반중 정서가 심하지 않았나.

문화인류학과에 개설된 중국 수업을 타 문화에 대한 순진한 호기심으로 신청한 학생은 별로 없었다. 그들에겐 '중국'을 알겠다는 분연한 욕구가 넘쳤다. 코로나19의 초기 방역 실패로 바이러스의 전 세계적 확산에 책임이 있는데도 인정은커녕 훈계를 늘어놓는 중국, 민주주의를 위시한 국제사회 규범과 관행을 거스르며 시진핑의 장기 독주 체제를 구축한 중국, 홍콩 민주화 시위와 무슬림 탄압, 노동·여성 운동 억압 등 일련의 반인권적 사태에 대한 국제사회의 문제 제기를 내정간섭으로만 일축하는 중국은 과연 어떤 나라인지 궁금해했다. 동북공정에서 베이징 동계올림픽 '한복 논란'까지, 언론에서 접한 한-중 역사·문화 갈등에 관해 중국 유학생이 제 견해를 밝혀줄 것을 은근히 기대하기도 했다.

반면 중국에서 온 유학생들은 한국 사회의 일방적인 의구심에 불만이 많았다. 이미 대국으로 부상한 나라에서 태어나 강도 높은 애국주의 교육을 받으며 자란 세대에게 '중국은 도대체 어떤 나라인가'라는 비난 섞인 질문은 모욕에 가까웠다. 시위라도 하듯 마오쩌둥이나 시진핑 어록을 베껴 쓰는 것으로 한주의 비평문을 갈음하는 학생도 있었다. 문화대혁명이나 천안문사건 같은 자국에서 금기시돼온 역사를 혼돈을 감수하고 새로 배우기 시작한 학생도 모국을 기괴하고 후진 나라 취급하는 온라인 댓글에 넌덜머리를 냈다. 수업에 참여하는 유학생들 사이에서도 긴장감이 감돌았다. 그들은 제 글과 말이 같은 중국인에게 어떻게 비칠지 신경을 곤두세웠다.

학생들 사이에서 상호 배움보다 판단과 확증의 열망이 앞설 땐 길잡이를 하는 선생도 갈팡질팡하기 마련이다. 평등과 정의를 향한 사회주의국가의 오랜 실험을 소개하면 친중으로, 유토피아적 실험 과정에서 벌어진 종족 학살을 언급하면 반중으로 매도당하기 십상이다. 중국 학생은 한국인들이 미국에 세뇌됐다 하고, 한국 학생은 중국인들이 공산당에 세뇌됐다 한다. 분단과 냉전을 배경 삼은 소설에서 접했던 토끼몰이식 대화에 돌돌 말린 기분이다.

한 학기 동안 이 지리멸렬한 대화에서 벗어나보겠다고 여러 시도를 했다. 한국 학생들이 중국과의 관계에서 외부자가 아님을 인식하길 바랐다. 애플의 '신비주의' 전략에 매료된 한국의 소비자는 중국 폭스콘 노동자들이 아이폰 출시 리듬에 맞춰 장시간 초과 노동을 강요받고, 기밀 유지를 위해 과도한 노동규율에 시달리는 상황에 아무 책임이 없을까? 중국 학생들이 비판을 비난과 동일시하지 않기를 바라기도 했다. 많은 중국인이 여전히 존경하는 작가 루쉰은 중국의 역사가 "노예가 되고 싶어도 될 수 없는 시대"와 "잠시 안전하게 노예가 될 수 있는 시대"의 순환에 지나지 않는다고 혹독하게 비판한 바 있다. 청년들이 철저한 자기인식을 거쳐 악순환을 끊어내길 갈망했던 그를 서방세계에 놀아난 변절자라 매도할 수 있을까? 무엇보다 중국이 대한민국의 96배에 달하는 면적에 14개국과 국경을 맞대고 있는 나라, 14억이 넘는 인구에 공식적으로 56개 민족이 모인 다민족 국가라는 점을 모든 학생이 진지하게 고려하길 바랐다. 베이징에서 나고 자란 한족 대학생이 (최근에 출간된 『신장 위구르 디스토피아』에서 자세히 묘사된) 신장 지역 재교육 수용소의 현실을 얼마나 알까? 한국 기자나 누리꾼은 중국 소셜미디어에서 채굴한 이야기 조각이 우연, 공모, 확증편향과 뒤섞여 한중 갈등의 쟁점으로 급부상하는 과정을 어떻게 봐야 할까?

기말시험에서는 학생들이 중국을 '중국 국가'와 동일시하는 관행을 낯설게 보도록 질문을 만들었다. 대중적 공론장에서 중국이 인격화된 주어로 등장하는 경향을 어떻게 생각하는지 물었다. 수업에서 살핀 중국이 각자의 삶에 어떤 의미를 갖는지, 삶에서 어떤 중국과 어떤 식으로 관계 맺기를 바라는지 물었다. 무책임하게 질문을 던져놓고 눈 내리는 날 위화의『원청』을 읽기 시작했다.「한국어판 서문」의 한 문장을 보니 평온함이 밀려왔다. "세상에는 알고 싶어도 알 수 없고, 찾고 싶어도 찾을 수 없는 일이 너무도 많지요."*

---

　*　위화,『원청』, 문현선 옮김, 푸른숲, 2022, 6쪽.

10부 읽기

'가난 사파리'가
'가난 수용소'가 될 때

2020년 가을, 한 라디오 시사 프로그램 앵커가 코로나 시기의 고통을 언급했다. "제일 고통스러운 사람들은 두말할 나위 없이 자영업자입니다. 비명 소리가 납니다. 그리고 등교가 되나 했는데 또다시 집에 갇히게 된 학생들, 부모님들, 이분들 고통도 이만저만이 아니죠. 여기까지의 고통은 우리가 익히 짐작할 수 있는 장면들인데요. 지금부터는 우리가 미처 생각하지 못했던 분들의 얘기를 들어보려고 합니다."

"미처 생각하지 못했던 분들"의 사례로 쪽방촌과 홈리스가 등장했다. 이들의 고통을 전해 듣겠다고 활동가와 전화 연결을 했는데, 대화 내용은 쪽방촌의 열악한 환경 때문에 퍼질 수 있는 감염 위험이 대부분이다. "전염병이라는 건 한 군데 구멍이 뚫리면 그게 전체에 영향을 주지 않겠습니까?"

앵커의 실수였을까? 인터뷰는 자영업자의 고통에서 시작해 쪽방의 위험으로 끝났다. 물론 이전이라고 쪽방촌 주민이나 홈리스의 고통이 세간의 화제로 등장했던 건 아니다. 그럼에도 빈자와 외부를 잇는 연결은 다양했다. 정부나 기업의 각종 물품 지원과 상담, 교회의 급식, 학교와 시민단체의 활동까지, 가난은 언제나 가난을 문제 삼는 수많은 외부자를 경유해 천태만상을 드러냈다. 더 많은 개입을 호소하는 시선, 개입이 빈자의 나태와 의존을 키운다며 우려하는 시선, 개입이 자본주의를 연명케 할 뿐이라며 냉소하는 시선이 쪽방촌의 전깃줄처럼 어지럽게 꼬여 있기도 했다. 그런데 팬데믹으로 이 개입이 갑자기 멈췄다. 정부의 공공부조는 계속됐지만, 가난을 문제화하면서 형성됐던 기존의 연결망은 빠르게 축소됐다. 물리적 거리두기가 강제되면서, 온라인상에서 익명의 대중이 홈리스를 바라보는 각도도 전례 없이 고정됐다. '저들의 위험'에서 '우리의 안전'을 지켜내야 한다는 배타적 감정이 환대의 윤리를 겉돌게 했다.

가난에 개입한다는 것

『가난 사파리』는 가난에 대한 '개입'의 의미를 되묻는다. 이 책의 배경은 한국이 아니다. 래퍼 로키Loki로 알려진 스코틀랜드 출신 대런 맥가비가 빈민 지역에서 성장하고 활동하며 느꼈던 감상과 비평이 힙합처럼 거칠게, 동시에 비트를 타고 긴박하게 펼쳐진다. 가난을 겪는 사람이 가난을 쓰는 일은 흔치 않다. 물질적·정서적 박탈의 경험이 장기화되면 자신과 세계를 마주할 힘도 소진되기 때문이다. 저자가 귀한 성취를 이룬 덕분에, 외부자들이 정당성과 무효성을 두고 벌이던 공방에서 벗어나 가난에 대한 개입을 두텁게 읽을 기회가 생겼다.

특히 좌파는 "개인의 책임이라는 개념을 (⋯) 우파로부터 되찾아와야 한다"라는 문장이 도발적이다.* 단언을 꺼려 스스로를 '좌파'로 명명한 적은 없지만, '개인의 책임'과 '구조의 문제'라는 익숙한 이분법이 자본주의사회의 빈곤 정치를 마름해온 흐름에서 내가 전자를 두둔한 적은 없다. 나처럼 가난을 비판적으로 읽는다고 믿는(혹은 믿고 싶어하는) 사람들은 주로 '체제' '구조' '시스템'과 같은 언어를 선호한다. 불행히도 요새는 문제의 겹을 들추면서 재빨리 책임을 면피할 수 있게 한다는 점에서 휘발성이 강한 낱말이 되었지만. 그러나 가난을 지켜보는 게 아니라 살아내야 하는 저자에게 이 휘발성은 끔찍한 책임 회피다. 가난이 너의 잘못이 아니라는 좌파의 덕담에 넌더리를 내며 저자는 문제를 새롭게 제기한다. "좌파가 문제 삼아야 할 것은 더 이상 '체제를 근본적으로 바꾸는 방법'만이 아니다. '어

* 대런 맥가비, 『가난 사파리』, 김영선 옮김, 돌베개, 2020, 196쪽. 이하 인용 쪽수는 괄호로 표기.

떻게 우리 자신을 근본적으로 변화시킬 것인가?' 하는 것이기도 하다."(197~198) 이렇게 명징하게 주장할 수 있는 이유는, 그가 제 사회의 빈곤을 둘러싼 각종 개입에 분노했고, 동시에 그 개입 덕에 (마약 과다 복용으로 죽지 않고) 분노할 수 있는 '멀쩡한' 상태를 회복했기 때문이다.

맥가비는 글래스고 남부 폴록이라는 빈곤 지역에서 성장했다. 집, 가족, 골목, 또래 친구들의 기억을 환기할 때마다 등장하는 낱말이 '폭력'이다. 파티하다 말고 엄마는 빵칼을 꺼내 들고 아들을 쫓는다. 친구들과 돌아와 보니 집 뜰에 엄마가 불태운 세간살이가 널려 있다. 친구들은 아무것도 묻지 않는다. 독자를 당황케 하는 오래된 폭력의 경관을 맥가비는 지역에서 "느리게 퍼지는 감염"이라 묘사한다. 알코올의존과 약물사용장애, 예측 불허의 파괴적 행동은 사건이 아닌 일상이다. 폭력은 "매일 일어나지, '급증'하지 않는다". 그렇다고 긴장을 늦출 순 없다. 폭력 자체보다 폭력의 위협이 더 두려워서다. 학교에서는 안전을 위해 총명함을 숨기고, 말끝마다 '존나'를 덧붙여야 조롱받을 위험을 줄일 수 있다.

폭력에 대한 두려움 속에서 살아가는 삶에 별문제가 없다고 믿어온 저자에게 청소년 상담기관의 개입은 '사건'이었다. 오랜 긴장 상태가 초래한 스트레스, 소외와 거부에 대한 분노로 삶을 소진한 자신과의 첫 대면이었다. 상담을 받기 위해 '감염' 지역을 벗어나 웨스트엔드라는 "총천연색 영화" 같은 세계에 당도하자 물음이 생겼다. "그러니까, 사람들이 칼에 찔리는 걸 두려워할 필요가 없을 때 옷을 이렇게 입는 건가?"(64)

상담 덕택에 자신이 왜 그렇게 화가 나 있는지 자문할 수 있었다. 그는 병리적인 가족과 이웃 때문이라고, 폴록이 두려움을 제조하는 공장이기 때문이라고 일축하지 않는다. 폴록에서 구출되길 바라는 대신, 폴록에 대한 애착과 기대를 좌절시킨 개입들을 돌아본다. 모두가 연루된, 자본주의사회에서 빈곤과 동반 성장을 추구해온 '빈곤 산업'이 제 모습을 드러낸다. 지역 바깥의 사람들이 지역에 대한 통제권을 유지하는 방식으로 지역 민주주의가 설계되고, 방대한 관료체제로 뒷받침된 사업은 외부 지원과 전문지식에 대한 의존을 영구화한다. 맥가비는 정부 기관, 자선단체, 예술단체, 비정부기구, 대중매체가 '제국열강'처럼 행동하면서 빈곤 지역을 대대적인 개편과 현대화가 필요한 '원시 문화'로 바라본다고 통렬히 꼬집는다. 이 세계에서 주민들은 자기 것이 부정당하는 경험을 반복하고, 자기 생각이 없다고 상정되고, 자기 생각을 얘기하면 사업이나 활동의 논리와 달라 '건설적'이지 못하다며 불편한 시선을 받는다. 반항 섞인 자부심과 삶의 취약성이 나이테를 두른 고층 아파트는 '재생'이란 이름으로 폭파되고, 노인들이 차를 마실 장소, 10대들이 시간을 보낼 장소에 대한 바람은 정부의 사회공학적 의제와 견주어 하찮은 것으로 취급된다.

> 이런 지역에서 가난한 사람들은 자본의 한 형태로 여겨진다. 이
> 들의 삶을 관리하는 책임을 맡은 조직이 자신의 역할을 정당화
> 하고 지속시키기 위해 채굴할 데이터와 서사를 담고 있는 자
> 본 말이다. 선의를 가진 학생, 학자, 전문가들이 줄줄이 가난 깊
> 숙이 내려와 필요한 걸 뽑아내고는 고립된 자신들의 집단으로
> 물러가 가난 사파리에서 가져온 인공 유산물을 검토하는 것이
> 다.(148)

말과 글로 중간계급과 소통할 능력을 갖춘 소수의 젊은이는
'제국열강'과 '원시문화' 사이의 매개자로 초대받는다. 맥가비는
작가가 됨으로써 트라우마를 떨쳐내고, 다른 사람들과 연결되어
있다는 강한 느낌을 받았다. 하지만 "가난하다는 사실 덕분"에
자신을 경청하는 사람들, 가난을 분석하는 대신 어린 시절의
증언을 기대하는 사람들과 대면하면서, "나에게 권한을 주는
일을 맡은 사람들을 불쾌하게 하는 순간 내쫓기고 만다는 사
실"(184)을 깨닫는다. 그는 자신이 빈곤 산업에서 거래 가능한
화폐가 되었음을 간파한 순간, 폭로가 아닌 적응의 기술을 버린
다. 적응은, 그에 따르면 빈곤 산업의 '선량한' 사람들이 하층계급
을 진지하게 받아들이기 전에 갖춰야 하는 '쇼윈도 장식'이다.

개인의 책임을 묻는다는 것

맥가비의 빈곤 산업 비판은, '좋은 삶'에 대한 인식과 열망을 특정한 방식으로 조직하는 장치로 개발을 바라보면서 그 통치 권력의 동학을 해부해온 학계의 접근과 크게 다르지 않다. 하지만 이 책이 나를 끌어당기는 대목은 저자가 통치받지 않으려는 결연한 의지 대신 통치와 치열하게 교섭하며 살아가려는 의지를 드러내는 순간이다. 그 자신도 연루된 빈곤 산업의 먹이 사슬에서 누군가는 인생의 커리어를 위해, 연구와 집필을 위해, 아니 단순히 공무 수행을 위해 매개자 역할을 할 수 있다. 이들에게 폴록은 잠시 거쳐 가는 터미널이다. 그러나 아동학대, 노숙, 약물사용장애와 고투하면서도 폭파 직전의 낡은 고층 아파트에서 시선을 거두지 못하는 맥가비에게 폴록은 자기 자신이다. 근본적이고 급진적인 해결책이 아니라며 신랄한 비판으로 통쾌한 한 방을 날리기엔, 그가 제 몸으로 기억해내는 개입의 역사가 너무나 다채롭고 복잡하다.

빈곤 지역을 외부와 연결하는 개입은 매번 "가난을 해결하고 싶어하는 사람들과 가난을 경험하는 사람들 사이"의 간극을 드러내면서도(210), 그 간극을 발견함으로써 개입을 새롭게 모색하는 행위자를 등장시킨다. "증거를 내놓을 수 없는" 풀뿌리 단체의 운동은 여러 기관과 경쟁해야 하는 상황에 직면하지만,

지역 주민들에게 새로운 자신감을 심어주기도 했다. 집에서 나와 마음의 평화를 찾길 원하는 아이들은 지역 주민센터 바깥에서 문이 열리기를 기다리고, 정신을 집중하기 버거운 상황에서 엄청난 용기를 내어 공공도서관을 찾은 사람들은 "사회적 배제, 실업, 가난에서 벗어나는 첫걸음"(233)을 뗀다. 무엇보다 맥가비 자신이 공공부조와 상담, 홈리스 주택 지원, 약물치료를 거치면서 가까스로 '인공호흡기'를 뗐다. 가난한 사람들의 심리적 문제를 지적하는 것이 '가난의 문화'를 긍정하고, 의존성 담론을 재생산하는 의도로 읽힐까 우려하는 연구자와 활동가를 향해 이 래퍼-작가는 참았던 짜증을 폭발시키고 만다.

가난한 사람들의 정서적 스트레스와 만성질환의 연관성에 관한 논문을 쓰거나 이들이 어떻게 담배를 끊는지에 대해 기사를 쓰는 사람은 아무도 없는 것 같다. 마치 이런 일상의 문제가 카를 마르크스의 사상보다 가난한 사람들에게 중요성이 떨어지는 것처럼 말이다. 우리의 사기를 꺾고 우리를 무능하게 하고 우리를 죽이고 있는 것들에 대한 조치를 가설상의 혁명 이후로 미뤄둘 수 있다는 듯이 말이다.(148)

여기서 '개인의 책임'이라는 금기어가 등장한다. 약물, 음주, 우울, 불안이 초래한 파괴적 행동을 왜 못 본 체하는가? 왜 분노로 만신창이가 되어 더 약한 자를 학대하는 사람들을 두고 그들 탓이 아니라 사회적 책임이라며 뒷짐만 지는가? 가난한 사람은 구조와 시스템의 '피해자'이니 무조건 옹호해야 하는가?

책 후반부에 등장한 엘리 해리슨의 프로젝트는 맥가비가 스스로에게 책임을 묻는 과정을 자세히 보여준다. 저명한 미술가이자 활동가인 해리슨은 2016년 '글래스고 효과Glasgow effect'라는 소셜미디어 프로젝트에 착수했다. 글래스고의 보건 통계가 영국의 다른 도시 통계에 비해 더 안 좋게 나오는 이유를 설명하기 위해 이 예술가는 1년간 글래스고를 벗어나지 않고 자신의 사회생활, 정체성, 정신건강, 심지어 탄소발자국의 변화까지 기록할 예정이었다. 하지만 글래스고를 시각화하기 위해 기름에 절어 있는 감자튀김 봉투 사진을 페이스북 프로젝트 소개란에 올리자 대중의 분노가 들끓었다. 사회 이동성을 박탈당한 글래스고의 가난한 주민들을 조롱하는 행위로 비친 것이다. 성난 군중의 선두에 서서, 맥가비는 한 미디어에 논평을 냈다. "가난 사파리에 누군가를 낙하산으로 내려보내는 일이 끔찍하리만치 무신경하게 이뤄진다."(315) 책 제목인 『가난 사파리』가 탄생한 배경이다. '가난 사파리'는 분명 "넌 왜 그렇게 분노하는 거지?"라는 물음에 대한 자신의 답이었지만, 시간이 지나면서 "넌 왜 그렇게까지 분노해야 했지?"라는 물음을 낳았다. "내가 깨닫지 못했거나 정당하다고 생각한 이 분노가 내 생각이 가장

명료하다고 믿었던 순간에 내 정신을 흐려놓았다."(319) '피해자'로서 당연하다고 생각한 강렬한 보복 충동 때문에, 맥가비는 해리슨이 방식은 달랐을지언정 가난과 싸우는 동맹자임을 보지 못했다고 술회한다. 가난을 견디기 위해 무의식적으로 받아들인 믿음에 문제가 있단 걸 깨달은 계기는 네 책임이 아니라는 말만 거듭하는 급진주의자의 위로가 아니라, 반빈곤 개입의 덩굴에서 줄기를 헤집고 엮기를 반복하며 세계와 저 자신을 대면하는 과정이었다. 이 과정에서 성폭행과 외할머니로부터의 거부, 알코올과 마약 사용장애를 차례로 거치다 고립에 다다른 엄마를 다시 보았고, 그의 눈에서 "연결되길 갈망하지만 방법을 모르는 깊은 절망감"(333)을, 그리고 저 자신을 보았다. 엄마가 죽은 후의 일이다.

코로나 이후, 어떤 연결은 절실하다

『가난 사파리』는 2018년 영국에서 가장 탁월한 정치적 글쓰기에 수여되는 오웰상을 받았다. 이 책이 한국에서 번역 출간된 건 코로나 위기가 고조되었던 2020년 4월이다. 책을 다 읽고 가장 먼저 든 생각은 그를 정당하게 분노케 했고, 동시에 그 분노의 과잉을 성찰적으로 되묻게 했던 수많은 프로젝트가 팬데믹 시기에 멈췄다는 점이다. 서울역 주변의 급식소도, 쪽방 주민들이 모여 함께 식사하던 방도 문을 닫았다. 임대아파트 단지의 도서관과 공부방도 마찬가지다. 집이 안전하지 않은 아이들은 갈 곳을 잃었다. 주민운동 단체들은 심각한 재정난에 직면했다. 후원금이 바닥났고, 프로그램 운영이 어려우니 정부 지원금도 쓸 수가 없다. 같은 시기 맥가비는 한 언론 기고에서 이른바 '저숙련' 노동자들의 고된 노동 덕분에 영국이 간신히 코로나를 버티는 상황을 소개했다. 홈리스와 가난한 약물 의존자들이 말 그대로 버려지고 있는 현실을 고발하면서, "이들에게 구명줄과도 같았던 각종 서비스와 지원 체계가 기약 없이 중단된 상태"를 고발했다.

2020년 9월 사회복지 관련 토론회에서 대구쪽방상담소 장민철 소장이 들려준 이야기가 생생하다. 대구의 한 쪽방촌에서 확진자가 발생했을 때 대응 방식을 두고 논란이 일었다. 좁은 방 외에 모든 게 공용인 쪽방 건물의 구조상 자가 격리가 필요한 상황이었지만, 열한 명의 입주자에겐 바깥에 나와 있는 게 폭염이라는 일상의 재난을 견딜 유일한 방법이었다. 도움을 청할 가족이나 친구와의 연결도 끊긴 지 오래였다. 정부는 별도의 공간을 마련할 재원이 없다며 난색을 표했고, 상담소가 급히 알아본 민간 업소는 주민들의 알코올의존증, "불결" "시설물 파손"을 이유로 투숙을 거부했다. 건물 전체에 대해 코호트

격리를 시행하는 수밖에 없었다. 다양한 자원을 연결하기 위해 상담소 직원들의 움직임이 바빠졌다. 상담소가 각 방에 이동식 에어컨과 전기료, 식사를 지원하고, 주민센터와 지구대가 격리 안내와 순찰을 맡고, 근처 식당 주인이 급하게 필요한 물건을 지원하기로 약속했다. 낡은 건물에 밀폐된 채, 주민들은 자가격리 앱 사용법을 서로 배우고, '접선' 경로를 고안해 담배를 전달받기도 하면서 보름의 시간을 견뎌냈다. 서로가 자원과 마음을 연결해내려는 의지가 없었다면 어려웠을 일이다.

그 와중에 미디어는 미래를 논하느라 바빴다. 코로나 이전으로 돌아가기는 불가능하다며 이른바 '언택트' 시대의 '뉴노멀'을 준비하자는 목소리가 쇄도했다. 온라인 공간이 새로운 연결의 프런티어로 급부상했다. 하지만 코로나로 원격 교육이 전면 시행되면서 부모의 역할은 더 커졌고, 교육 불평등이 극심해졌다는 기사가 매일 쏟아졌다. 기초생활보장 수급자도, 생계고에 거리로 내몰린 홈리스도, 학대에 노출된 아이들도 급증했다. 멀쩡한 집 담벼락에 우르르 몰려들어 만화를 그리는 일은 멈춰도 괜찮겠다. 하지만 어떤 개입은 거리와 쪽방, 반지하, 고시원, 임대아파트에서 고투 중인 수많은 맥가비'들'에게 의미 있는 연결, 폴록의 공공도서관처럼 삶의 불안과 혼돈을 딛고 큰 걸음을 내딛게 하는 연결이었을 터이다. 어쩌면 유일한 연결이었을지도 모른다.

언택트가 과잉 접속에 지친 디지털 노마드의 취향을 넘어 일반적인 삶의 양식으로, 재난 시대에 대처하는 품행으로 장려된다면, 연결이 절실했던 사람들은 어디서, 어떻게 살아야 할까? "가난 사파리의 인공유산"으로 취급받던 과거가 오히려 그리워질 정도로 각자의 '가난 수용소asylum'에서 고립과 소외를 견뎌내는 것 외에 다른 선택지가 있을까? 고레에다 히로카즈 감독의 영화 「어느 가족」처럼 버림받은 삶들이 그들의 방식으로 알아서 살아남기를 바라야 할까? 그렇게 고립된 삶들이 영화에서처럼 갑자기 사람들의 관심의 원 안에 포착되었을 때, '위험' 말고 달리 이들을 형용할 언어가 남아 있기나 할까?

사회적 버림의 연루자들

지하철에서 장애인 이동권 투쟁이 한창이던 2022년 3월, 이준석 당시 국민의힘 대표는 이 시위가 "서울 시민의 아침을 볼모로 잡는 부조리"라는 글을 소셜미디어에 올리며 당국의 적극적인 개입을 요구했다. 국어사전에서 '볼모'를 찾아보니 두 가지 정의가 나온다. 하나는 "약속 이행의 담보로 상대편에 잡혀두는 사람이나 물건"이고, 다른 하나는 "나라 사이에 조약 이행을 담보로 상대국에 억류하여두던 유력자"다. 어느 쪽이든 볼모가 된 이는 무고하고, 심지어 억울하게 느낄 법하다.

볼모가 된 '서울 시민의 아침'이란, 이 정치인의 그간 발언을 미루어 짐작건대 출근하는 서울 시민을 지칭한다. 일하는 시민, 다시 말해 한국의 발전국가가 표준으로 삼는 이상적 시민이다. 이 시민은 무고한가? 대중교통임에도 어떤 시민은 접근하기 어려운 이동수단을 배타적으로 이용해온 사람들, 다른 시민이 자신도 대중이라며 출근길에 (자신의 발과 다리이기도 한) 휠체어를

들이밀자 자기 일에 '장애'가 발생했다며 당혹해하는 사람들은 정말 무고한가? 장애인의 이동권 투쟁이 불편하다면, 개발의 속도를 늦추고 생산의 리듬을 방해하는 누군가가 자신과 같은 풍경에 섞여 있지 않기를 바라는 마음을 들여다봐야 하지 않을까? 그가 시설에 갇혀 있어야 한다고, 바깥으로 나와선 안 된다고 적극적으로 주장을 펴지 않더라도 말이다.

『절멸과 갱생 사이』를 읽은 직후라 시민-연루자의 형상에 눈길이 더 갔는지도 모르겠다. 형제복지원에 관한 이 책의 서문에서, 김재형은 "우리 이웃이 부랑인으로 장애인으로 낙인찍혀 끌려가 시설에 격리되었을 때 방관하고 침묵하고, 때때로 그것을 지지한"* 시민들 역시 사건의 책임과 무관하지 않다고 주장한다. 책을 집필한 서울대학교 사회학과 형제복지원연구팀은 불법 감금, 강제노역, 구타, 성폭력, 암매장 등 40여 년 전 부산 형제복지원에서 일어난 각종 인권유린을 국가폭력으로만 자리매김시키지 않고 다양한 연루자를 소환해냈다. 시설의 존재를 알면서, 옆에서 끌려가는 부랑인을 보면서 무심히 지나쳤던 시민들도 그 일부다. 시민의 연루를 이 책에서 발전국가와 사회복지 레짐regime의 공모만큼 깊이 있게 다루진 않았으나 그 문제 제기는 반갑다.

* 서울대학교 사회학과 형제복지원연구팀, 『절멸과 갱생 사이』, 서울대학교출판문화원, 2021, 20쪽. 이하 인용 쪽수는 괄호로 표기.

형제복지원이라는 '정상'

형제복지원은 1970~1980년대 부산시에 자리했던 부랑인 수용소다. 1960년 박인근 원장이 설립한 소규모 미인가 육아시설은 1965년 재단법인 형제육아원으로 설립 인가를 획득했고, 1970년 사회복지사업법 시행에 따라 사회복지법인 형제원으로 구조와 명칭을 전환했다. 박정희 정권이 1975년 12월 '부랑인의 신고·단속·수용·보호와 귀향 및 사후관리에 관한 업무처리 지침'이 담긴 내무부 훈령을 공포한 것에 발맞춰, 형제복지원은 '육아'에서 '부랑아 보호·선도'로 사업 영역을 변경하고, 대한민국 최대 부랑인 수용시설로 탈바꿈했다. 훈령에서 '부랑인'은 "건전한 사회 및 도시 질서를 저해"하며 "사회에 나쁜 영향을 주는 자"로 정의되고, '걸인, 껌팔이, 앵벌이, 노변행상, 빈 지게꾼' 등의 직업으로 범주화되었다. 박해남(2장)이 지적했듯, 이들이 어째서 사회와 도시 질서를 저해하고 나쁜 영향을 주는지에 관한 별도의 설명은 없다. 1987년 내부 인권침해가 폭로되면서 시설이 폐쇄되었을 당시 수용자 수는 3000명 이상이었고, 1975~1987년 전 기간에 걸쳐 수용된 인원은 4만여 명에 달했다.

그간 축적된 형제복지원 기록은 상당하다. 2012년 형제복지원 진상규명운동이 본격적으로 전개되면서 '형제복지원 진실

규명을 위한 대책위원회'는 공문서, 복지원 운영 자료, 수사 기록에서 피해 생존자들의 구술 증언까지 방대한 아카이브를 축적했다. 책도 여럿 나왔다. 형제복지원 폐쇄 직후 김영욱이 자전적 수기를 담아『형제복지원: 생지옥의 낮과 밤』(1988)을, 1인 시위를 통해 진상규명의 불쏘시개 역할을 한 피해 생존자 한종선이 지식인 전규찬·박래군과 만나『살아남은 아이』(2012)를 펴냈다. 이후 인권활동가들이 피해 생존자 11인과의 심층 인터뷰를 토대로『숫자가 된 사람들』(2015)을 출간했다.「그것이 알고 싶다: 홀로코스트, 그리고 27년—형제복지원 다시 1년······ 검은배후는 누구인가」(2015),「꼬리에 꼬리를 무는 그날 이야기: 연쇄 실종사건 1987, 인간청소」(2021)처럼 수용소의 실상을 고발한 지상파 프로그램도 잇따라 방영되면서 형제복지원은 '시대의 괴물'로 대중적인 악명을 떨쳤다.

『절멸과 갱생 사이』는 이러한 전사前史와 비판적 대화를 주고받으며 탄생한 책이다. 앞선 사람들의 헌신적인 활동과 문제 제기가 없었다면 시작되지 못했을 연구인 이 책을 두고, 저자들은 피해 생존자들이 들려준 증언의 무게를 생각할 때 책을 내는 것이 부끄럽다고 밝혔다. 하지만 이 책이 기존 아카이브의 단순한 확장은 아니다. 특히 형제복지원이 공적 수용시설이자 '정상적'으로 운영된 민간 복지시설이었다는 주장은, 이 기관을 (군사독재 시절의 민낯을 들춰볼 수 있는) 예외 상태로 다뤄온 기존의 접근과 급진적으로 갈라진다. 도시 하층민 상당수가 영문도 모른 채 잡혀 가서 감금됐고, 일상적인 폭력에 무방비로 노출됐으며, 12년 동안 확인된 사망자만 500명이 넘는다는 사실을 몰라서 내놓은 주장은 아니다. 하지만 형제복지원이 운영 당시 가장 '모범적'인 시설로 인정받았고, 전국 부랑인 수용시설의 모델이 되면서 박인근 원장이 국민훈장을 수여하기까지 했다는 점, 깊은 산속 요새처럼 보였던 이 기관이 아동·부랑인 수용 건물, 자활 사업장, 정신 요양원 등 여러 시설을 갖추고 정부, 국내외 기업, 각종 후원단체와 지속적으로 교류해왔다는 사실은 간단히 지나칠 수 없다. 더구나 도시 하층민의 몸이 복지시설과 요양병원 시스템을 떠받치는 구조는 현재 진행형이지 않은가. 연구자들이 드러난 외상을 넘어 깊이를 가늠하기 어려운 폭력의 심연에까지 가닿고자 애쓴 배경이다.

형제복지원 사건이 앞으로도 '한국판 아우슈비츠'로 불린다면, 홀로코스트에 대해 지그문트 바우만이 던진 통찰을 함께 떠올릴 필요가 있겠다. "그것은 진정 합리적인 고려에서 생겨났고, 자신의 형식과 목표에 충실한 관료 조직에 의해 생성되었다."*

* 지그문트 바우만, 『현대성과 홀로코스트』, 정일준 옮김, 새물결, 2013, 52쪽.

발전국가와 사회복지 레짐의 공모

그렇다면 무엇이 이 거대한 시설의 오랜 작동을 가능하게 했을까? 형제복지원을 국가폭력으로만 이해할 순 없지만, 권위주의적 정치체제를 기반으로 자원의 동원과 통제를 주도한 발전국가를 핵심적인 행위자로 우선 고려하지 않을 수 없다.

흥미로운 것은, 국가권력이 사회문제에 적극적으로 개입하려는 시도와 이에 필요한 재정 부담을 최소화하려는 시도 사이에서 계속 곡예를 탔다는 점이다(4장). 박정희 정권은 빈곤을 가장 심각한 사회문제로 규정하면서도, 이를 사회 구성원의 습속 탓으로 돌렸다(2장). 사회보장과 같은 공적 안전망이 아니라, '의식 개조' '인간 혁명' '생활 혁명'을 실천하고 근로 윤리를 확립하기 위한 대규모 관제 캠페인이 반빈곤 대책으로 등장했다. 부랑인은 잠재적 범죄자, 사회 오염원 취급을 받으면서 정화 대상이 되었다. 그렇게 국토건설단이란 이름으로 미개간지로 추방되거나, 형제복지원 같은 시설에 감금된 채 갱생을 요구받았다. 부랑인 수용 기준은 모호했지만, 경찰이나 공무원이 단속 실적당 근무 평점을 부여받다 보니. '오염'은 경쟁적으로 발견되고, 심지어 발명됐을 터다. 추지현(3장)은 1961~1987년 경찰, 검찰, 법원, 교정 기관 등 다양한 기관이 부랑인 단속 과정에서 어떻게 사회적 배제의 기술들을 다변화했는지를 구체적으로 보여준다. 시기별로 '사회악' 척결의 내용은 달랐으나 "걸인, 사창가, 부랑아, 넝마주이" 등에 대한 단속과 선도는 빠짐없이 등장했다. "'부랑인'을 거리에서 비가시화시키는 것은 대중이 치안 활동의 성과를 체감하게 만드는 데 효과적이었을 것"(87)이라고 추측되는 이유다.

부랑인에 대한 통치는 습속 규제와 치안 행정에서 끝나지 않았다. 김일환(4장)은 발전국가와 사회복지 레짐 간 공모의 역사를 집중 조명하면서, 형제복지원이란 명칭에 박힌 '복지'가 단순히 시설의 폭력을 은폐하는 수사가 아니라 "시설의 '정상적' 운영에 필수 불가결한 조건"(128)이었음을 강조한다. 형제복지원을 민간 사회복지시설이자 법인 조직으로 보고 정부나 기업과의 연결망을 살피니 돈의 흐름이 좀더 뚜렷이 포착된다. 부랑자의 몸은 해외로부터의 원조와 국고보조금이 유입되는 매개물이자, 수용시설 건설과 법인 수익사업에 활용될 수 있는 노동력이었다. 상속세·증여세 면세 혜택, 수익사업에 대한 법인세 감면, 각종 정부 재정 지원을 고려할 때, 사회복지법인 조직의 특성인 비영리성과 공공성은 "법인의 경제활동에 대한 강력한 제약임과 동시에, 적극적으로 활용해야 할 기회"(133)였다.

복지 사업의 확장은 사회정책에 대한 재정 지출을 최소화하려는 발전국가가 사회복지법인을 국가의 하위 파트너로 적극 동원한 결과다. 1960년대 후반 외원外援 단체들이 한국에서 철수하기 시작하자, 정부는 복지 재정을 확대하는 대신 사회복지사업법을 제정해 민간 사회복지법인의 활동을 장려하고 재원 조달의 책임을 분담하고자 했다. 변동이 심한 원조·보조금 체제에서 안정적으로 운용하기 위해 법인은 수용자 수를 확보하고, 이들의 노역을 통해 수입을 충당해야 했다. "수용시설에서의 노동 착취와 폭력이 그저 '묵인'된 것이 아니라 시설의 유지와 운영을 위해 '필요'"했고(115), (수용자의 감소가 곧 국가 지원금 감소를 의미했기 때문에) 탈출 시도가 시설 내부의 (성)폭력보다 훨씬 더 심각한 규율 위반으로 취급되었다고(6장) 저자들은 서술했다.

이렇게 국가와 사회복지법인의 담합 구조는 시설 수용자들이 인간으로 살아갈 일체의 권리를 박탈하는 결과를 낳았지만, 이 구조를 이념적으로 매개한 것은 역설적이게도 '자활'이라는 목표였다. 소준철(5장)은 한국전쟁 직후의 구호사업부터 민간 사회복지시설의 제도화, 현재의 국민기초생활보장제도까지 '경제적 독립'을 목표로 한 자활이 국가 통치의 대표 구호이자 정책으로 단단히 똬리를 틀었음을 강조한다. 형제복지원이 재단법인 형제원으로 운영되던 1969년과 사회복지법인 형제원이 된 1971년 사이, 재단 수익은 무려 3.5배, 정부 보조금은 2.7배 증가했다. 시설은 수용자의 자활을 명목으로 자물쇠 공장, 양계·양돈 사업, 목공소, 운전면허 시험장까지 운영했지만, "아이러니하게도 수용자들의 자활이 없는 노역이 비용 절감과 시설의 물질적 성장, 그리고 자활사업의 다각화로 이어졌다".(193)

소수자 속의 소수자

국가와 사회복지법인이 형제복지원 사건의 공동정범이었던 한편, 저자들은 시설을 외부와 연결해내면서 연루자의 목록을 늘렸다. 정기적으로 후원금을 보낸 외원 단체, 해외 입양기관, 기념사진을 찍기 위해 방문한 정치인, 수용자를 저렴한 노동력으로 활용한 지역 사업체, 그들을 범죄자와 동일시한 지역 언론, 그리고 감금시설의 존재를 알면서 침묵했던 시민까지 여기에 포함됐다.

대학생, 지식인, 진보적인 교계도 연루자일까? 박해남(2장)은 군사정권 시절 미약하게나마 시민사회를 형성했던 이들이 수용소 실태에 대한 이견이라도 냈다면 부랑인들이 사회로부터 완전히 격리되는 참사는 면했을 것이라고 말한다. 주목할 점은, 1960년대 지식인들 역시 습속 개조를 장려하면서 "국가와 사회정치의 언어를 공유"했으며, 4·19 혁명 당시에는 부랑인의 참여에 대해 '무질서'를 우려하며 거리를 뒀다는 사실이다.(71~72) 1970년대 들어 진보적 지식인은 관심의 지평을 개인 너머 사회의 폭력으로 확장했으나, 부랑인은 동등한 사회구성원이기보다 동정과 불안의 대상으로 남았고, '산업전사'로 호명된 노동자와 '사회악'으로 낙인찍힌 부랑인의 연대는 요원했다.(74~75)

최종숙(8장)은 1980년대 '민주화'의 능선을 넘은 시민사회에 단도직입적으로 책임을 묻는다. 그는 두 가지 질문을 던졌다. 첫째, 형제복지원 사건이 '민주화의 해'인 1987년에 발생했는데도 민주화운동 진영의 관심을 얻지 못한 이유는 무엇인가? 둘째, 2012년 형제복지원 진상규명운동이 시작되기까지 25년 동안이나 이 시간이 주변화되었던 이유는 무엇인가? 책 한 권에서 한 장으로 포개지기에는 아까운 묵직하고 뼈아픈 질문이다. 저자는 형제복지원 피해 생존자를 '소수자 속의 소수자'로 개념화한다. 이들은 "군부독재를 끝장낼 '변혁의 주체'"가 아닌 "하층 '룸펜 프롤레타리아'"에 불과했기 때문에(287) 민주화운동권의 관심 밖이었던 소수자, 민주화 이후 기층 민중운동이 점차 당사자운동으로 전환되었을 때 영구적 낙인을 달고 숨죽여 사느라 저 자신을 당사자로 생각조차 못 한 소수자다. 진실·화해를위한과거사정리기본법이 제정되고 재조사 움직임이 활발했던 2000년대 중반에도 정작 형제복지원 생존자들은 진상규명을 위한 정치·사회적 여건이 조성되었다는 사실 자체를 몰랐다. 저자가 뒤늦게 출범한 진상규명운동을 피해 생존자들의 '인간 해방운동'으로 명명한 데 고개가 끄덕여진다.

시민이라는 공모자 – 피해자 – 저항자

이 책이 소환한 다양한 연루자 가운데 시민은 맨 끄트머리에 남아 있다. 수용소의 존재를 알고도 지나친 무심한 시민. 저자들이 발전국가의 여러 조직과 민간 사회복지시설의 작동 원리를 파헤친 그 세심한 분석력으로 시민의 무심함에 '왜'라는 질문을 던질 수는 없었을까? 쉽지 않았을 것이다. 연구 자료가 경찰 단속과 복지원 운영에 관한 공식적인 문서와 언론, 피해 생존자들의 구술 증언에 한정되었기 때문이다.

관련해 이 책에서 한 가지 실마리가 눈에 띈다. 도시 하층민의 시설 수용('갇혀도 상관없는 자')과 탈시설('나와도 좋은 자')을 결정하는 핵심 행위자가 가족이었다는 점이다. 1961년 당시 '갱생보호법'은 '실요보호자'를 "가족, 친지와 연고자가 없는 자" "가족 등 기타 연고자가 있다 하더라도 귀주지까지 갈 비용이 없는 자" "생활수단을 소유하고 있지 않으므로 경제적으로 자립할 수 없는 자" 등으로 정의했다.(3장) 이상직(7장)은 31명 형제복지원 피해 생존자의 생애 이력에서 나타나는 특징을 분석했는데, 끌려갔던 이들 대부분은 가족 관계가 취약했다. 입소 당시 절반 가까이는 가족이 없었고, 친부모와 살고 있던 사람은 세 명에 불과했는데, 복지원 입소로 그 관계마저 단절되었다. "가족, 학교, 공장(노동시장) 제도의 틀에 따라 사회구성원 상당 수의 라이프코스가 표준화"되기 시작한 1980년대에(245), 수용 자들은 가족을 기반으로 학교·직장·결혼 등 사회에서 공인 받고 장려되는 관계망을 엮어내기 어려웠다. 퇴소 계기가 '탈출' '가족' '폐쇄' 중 하나로 기록된 데서 볼 수 있듯, 자신을 데려갈 가족이 없는 수용자들은 사회적 배제를 고스란히 감내해야 하는 구조였다. '정상' 가족이 없으면 버려지는 게 당연한 사회, 가족 바깥에선 삶을 지지해줄 안전망이 지극히 취약한 사회, 구성원들의 관심이 (유일한 안전망인) 제 가족의 안전과 영속에 매몰된 사회에서 이들은 설 곳이 없었다.

주목할 것은, 대한민국에서 지금까지 면면히 이어온 가족 중심의 생존 전략이 글로벌 남반구에서 흔히 발견되는 '작은' 정부의 결과가 아니라, 국가의 적극적인 동원과 지원을 통해 뒷받침되었다는 점이다. 공적부조 시스템을 확충하기는커녕 의식 개혁을 강요하고 민간 사회복지법인에 부담을 떠넘기는 데 급급했던 국가는 일반 국민의 주거에 대해서도, 사회보장에 대해서도 같은 방법을 취했다. 김명수의 『내 집에 갇힌 사회』, 김도균의 『한국 복지자본주의의 역사』는 각각 '자원 동원형 주택 공급 연쇄' '자산 기반 복지'라는 개념으로 정부가 적극 개입해 가족 중심의 각자도생을 부추긴 대한민국 국가의 민낯을 소묘한다. 이러한 시대를 살아내면서 가족 바깥의 삶에 대한 무심함을 자연스럽게 내면화한 시민은 형제복지원이라는 사건의 공모자이자 피해자요, 피해자이자 공모자다.

2022년 4월 중순, 장애인 정책 개선안에 대해 새 정부로부터 확실한 답변을 받지 못한 전국장애인차별철폐연대가 지하철 시위를 재개했을 때다. 이준석 대표는 여전히 '볼모'라는 단어를 고집했다. 한 달 전과 비교해 달라진 것은 다수 시민의 반응이다. "선을 넘었다" "참을 만큼 참았다"는 분노가 넘쳤다. 이들은 형제복지원의 존재를 알고도 무심히 지나쳤던 40여 년 전 시민들과 얼마나 다를까? 이 분노가 알아서 살아남기를 대대로 강요받아온 국민의 집단 에토스와 무관하지 않다면, 우리는 국가에 원죄를 묻는 것으로 소임을 다하는 걸까?

하지만 장기 지속의 역사에도 어떤 시민은 분명히 과거와 다른 행보를 보여준다. 삶이 효율과 동일시된 시대를 거부하며 함께 지하철을 탈 수 있는 사회, 이 지하철의 속도가 더뎌도 크게 문제 될 것이 없는 사회, (노들장애인야학 소개글에서 보듯) "당신의 해방과 나의 해방이 연결된" 사회를 상상한다. 이런 변화는 어떻게 가능했을까? 이 질문에 답하려면 『절멸과 갱생 사이』가 충분히 다루지 못한 형제복지원 피해 생존자들의 저항, 동료 시민들과 함께한 연대의 기록을 두텁게 살펴야 할 것이다. 저자들이 기존의 형제복지원 아카이브를 참조하면서 새로운 배치를 만들었듯이, 또 다른 작업이 이 책을 마중물 삼아 개발 시대를 살아간 (그리고 현재도 살아가고 있는) 시민의 마음을 더 정교하게 들여다봐도 좋겠다.

여성 홈리스는
책이 될 수 있을까

『그여자가방에들어가신다』.* 맞춤법을 무시한 제목이라니, 처음부터 예사롭지 않다. 표지는 어떤가. 굵은 매직펜으로 비뚤배뚤 쓴 글씨와 엉성한 그림들을 디자인이라고 불러야 할지 난감하다. 형식은 또 어떤가. 이 책은 홈리스행동 생애사 기록팀의 기획 아래, 7인의 저자가 7인의 여성 홈리스와 만난 기록을 담았다. 이재임은 가혜를, 홍수경은 강경숙과 미희를, 박소영과 오규상은 서가숙을, 최현숙은 영주를, 홍혜은은 김순자를 만났다. 김진희는 자신과 마주했다. 여럿의 글이 일관성과 통일성을 갖도록 머리를 쥐어짜는 게 모름지기 편집자의 책무다. 그런데 이 책은 심상찮다. 편자도, 그가 채워야 할 「들어가는 말」도 없다. 이재임이 여성 홈리스 삶의 공통성을 「에필로그」로 간단히 짚었을 뿐이다. 저자와 구술자 사이의 관계도 제각각이다. 최현

---

* 김진희 외, 『그여자가방에들어가신다』, 후마니타스, 2023. 이하 인용 쪽수는 괄호로 표기.

숙은 영주의 말을 묵묵히 듣는 대신 그와 다투고, 그를 통해 자신을 본다. 글 제목이 「두 여자」인 이유다. 김진희는 자신이 거쳐온 홈리스 삶을 딸들에게 보내는 편지 형식으로 썼다. 그는 "차곡차곡 살아온"(191) 삶의 이력을 글로 정리할 줄 알았다. 서가숙은 경험을 토대로 홈리스 정책을 직접 제안하는 활동가의 면모를 보여준다. 그럼에도 구술자 대부분의 이야기는 저자의 번역에 의존할 수밖에 없다. 특히 가혜의 말은 자꾸 튕겨 나간다. 인터뷰 초고를 완성한 이재임이 들뜬 마음에 그를 찾아가 제본한 책을 건넸다. 조심스레 책을 살피던 그의 손에는 "책이 거꾸로 들려 있었다".(235)

여성 홈리스를 다룬 책은 왜 이다지도 어수선할까? 결론부터 말하자면, 불협화음은 저자들의 무책임 때문이 아니라 정직함 덕분이다. 홈리스행동과 빈곤사회연대 활동가, 홈리스야학 교사로 구성된 저자들은 누구보다 홈리스를 자주 만났을 테지만, 현장 활동 중에 여성 홈리스와 마주치는 일은 드물었다고 고백한다. 여성 홈리스들은 광장에 있을 때도 몸을 숨겼고, 가방을 움켜쥔 채 언제라도 떠날 채비를 하고 있었으며, 공간이 비교적 넓은 장애인 화장실에서 잠을 자고 몸을 씻었다(책 앞표지에 우산, 가방, 장애인 화장실 표시판이 그려져 있다). 거리·시설·쪽방을 중심으로 이뤄지는 정부의 실태 조사는 이들의 동선을 가늠하지 못했고, "불평등·주거권·빈곤·폭력·젠더 등"(236)

저자들이 내뱉은 단어는 이들에게 온전히 가닿지 못했다. 이동은 잦은데 그 흔한 휴대전화도 없는 여성들을, 저자들은 계속 찾아다녀야 했다. "AI 녹취 프로그램으로는 도무지 해석할 수 없는"(236) 그들의 은어 속으로 미끄러지고 허우적거리는 것 말고는 방도가 없었다.

취약한 삶, 떠도는 삶은 홈리스들의 공통적인 경험이다. 폭염과 혹한, 차별과 혐오, 무시와 착취는 홈리스의 몸에 켜켜이 쌓여, 장애, 질병, 냄새, 욕설, 긴장으로 나이테를 두른 지 오래다. 이 책 구술자들의 이야기가 (기록팀의 전작인)『힐튼호텔 옆쪽방촌 이야기』(이하『힐튼호텔』) 속 인물들의 서사와 포개질 수밖에 없는 이유다. 미희가 협성원에서 노역하다 간신히 탈출한 일을 말했을 때, 나는 10년 동안 염전에 갇혀 살던 이석기(『힐튼호텔』)를 떠올렸다. 홈리스들 사이의 갈등과 불화나, 상대를 통해 자신의 비참을 거듭 확인하는 과정도 두 책이 서로 닮았다. 쪽방촌 주민 김기철은 술 먹고 떠드는 게 싫다며 이웃과 거리를 두고(『힐튼호텔』), 강경숙은 역 대합실에 모여 앉아 음식을 욱여넣는 다른 노숙자들을 징그럽게 바라본다. "이런 구역질 나는 냄새 맡으면서 먹을 게 입에 들어갈까 싶어. 근데 그 냄새가 내 몸에서도 나고 있지."(50)

하지만 여성 홈리스의 서사엔 확실히 공통 경험으로 뭉뚱그릴 수 없는 내상內傷이 배어 있다. 남성 쪽방 주민들이 중심이 된 전작에서 두드러지지 않았던 불안이 전면화된다. 서울역은 모든 홈리스가 24시간 감시를 당하면서 살아가는 공간이나, 여성 홈리스들은 역무원의 통제뿐 아니라 남성 홈리스들의 (성) 폭력에도 맞서야 한다. 남성 홈리스가 약해 보이지 않으려 남들과 '맞짱'을 뜬다면(『힐튼호텔』), 여성 홈리스들은 대개 이불과 우산으로 최대한 몸을 가리고 웅크리거나, 화장실로 도망가 변기에서 새우잠을 잔다. 남자들로 빽빽한 쉼터에서 여자들은 구경감이나 표적이 되기 일쑤고, 급식을 받기 위해 줄을 서면 식당 가서 일하라, 당신 때문에 늦어진다는 남성 홈리스의 야박에 시달린다. 안전하지 않은 환경에 고스란히 노출된 채 살아가는 여성 홈리스들은 보호자를 자처하는 남성과 만남, 섹스, 동거, 혼인으로 복잡하게 얽힌다. 길순자는 "남자가 있어야지 무시를 안 허"(219)기에 쪽방촌 '아저씨'한테 매일 저녁을 차려 준다. 친밀성과 폭력이 뫼비우스의띠처럼 맞붙어 있는 관계는, 피해와 가해의 구분을 폭력 해결의 출발점으로 여겨온 독자를 혼란에 빠뜨린다. 미희는 '삼촌들'과 어울린 덕분에 텐트 생활을 견뎠다 하고, 최현숙은 성폭력에 '길든' 채 살아가는 영주와 가까워질수록 윤리적 미궁에 빠져든다.

안전이 일상 전반을 압도하는 목표가 되면서(이채윤, 「여성 홈리스의 '집' 만들기」), 불안한 여성 홈리스는 남성 홈리스보다 더 많이 숨게 된다. 거리, 화장실, 찜질방, 텐트, 쉼터, 교회, 병원,

빈집, 친척집 등으로 더 자주 움직인다. 그사이 양손에 쥔 '봉다리'는 '그 여자 가방에 들어갈' 만큼 불어난다. 역무원이 쓰레기라며 내다 버린 경숙의 짐가방엔 폐품 팔아 모은 돈과 옷, 명란젓, 오징어젓, 배추김치가 가득 담겨 있었다. 가숙은 어디서 음식을 받을지 모르니 늘 '비니루'를 줍고 다닌다. 여성 홈리스가 짐이 많은 건 '병'이라면서도, 한곳에 머무를 수 없는 여자들과 달리 남자들은 "반팔에 생수통 하나만 들고"(77) 다닌다는 말을 덧붙인다. 책을 읽고 서울역 대합실 의자에 물끄러미 앉았다. 서성이는 말들, 타인에게 가닿지 못한 말들을 냄새로 맡았다. 강경숙이 징그러워했던 구역질 나는 그 냄새. 홈리스 당사자가 야학 학생이 되고 집회 연단에 서는 시대가 됐다지만, 여성 홈리스의 존재를 포착하기는 여전히 어렵다.

여성 홈리스는 책이 될 수 있을까? 청소를 해주는 대가로 공원 화장실에 머무는 가혜는 곧 "육이오"가 터지는데 도망도 못 가고 "남의 손에 붙잡혀 사는" 현실을 한탄한다.(15) "50억씩" 내는 자릿세는 나중에 집에 가면 갚아야 한다며 강박에 시달린다.(30) 지금도 저자들은 여성 홈리스를 찾아다니고, 그들의 말 조각을 성실히 줍고 있을 테다. 부서진 언어를 책으로 만드는 작업이란 가혜가, '그 여자가 방에 들어갈' 수 있는 세상을 만드는 일이다. 여성 홈리스의 삶이 어수선하게 읽힌다면, 그에 대한 책임은 우리 모두에게 있다. 우리가 사회의 지평을 넓히는 대신 제 담을 쌓는데 몰두하고, 담 너머의 타자를 안타까워하면서도 담을 허물지 않는 한, 경숙의 '봉다리'는 늘어나고, 가혜가 뱉은 말들은 비릿한 화장실 냄새에 묻힐 뿐이다.

동아시아 '송곳들'의 지구전

『사라진 나의 중국 친구에게』는 한국 사회 공론장에서 잔뿌리를 내린 두 가지 통념에 균열을 낸다.* 첫 번째 통념은 오늘날 중국인이 전체주의국가에 동화된 채 비판의식이 실종되었다는 인식이다. 두 번째 통념 역시 정치적 열망의 부재를 탓하는데, 이번에는 한국의 20~30대 청년을 겨냥한다. 부동산 '영끌'과 코인 광풍, 조국 사태 이후 불어닥친 공정성 논란에서 보듯, 불안한 젊은이들이 각자도생에 몰두하면서 보편적 정의와 평등에 무관심해졌다는 인식이 팽배하다.

저자는 이런 통념을 배반하는 삶을 살았다. 30대 중반이 다 되도록 학생운동과 노동운동에 매진했고, 극영화를 새로 배우고 잡지나 신문을 만들면서 사회운동의 매개를 찾고자 애썼다. 10여 년의 고투 마디마디에서 또래를 하나둘 떠나보내고 냉소만 남았을 때, 더는 상처받지 않기 위해 기대를 접었을 때 엉뚱

---

* 홍명교, 『사라진 나의 중국 친구에게』, 빨간소금, 2021.

하게도 그는 중국을 찾았다. 그리고 사회주의가 지배자의 언어로 둔갑했다는 곳에서 젊은 저항자들을 만나고, 새로운 희망을 봤다.

1년 동안 저자가 만난 중국 청년들은 "송곳 같은 사람들"이었다. 그들은 베이징 노동자의 집에서 농민공이 당당한 주체로 설 수 있게 문화운동을 벌이고, 국가와 자본으로부터 독립된 해방구를 만들고자 끊임없이 모임을 결성했다. 마르크스주의 학회를 탄압하는 당국에 마르크스주의로 맞서고, 남방까지 내려가 기층 공회(노동조합)의 민주화를 요구하는 노동자들의 투쟁에 연대하고, 미투운동에 동참하며 대학과 일터에 만연한 성차별·성폭력에 저항했다. 냉소, 경멸, 포기에 익숙해진 저자에게 "동아시아 송곳들의 지구전"을 시작하자는 열망을 불러일으킨 이 저항자 다수는, 안타깝게도 중국 당국의 탄압으로 행방이 묘연한 상태다.

저자를 포함해, 이 책 등장인물들의 삶은 오늘날 한국의 정치적 아수라를 돌아보게 한다. 민주화 이후 사회운동이 급속히 주류화·제도화·사업화된 뒤로, '대세' 운운하며 급진적인 해방의 요구들을 시대착오로 매도해버린 뒤로, 비판의 언어를 지식인의 자족적인 동굴 안에 가둔 뒤로 과연 무엇이 남았는지를 말이다. 시대와 불화하는 소수는 한국에서도, 중국에서도 외롭지만, 결국엔 이들이 역사의 경로를 비틀고, 새로운 역사를 만든다.

　『사라진 나의 중국 친구에게』는 세련된 글쓰기나 탄탄한 구성을 갖춘 책이 아니어도 독자를 사로잡을 수 있다는 것을 담담하게 보여준다. 중국과 한국을 대척점에 두기보다 영토로 구획되지 않는 현장들의 마주침에서 가능성을 발견하고, 청년을 시대의 환부로 단언하는 대신, '송곳'으로 남기를 선택하고 치열하게 분투하는 저항자들을 전면에 등장시킨다. 현장이 책이 되고, 책은 다시 운동이 되었다.

탁월함의 역설

　장류진의 단편 「일의 기쁨과 슬픔」을 읽었을 때 은어가 난무하는 저들 세계의 스타트업을 이토록 시시콜콜하면서 재밌게 그려냈다는 데 놀랐다. 첫 장편 『달까지 가자』도 주인공 다해와 저밖에 모르는 남자 팀장의 외근 에피소드로 시작한다.* 회사 잘근잘근 씹기가 이 작가의 주특기인가 생각하며 페이지를 몇 장 넘기던 차에 '이더리움ETH'이라는 낯선 단어가 등장했다. 블록체인 기술을 기반으로 한 비트코인 정도는 귀동냥으로 알았지만, 암호화폐가 비트코인 말고도 많다는 사실, 블록체인 위에서 제삼자의 개입 없이 계약이 이행될 수 있게 설계된 플랫폼 이더리움이 암호화폐로도 통용된다는 사실엔 무지한 터였다. 하지만 그런 걸 알든 말든 이상하게 빠져든다. 회사 동료 은상의 기계적인 설명에 "이게 대체…… 무슨 소리야?"(44)라

---

*　장류진, 『달까지 가자』, 창비, 2021. 이하 인용 쪽수는 괄호로 표기.

며 난감했던 다해와 지송이 종국엔 "가즈아"를 외쳤듯이. 내가 소설을 읽는 건지, 손에 땀이 흥건해져선 여성 청년 3인방의 전력 질주를 응원하고 있는 건지, 아니면 '떡상'의 순간을 고대하며 스스로 업비트를 깔기 일보 직전인 건지…… 주체하기 어려운 흥분에 휩싸였다.

그렇다고 단숨에 독서를 끝낸 것도 아니다. 이더리움의 창립자 비탈릭 부테린부터 암호화폐 관련 뉴스, 이 세계의 각종 은어까지, 주워 담을 정보가 제법 많았다. 돌이켜보면 소설을 이런 식으로 읽은 적은 거의 없다. 작가가 설명해주는 딱 그 수준만 알아도 족했다. 하지만 뒤로 갈수록 사정이 달라졌다. 다해가 2017년 5월 5일 처음 구매한 이더리움의 가치(1ETH)는 14만 9980원이었다. 이야기가 중반에 접어들면서 그래프 곡선이 꺾이나 싶었는데, 잠시 주춤하던 가격은 다시 급격히 오르기 시작했다. 2018년 1월 8일 1ETH가 200만 원을 찍었을 땐 은상과 다해가, 1월 10일 238만 원을 찍었을 땐 지송이 코인을 전부 매도하고 '익절'했다. 실제 2015년 7월 첫선을 보였을 때 1만 원 안팎이던 이더리움 가격은 2018년 7월 정점을 찍고 급락했다가 2020년 말부터 급상승해 2021년 5월 500만 원을 돌파하며 최고가를 경신했다. 작가가 친절히 정리해준 대로, 가장 먼저 시작한 은상은 33억, 다해는 3억 2000만 원, 언니들의 "추한" 숫자놀음에 짜증만 내다 뒤늦게 작심하고 무섭게 달려든 지송은 2억 4000만 원을 벌었다.

책을 읽다 세 가지 사실에 동요했다. 첫째, 이 모든 사건이 소설 속 인물들뿐 아니라 지구상의 어떤 사람들에게 실제 발생한 일이라는 점. 금융자본주의의 파괴력에 관심이 붙들린 나머지, 기업가, 노동자, 실업자 다수가 투자자, 도박자로 살아가는 일상에 내 시선이 별반 가닿지 못했던 건 아닐까. 둘째, 빈곤과 노동을 연구해온 내가 급등락을 반복하는 살벌한 투기 게임을 문제 삼는 대신 도박자 시민들의 질주를 응원한 점. 다해 한테 이더리움의 세계로 들어오길 권하며 "솔직히 우리한텐 이제…… 이것밖에 없어"(101)라고 말했을 때, 은상은 내 경각심마저 무너뜨리고 나를 제 편으로 만들었다. 로켓 타고 달까지 가자는 도박자의 욕망과 기를 쓰고 노력해도 한 보 앞을 내딛기 어렵다는 절망이 이렇게 겹치다니.

그런데 세 번째 동요는 달뜬 채 코인 관련 사이트를 뒤적이던 나를 주춤하게 했다. 같은 시기 우리가 너무도 다른 세계에서 살았다는 점. 다해와 은상이 아침에 눈 뜨자마자 휴대전화부터 확인하고, 출근하자마자 메신저부터 접속해서 이더리움 세계의 불안과 환희를 공유하던 바로 그 시기에, 나는 '이더리움'이란 단어를 만나지 못한 채 연구하고 글을 썼다. 내가 팔자 좋은 정규직 교수라 그랬다면 나 말고 다른 수많은 시민을 살펴도 좋겠다. 2017년 5월부터 2018년 1월까지, 거대한 불평등이 개개인을 압도했던 시대의 한 마디에도 여느 때처럼 시위, 청원, 고발, 연대가 얼마나 많았는지, 개인들이 얼마나 다채로운 방식으로 꿈틀거렸는지 말이다. 모든 절박한 시민이 코인 동굴로 향하진 않았고, 많은 이가 그럴 생각도 없었다.

"통제는 우리가 그것과 공모하는 한에서만 작동한다."* 『달까지 가자』의 서사는 마크 피셔가 '자본주의 리얼리즘'이라 부른―자본주의가 유일하게 존립 가능한 체제이고 다른 대안은 불가능하다는 널리 퍼진―감각에 기생하고, 불을 지핀다. 작가도, 이 책에 매료된 나도 여기에 달달하게 공모하다 찜찜한 뒷맛을 잠시 느낄 뿐 다른 출구 찾기를 포기한 것은 아닐까. (제 발로 코인 동굴로 향하는 것 외에 달리 남은 선택지가 없는 듯 보일 만큼) "우리 같은 애들"의 비루한 삶을 집요하고 생생하게 그려내는 작가의 탁월함은 이 소설의 매력이자 독이다.

J곡선이 아름다운 이유

"난 이게 우리 같은 애들한테 아주 잠깐 우연히 열린 유일한 기회라고 생각해."(102) 은상이 다해한테 이더리움 투자를 권하

* 마크 피셔, 『자본주의 리얼리즘』, 박진철 옮김, 리시올, 2018, 47쪽.

면서 건넨 말이다. 비슷한 시기에 마론제과라는 꽤 알려진 기업에 입사한 다해, 은상, 지송은 '우리 같은 애들'이란 말로, 자조 섞인 우애를 다져왔다. 때로 이 표현은 '입사 이래' M(Meet requirement, 요구 충족) 등급만 받아온 "무난이들"로, 비공채 출신 3인을 뜻하는 "B03"라는 그룹 채팅방 이름으로 약간씩 변주된다. 마론제과에서 아르바이트를 거쳐 인턴을 한 다해는 다른 회사에도 지원했지만 전부 탈락한 채 마론의 정규직 전환 프로세스에 도전해 입사했다. 은상은 완전 신입도 경력직도 아닌 '2년 차 이직'으로 알려져 있다. 지송이 무기 계약직 OO(오피스 오퍼레이터)임은 나중에 밝혀졌는데, 그는 고등학교 졸업 후 작은 사업장에서 경리로 일하다 회계팀 사원들이 줄줄이 퇴사하면서 급하게 수시로 채용됐다. 공채가 아닌 '애매한' 경로로 입사한, 그래서 "'근본'이 없다"(26)고 취급받는 셋을 회사는 입사 동기로 묶었다.

　　다해, 은상, 지송은 이렇게 '동기'가 되었고, 금세 '친구'가 되었다. "같은 회사에 다녀도, 비슷한 월급을 받아도, 결코 같은 세계를 살고 있지 않다"(103) 공통의 소외 감각이 우애의 원천이었다. 학창시절을 보낸 동네, 출퇴근 방식, 주말의 여가생활, 부모의 배경…… 회사 동료 간에 잡담으로, 덕담 삼아 오가는 모든 얘기의 주제 앞에서 이들은 작아졌지만, "같은 부류"(103)인 서로에겐 당당했다.

우리의 일상은 아무리 탈탈 털어도 부모가 대졸자라거나, 더 나아가 공무원이라거나, 전문직이라거나 즉 경제적인 지원을 받을 수 있는 형편이라는 정보값은 없었다. 대신 여러 가지 이유들로 집안에 빚이 있고, 아직 다 못 갚았으며, 집값이 싸고 인기 없는 동네에 살고, 주거 형태가 월세이고 5평, 6평, 9평 원룸에 살고 있다는 공통 정보가 나왔다. 나는 이 사람들을 마음 놓고 편히 좋아할 수 있었다.(105~106)

"우리 같은 애들"에겐 회사도, 집도 "지긋지긋"하다. 공정하지도, 합리적이지도 않은 회사에선 도무지 미래가 보이지 않는다. 새로 오픈한 유명 카페의 드립커피를 기어코 마시겠다고 고집을 부리다 미팅에 늦을 뻔하고, 함께 뛰던 다해가 커피를 엎질렀을 때 노트북부터 걱정하던 팀장은 이 세상에 "의외로 상식적인 사람은 굉장히 드물다는 것"(131)을 깨닫게 한다. 집에 돌아와 커피 얼룩 묻은 옷을 벗어던지고 신나게 샤워하며 짜증을 식히던 찰나, 화장실에서 출발한 물거품은 이미 방 끄트머리 침대까지 흘러 이불을 적셨다. 현관과 방, 방과 화장실 사이의 "턱, 그 당연한 게 우리 집엔 없었다".(63) 분리형 원룸이나 투룸으로 이사할 가능성은 실낱같고, 이사할 집을 찾다 원룸 안에 침대를 따로 넣을 수 있는 보너스 공간을 발견했을 때, 다해는 작디작은 것에 강박적으로 몰두한다. "나는 1 말고 1.2를

원했다. 그 추가적인 0.2가 내게는 꼭 필요했다."(73)

내일이 오늘보다 전혀 나을 것 같지 않은 때, 인생이 구질구질한 게 당연하고 무엇을 감히 더 바라는 게 사치로 느껴져 억울하고 서글픈 마음조차 잦아들던 때, 다해는 은상이 건넨 이더리움 차트의 'J곡선'을 보았다. 오르락내리락 반복하다 별안간 치솟으며 급하게 우상향 중인 J커브. 돈에 순수하게 미쳐 불법도 마다하지 않는 은상 언니를 믿어도 되나 고민을 거듭했지만, 다해는 "우리 같은 애들한테 아주 잠깐 우연히 열린 유일한 기회"를 받아들이기로 작정한다. J곡선은 "내게 절실히 필요한 것"(95), 벼랑 끄트머리에서 발견한 "믿을 수 없을 만큼 아름다운 곡선"(90)이었기 때문이다.

1990년대 외로운 언니들과 너무도 다른?

이더리움 가격이 예상치를 훌쩍 뛰어넘어 계속 오르면서, 다해는 인생의 가능성이 새롭게 열리는 감각을 느꼈다. 탈 많았던 제주 여행을 계기로 지송마저 이더리움 세계에 뛰어들면서 세 여성은 가상화폐를 매개로 더 긴밀하게 소통한다.

이들이 서로 간에, 그리고 세상과 관계 맺는 방식의 독특함은 2020년에 개봉한 영화 「삼진그룹 영어토익반」과 비교하면

좀더 도드라진다. 영화에서도『달까지 가자』에서처럼 젊은 직장 여성 3인방이 등장하는데, 여상 출신 계약직 직원 자영, 유나, 보람의 업무 환경은 상당히 열악하다. 남성 사원 개개인의 기호에 맞춰 커피를 타다 바치는 게 일과의 시작이고, 실력을 발휘할 만한 기회라곤 없이 사무실 잡일을 도맡는다. 토익시험 600점 이상을 받으면 대리가 될 수 있다는 공고를 본 순간, 진급 자체가 불가능했던 여직원들은 회사 영어토익반에 모여 결의를 다진다. 세계화가 국가 비전이 되고, 전국에 영어 교육 열풍이 불던 1990년대 중반의 일이다.

시대를 고작 20여 년 거슬러 올라갔을 뿐인데 언니들의 불공정한 세상은 긍정의 에너지로 충만하다. 결혼하면 내쫓기는 신세인데도 커리어우먼의 꿈을 좇고, "오늘도 파이팅" "어제의 나보다 더 성장하자"며 활기차게 주문을 건다. 회사가 무단으로 페놀을 방류했단 사실을 알게 된 자영은 검사서 확인차 들른 '신림동 S대'에서 부조리한 세상에 적응하기보다 행동해야 한다는 대자보를 읽게 되고, 내부고발의 위험을 무릅쓰기로 한다. 친구 유나와 보람, 그리고 토익 수업을 함께 듣던 다른 여직원들까지, 나중에는 사태를 봉합하는 데 급급했던 남성들까지 글로벌 캐피털에 맞서 연대하고 싸운다. 회사 매각 음모가 들통난 외국인 사장을 향해 자영은 우렁찬 어조로 토익반에서 배운 영어를 뽐낸다. "There is no impossible because we are great!"(불가능은 없습니다. 우린 위대하니까요!)

다해가 마론제과 동료들을 '우리'라 부르는 풍경을 상상할
수 있을까? 1990년대생 '요즘 애들'에게 별별 걸 기대하는 팀
원들을 "지겨운 저 표정들"(278)이라 부르는 공간에 연대라는
언어가 비집고 들어갈 틈은 좁아 보인다. 삼진그룹 언니들의
싸움이 있고 20여 년 뒤, "어제의 나보다 더 성장"해봤자 보상
이 없단 걸 깨달은 동생들은 세상의 부조리, 회사의 비리 같은
거창한 이슈에는 별 관심이 없다. 점심시간 3분을 더 썼다고 화
를 낸 팀장이 정말로 못마땅해하는 게 "아랫사람인 내가 고분
고분한 태도를 보이지 않는 것, 자신의 나이와 경력과 그로 인
한 권위를 세워주지 않는 것"(59)임을 간파할 만큼 영민하지만,
회사욕을 맘껏 하기 위해 가까운 스타벅스 대신 커피빈을 찾
고, 팀장에게 "말투라도 얄밉게 해서 열이라도 받게"(61) 하는
깐죽거림에서 잠깐의 통쾌를 느낄 뿐이다.

영화에서 출산 후 해고된 전 상사가 이 회사가 뭐가 좋다고
이리 개고생을 하냐 물었을 때, 자영은 단순히 돈을 위해 이곳
에 있는 게 아님을 강조했다. "……저는 제 대부분의 시간을 보
내는 이곳에서의 일이 좀 의미가 있었으면 좋겠어요. 그 일이
사람들에게 좀 도움이 되었으면 좋겠고." 반면 소설 속 다해는
회사 가면 좋은 점을 단 하나라도 떠올려보기 위해 애쓰다가
해외 출장 다녀온 옆 부서 팀장이 나눠준 바나나빵을 간신히

생각해낸다. 마트 계산원으로 일하는 엄마가 마론제과 초코밤을 발견하고 "우리 딸 참 능력 있구나, 우리 딸이 이렇게나 사회에서 필요로 하는 존재구나"(345) 하는 생각이 들었다고 말했을 때, 엄마의 기대를 저버리지 않았다는 데서 잠깐 의미를 만지작거렸을 뿐이다.

그렇다고 마론제과 '무난이들'의 삶에서 긍정의 기운이 모조리 사라진 것은 아니다. 기쁨과 활력을 유발하는 매개는 이제 회사에서 이더리움으로 바뀌었다. 이더리움의 세계는 열정, 긴장, 흥분이 들끓는다. 자영, 유나, 보람이 글로벌 기업 사냥꾼으로부터 회사를 지키기 위해 "아이캔두잇, 유캔두잇, 위캔두잇!"을 합창했다면, 다해, 은상, 지송은 돈이라는 단 하나의 목표를 향해 "존버! 가즈아! 달까지! 투 더 문!"을 외친다.

여성들 간의 우애와 친밀성도 사라지지 않았다. 다만 삼진그룹의 당찬 언니들이 모종의 대의를 위해 의기투합하고, 권위주의적인 남성들과도 손을 잡은 데 반해, 다해·은상·지송은 "같은 부류"라는 데서 서로에게 안전감을 느꼈고, 관계를 넓힐 생각이 없었으며, 지긋지긋한 현 상태로부터의 탈출을 함께 도모하고 격려하면서 서로 더욱 끈끈해졌다. "영양가 없이" 타이완 대학생과 연애한답시고 없는 형편에 비행깃값을 축내는 지송에게 은상이 정신 차리라고 끈질기게 충고하고, 뒤늦게 가상계좌를 연 지송에게 "우리 같이 가보자"라며 이더리움 스무 개를 쏴주는 장면, 그걸 본 다해가 "나도 한 세 개만 주면 안 되나?" 잠깐 욕심을 부리다 은상 언니를 "세상에서 제일 멋있는 사람"으로 치켜세우는 장면(239)에서 우리는 가상화폐를 매개로 한 친밀성의 공동체를 엿본다. 이더리움 투자로 번 돈으로 함께 여행하고, 이더리움이 최고가를 경신하자 (달까지 가는) 로켓 이미지 타투를 함께 시술받고, 이더리움 그래프를 보며 함께 새해를 맞고, '익절' 후 함께 자가용 뽑고 고속도로를 나란히 질주하면서, 세 여자는 "우리 같은 애들"이란 자조적인 웅크림에서 벗어나 미래가 현재보다 더 나을 수 있다는 꿈을 꾸기 시작한다.

　이 점에서 다해가 회사에 남기로 선택한 점은 의미심장하다. 이더리움에 투자해 번 돈으로 전셋집을 구하고 월세와 이자에서 해방된 후, 그는 처음으로 "회사에 다니는 게 예전처럼 싫지만은 않다"는 생각을 하고, 짜증이 나도 자신의 자리가 있다는 데 안도감을 느낀다. 1990년대 세 여성이 토익 600점을 통과해 대리 진급에 성공하고 바랐던 직무를 수행하는 모습으로 영화가 끝나는 것과 대조적으로, 『달까지 가자』는 다해가 다이어리에 눌러쓴 짧은 글귀로 마무리된다. "일단은, 계속 다니자." 회사를 계속 다닌다는 결정이 이다지도 특별한가? 1990년대 언니들이 숱한 성차별에 낙담하지 않고 회사에 남고자 분투했다면, 다해는 회사를 계속 다녀야 할 의지 자체를 갉아먹는 요소들과 대면하느라 진을 뺐다. 내일이 오늘보다 더 나을 수 있다는 확신이 생기고 나서야 이 부식은 멈췄다.

누가 감히 토를 달까?

삶의 지향과 관계 맺기의 방식이 사뭇 다른「삼진그룹 영어토익반」의 자영, 유나, 보람과『달까지 가자』의 다해, 은상, 지송을 각각 1990년대와 2010년대 여성 청년으로 유형화하고, 양자를 비교하고 싶은 유혹에 끌린다. 이런 대비는 청년 세대론을 '요즘 애들'이란 식의 세태론으로 귀결시키고 만—후자에서 숱하게 반복되어온—결론에 자연스럽게 합류할 것이다. 짱돌을 들지 않는 청년, 정의보다 공정에 집착하는 청년, 생존에 강박적으로 몰두하는 청년 등등. 하지만 영화든 소설이든 작가가 창조해낸 인물상을 시대의 대표 형상으로 범속하게 만드는 데는 신중할 필요가 있다.

내가 좀더 주목하고 싶은 것은 두 작품 모두 최근의 작업이라는 점, 그리고 통계나 리뷰를 살피건대 (다른 연령대보다) 20~30대 여성에게 더 큰 호응을 받았다는 점이다(『달까지 가자』는 30대 여성의 구매 비율이,「삼진그룹 영어토익반」은 20대 여성의 관람 비율이 더 높긴 했다). 달리 말하면, 현재 대한민국에서 살아가는 청년 여성들이 공정에 민감하다고 해서 정의에 무관심한 것도 아니고, 돈에 대한 애착도 깊지만 '의미' 있는 삶에 대한 고민도 많으며, 비슷한 '우리'끼리의 결속도 강하나 우리 '바깥'에 대한 호기심과 염려도 있고, '퇴사'란 단어를 입에 달고 사는 한편 일에서 가치를 찾고 싶은 바람도 크단 얘기다. 『달까지 가자』가 매력적이면서 독성이 강하다고 생각했던 까닭은, 전자의 풍경을 너무 세세하고 생생하게 소묘한 나머지 후자의 풍경, 1990년대뿐 아니라 지금 시기에도 여전히 많은 사람의 삶을 가로지르는 열망을 떠올릴 수조차 없게 만들었다는 점 때문이다.

이 책에서 은상은 "돈도, 자기 좋다는 사람한테 가는 거야"(332)라는 명언을 남겼는데, 다해가 돈에 대한 은상의 집착을 얘기할 때 곧잘 쓰는 단어들('순수' '솔직' '진심')은 (작가의 의도와 상관없이) 돈에 초연하거나 별반 관심이 없는 사람들을 인위적이고 위선적인 부류에 위치시킨다. 정부의 부동산 정책 실패를 두고 일부 미디어가 '벼락거지' 운운하고, 공공개발을 자기 재산을 지키고 불리려는 인간 '본성'에 역행하는 정책인 양 비난하면서, 집을 투자 대상으로 생각하지 않는 많은 시민을 공론장 바깥으로 추방하듯 말이다. 자신의 사회적 자리를 만드는 작업은, 낯선 타인과의 교감은, 가상화폐로 '떡상'하듯 단번에 '점프'하지 않고는 정말 요원한 걸까?

세 여성이 J곡선에서 절정의 아름다움을 엿보기까지 경험한 답답함, 이더리움과 접속한 뒤 새롭게 맛본 행복에 설득력을 심기 위해 작가가 배치한 장치들은 섬세하고 강렬하게 오감을 자극한다. 이더리움으로 큰돈을 번 은상이 '쏜' 제주 여행은 황홀했다. 그의 고급 트렁크는 "스르륵" 소리를 내며 "피겨스케이팅 선수가 빙판에 들어설 때처럼 부드럽고 우아하게 미끄러졌다".(177) 제주 호텔의 웰컴 샴페인은 "코르크 마개를 따는 경쾌한 소리, 병목에서부터 잔으로 와인이 꼴꼴꼴 넘어가는 소리, 탄산이 공기를 만나 내는 파도 소리"를 모두 품고 있었다.(182) 수영장 물은 "아주 차지도 미지근하지도 않게 적절"했고(186), 방 커튼이 자동으로 젖혀지며 펼쳐진 에메랄드빛 바다는 "어디에서도 본 적이 없"는(185) 전경이었다. 아침에 햇볕이 전혀 들지 않는 방에서 줄곧 살아온 다해는 "'아침 햇살에 눈을 떴다'라는 말"의 자연스러움을 처음 실감했다(196).

이 행복을 누가 감히 흠집 낼 수 있을까? 아무리 노력해도 "늘 전보다는 조금 나았고 또 동시에 조금 별로"인 상태에 마모되어 "대체 무엇을 감히 더 바랄 수 있을까"(98) 자문했던 청년이 이더리움과 접속한 뒤 처음 맛본 도약, 그 해방의 감각에 누가 감히 토를 달까?

이 소설의 탁월함은 역설적이다. 필체의 생생함, 구성의 정교함이 소설 속 여성들을 자기 자신, 자기 가족, 자기 친구 외에는 누구도 돌볼 수 없는 삶, 자신의 진창뿐 아니라 타인의 고통 또한 돌아보길 감히 요청할 수 없는 삶으로 만들었다. 다해

334

가 이더리움으로 빚을 갚고 홀가분한 걸음으로 주말에 찾은 회사 사무실은 스스로 느끼기에도 제법 괜찮다. 조용하고 쾌적하다. 공짜 커피머신도 있고, 에어컨도 쉼 없이 가동 중이다. 엉덩이에 딱 맞는 푹신한 방석에 앉아 커다란 창으로 서울 전경을 바라볼 수도 있다. "일단은, 계속 다니자"라고 결심한 그를 나는 진심으로 따뜻하게 안아주고 싶다. 하지만 평생 그 사무실 건물을 기웃거리지조차 못할 사람들, 건물 바깥에서 거친 숨을 내뱉으며 간신히 한 보 내딛는 사람들, 그들이 죽지나 않을까 숨구멍에 귀를 기울이는 사람들도 한 번쯤 쳐다볼 기회가 있기를, 작가의 섬세한 언어가 언젠가 그들 삶에도 가닿을 수 있기를 감히 바라본다.

송이버섯 냄새를 맡자. 그다음은?

"삶이 엉망이 되어갈 때 여러분은 무엇을 하는가? 나는 산책을 한다. 그리고 운이 좋으면 버섯을 발견한다."* 언론에서 이 책을 소개할 때마다 「프롤로그」의 첫 문장이 등장했다. 확실히 매혹적인 문장이다. 삶이 엉망진창일 때 보통은 '잠수'를 타는 나도 설레었던 문구다. 확신이 없어도 여전히 바랄 무언가가 있다는 건 축복이다. 그것이 새로운 길잡이가 된다면 더더욱. 저자가 잠시 흘리고 지나친 이야기들을 서평 담당 기자들은 재빨리 주웠다. 1945년 히로시마가 원자폭탄으로 파괴된 후 아비규환의 풍경 속에서 처음 등장한 생물이 송이버섯이었다거나, 1991년 소련이 무너지자 정부 지원이 끊긴 수천 명의 시베리아인이 버섯을 따러 숲으로 달려갔다는 이야기. 2023년 가을 기후정의행진에 운집했던 3만 시민도 그런 이야기를 발견하고

---

* 애나 로웬하웁트 칭, 『세계 끝의 버섯』, 노고운 옮김, 현실문화 2023, 21쪽. 이하 인용 쪽수는 괄호로 표기.

336

싶지 않았을까. 우리 것인 줄만 알았던, 질서 있게 통제된 세계가 실패작으로 판명 났을 때 여전히 할 일이 남았다는 이야기. 산책하다 운이 좋으면 버섯을 발견하고, 그 버섯이 당신을 다른 세계로 인도할지도 모른다는 이야기를.

그래서였을까. 애나 칭의 책 『세계 끝의 버섯』은 여름 끄트머리에 번역 출간되자마자 중쇄를 거듭했다. 미국에서 나온 지 8년이 지난, 500쪽이 넘는 인류학 전문 학술서가 누린 대중적 인기가 예사롭지 않다. 캘리포니아대학 산타크루즈 캠퍼스 인류학과 교수로서, 일흔을 넘긴 그가 인류학계에 남긴 거대한 자취는 한국 독자들에게 많이 알려져 있지 않다. 국내에 번역되지 않은 『다이아몬드 여왕의 왕국에서 In the Realm of the Diamond Queen』(1993)와 『마찰 Friction』(2004)은 인도네시아 숲을 중심으로 각각 주변성 marginality과 글로벌라이제이션의 문제를 날카롭게 해부한 역작이다. 『세계 끝의 버섯』이 자랄 수 있도록 잔뿌리를 내어준 소나무들이기도 했다. 하지만 인류학자로서 저자의 업적을 계보화하지 않더라도, 이 책을 집어 든 독자들이 감당해야 할 부담은 차고 넘친다. 칭이 여러 인류학자와 '마쓰타케 월드 리서치 그룹 Matsutake World Research Group'을 만들어 협업하고, 7년 동안 송이버섯 시즌마다 미국, 일본, 캐나다, 중국, 핀란드로 이동하면서 만난 행위자의 목록을 헤아리기조차 버겁다. 채집인, 과학자, 산림 관리인, 송이버섯 무역업자 등 인간 행위자는 물론, (이 책에서 중간마다 삽화로 등장하는) 곰팡이 포자, 빗방울, 균근菌根, 버섯 등 비인간 행위자를 따라가다 보면 번번이 길을 잃는다. 곰팡이가 형성하는 네트워크에서 글로벌 공급사슬의 역사까지, 송이버섯을 둘러싼 다양한 배치를 따라가는 것만으로 숨이 찬다.

이렇게 고된 독서를 한국 독자들이 자청하고 있다. 거금을 들여 '벽돌책'을 구입하고, 온라인 서점에 번역해준 데 감사하다는 댓글을 정성껏 남긴다. 알라딘 김경영 MD가 이 책에 바친 찬사대로 "황폐화된 시대의 상상력"을 채집하는 일이 그토록 간절했던 걸까? 인류학자인 내게도 쉽지 않은 독서였다. 자연과 문화를 대립적으로 보던 시대에 훈련받은 문화인류학자에게 인간과 비인간 생명의 얽힘을 따라가는 다종multi-species 인류학은 결코 만만한 대상이 아니다. 오래전 원서로 읽다 칭이 생물학 지식을 엮어가며 곰팡이를 추적하는 부분에서 좌절한 적이 있는데, 한국어 번역본을 읽다 다시 머리가 지끈거렸다.

희한한 점은, 페이지를 넘기다 보면 긴장한 채 시작한 독서가 어느덧 감각적인 율동이 된다는 것이다. 숲에서도 책에서도, 송이버섯은 나보다 멀리 이동하고, 예상치 못한 곳에서 갓을 드러낸다. 저자의 행보도 버섯만큼 오리무중이다. 무수한 세계를 펼쳐놓고는 '끝맺음에 반대하며' 책을 마무리한다. 나는 결국 알 수 없는 방향과 리듬에 몸을 내맡기기로 한다. 중간에 흐름을 놓치면 쉬었다 다시. 이 책 「인터루드」(막간) 장들의 제목대로, '냄새 맡기' '추적하기' '춤추기'를 계속한다. 송이버섯도, 저자도, 나도, 그리고 이들과 다른 수많은 생명체가 존재하는 공간도 모두 불확정성에 둘러싸여 있다. 존재들의 마주침이 비참을 더할지, 예기치 못한 가능성을 움트게 할지 당장은 알 수 없다. 이 공간에서 칭이 곱씹는 주제는 다름 아닌 자본주의다.

비/자본주의적 공급사슬

칭이 보기에, 오늘날 자본주의를 분석하는 비평가 대부분은 이 체제의 통일성과 동질성을 당연시하면서 종말론을 부추긴다. 그는 자본주의 '제국' 바깥을 부정한 네그리와 하트를 대표 인물로 소개했으나, 내가 보기에 자본주의의 삶정치적 생산에서 위기이자 기회를 포착하고*, 심지어 사랑을 삶정치적 사건으로 재해석한 이들은 적어도 유쾌함을 잃지 않았다. 자본주의에 대해 "대안을 상상하는 것조차 불가능하다"**는, '자본주의 리얼리즘' 감각의 전방위적 확산을 경고했던 마크 피셔는 어떤

---

* 자본주의적 생산은 "사회적 관계와 삶의 형태들을 점점 더 그 결과물로 산출하고 있다는 점에서" 삶정치적이다. 네그리·하트, 앞의 책, 197쪽.

** 피셔, 앞의 책, 11~12쪽.

가. 영국인들 사이에서 반성적 무기력과 우울증적 쾌락이 팽배한 현실에 절망했던 그는 스스로 생을 마감했다. 한 학술지 특집호 주제로 '투기speculation'를 다루면서 로라 베어가 전면에 내세운 질문—"자본주의가 자기비판을 통해 재창조되는 마당에 그것을 비판하는 게 어떻게 가능한가"—에도 우울이 배어 있다.* '좌파 멜랑콜리'의 공기가 어찌나 만연한지, 미셸 페어는 "우울이 언제나 좌파의 전유물이 아니었다"라는 문장으로 제 책을 시작했다.**

칭은 경제적 다양성의 존재를 무시하는 자본주의 비평을 거부하지만, 그렇다고 다양성을 환기하며 섣불리 희망을 찾는 흐름도 경계한다. 대표적으로 J. K. 깁슨-그레이엄은 자본주의를 난공불락의 괴물로 만드는 서사에 반대하면서, 자본주의 세계의 중심 어디서나 소위 '비자본주의적' 형식이 발견된다는 점을 지적했다.*** 깁슨-그레이엄은 자본주의의 대안으로서 이러한 형식에 주목하지만, 칭은 자본주의가 비자본주의적 요소들에 의존하는 현실을 파고든다.

전술한 두 경향과 거리를 두면서, 이 책에서 저자가 제안한

---

* Laura Bear, "Speculation: A Political Economy of Technolog-ies of Imagination", *Economy and Society* 49(1), 2020, p. 2.

** 미셸 페어, 『피투자자의 시간』, 조민서 옮김, 리시올, 2023, 7쪽.

*** 국내에 번역 소개된 저서 『그따위 자본주의는 벌써 끝났다』(2013)와 『타자를 위한 경제는 있다』(2014)를 참고하기 바란다.

두 개념은 '구제salvage'와 '주변자본주의적pericapitalist' 장소다. 자본주의적 통제를 받지 않고 생산된 가치가 자본주의적 수익으로 전환되는 과정이 '구제 축적'이라면, 이 축적이 활발히 일어나는 자본주의의 내부이자 외부인 장소들을 칭은 '주변자본주의적'이라고 부른다.

칭을 따라 미국 오리건주 산맥을 올라보자. 그곳의 송이버섯 채집인들은 매일 밤 구매인들에게 버섯을 파는 과정에서 (후술할) '자유'를 공연한다. 그가 만난 프리랜서 채집인 중 누구도 송이버섯으로 얻는 돈을 제 노동에 대한 대가로 생각하지 않았던바, "때때로 정말 중요하게 교환되는 것은 자유이며, 버섯과 돈이라는 트로피는 자유 수행의 연장선에 존재하는 증거처럼 보였다".(143) 하지만 채집인의 손을 떠나 현장의 구매인·중개인을 거쳐 대규모 구매업자에게 전달된 송이버섯은 더 이상 '트로피'가 아니다. 구매업자의 창구에서는 버섯에 아무런 관심이 없는 시간제 호출 노동자들이 새로운 분류자로 등장한다. 이들은 생산 과정은 물론 자신이 생산한 사물로부터도 소외된 고전적 의미의 프롤레타리아트다. 버섯의 역사에 관한 지식도 관심도 없으므로 그것을 수출 상품으로, 재고품으로 변형시키는 데 최적이다. 그런데 재고품으로 전락한 송이버섯은 공급사슬의 종착지인 일본에 도착하면서 다시 운명이 바뀐다. 일본에서 송이버섯의 가치는 개인적 유대를 만드는 힘에서 나오기 때문에, 중개를 맡은 도매업자는 자신이 취급하는 버섯에 담긴 관계의 속성을 찾고, 특정 구매인과 버섯의 자연스러운 중매가 이루어지도록 "번역의 마법"을 발휘한다. 송이버섯 상품이 비싼 선물이 된 것이다.

우리가 칭과 함께 따라간 송이버섯의 공급사슬에서 경제를 틀 짓는 단일한 합리성은 보이지 않는다. 합리화가 중요한 게 아니라고 그는 역설한다. 핵심은 자본주의적·비자본주의적 경제행위가 다양하게 교차하면서 구제 축적이 발생하는 주변자본주의적 장소들을 연결해내는 '번역' 작업에 있다. "차이가 존재하는 장소를 교차하며 행해지는 번역이 바로 자본주의다."(119) 오리건주의 숲에서 구매업자의 대형 창고를 거쳐 일본 고급 식당에 도착하기까지, 송이버섯은 배치를 달리하며 변화를 거듭한다. 마침내 귀한 송이버섯 선물을 주고받는 일본인들 사이에 귀한 관계가 형성된다. 동시에 어떤 관계는 말끔히 잊힌다. 오리건주의 생태적 환경도, 자유를 향한 채집인의 열정도, 분류 노동자의 기계적인 작업도 철저하게 그 풍경에서 사라진다.

'자유'에 오염된 버섯

　오리건주의 채집인들은 왜 송이버섯으로 얻는 돈을 노동에 대한 대가로 생각하지 않았을까? 일본인 중간상인과 소비자에 겐 이미 관심 밖의 주제이나, 칭에게 이것은 자본주의의 구제 축적을 이해하기 위한 핵심 질문이다. 인간과 비인간, 자연과 문화의 얽힘을 탐색하는 다종 인류학은 기존 학문에 뿌리내린 인간중심주의에 대한 중대한 도전이나, 인간 사회 내부의 위계 와 불평등은 물론, 역사와 문화, 종족과 민족 등 인류학이 한 세 기 넘게 다뤄온 주제들을 단순화·주변화한다는 비판을 받기 도 한다. 인류학자로서 칭의 탁월함은, 버섯 곰팡이와 소나무, 송이버섯과 채집인, 동남아시아 난민과 일본계 미국인 사이의 마주침에 감각적으로 두루 열려 있다는 점이다. 30여 년 전 칼 리만탄 숲속의 주변적 삶으로부터 '글로벌'에 대한 문제의식을 벼렸던 인류학자로서, 그는―동남아시아 구릉에 온 듯한 분위 기를 만드는―오리건주 숲 채집인들의 문화를 섬세하게 짚어 낸다.

　밤이 되면, 채집인들은 하루 내내 딴 송이버섯을 들고 '오픈 티켓'에 모여든다. 이들과 구매인들은 교환인지 쇼인지 분간이 안 가는 거래 행위로 서로에게 '버섯 열병'을 전염시킨다. 그런 데 오픈티켓은 도시에서 도망쳐 온 사람들, 전쟁의 유산을 이고 사는 사람들이 어지럽게 뒤섞인 곳이기도 하다. 백인 전역 군인들은 베트남전쟁의 트라우마를 자극하는 군중에게서 벗어 나길 원했다. 미국에서 인종 융합을 이끌었던 복지국가의 유산 을 거부하면서 전통주의자를 자처했다. 반면 전쟁 협력의 대가 로 미국에 정착한 동남아시아 난민들은 미국 입국을 위해 열렬 히 지지한 자유 개념을 "생계 전략으로 번역"해야 했다. 미국의 복지 제도가 급격히 축소되던 1980년대에 시민권자가 된 이들 은 감옥 같은 공공주택에서 빠져나와 산속의 삶이 주는 자유를 찾아 헤맸다. 숲은 이들을 기억 속의 동남아시아로 데려간다. 지난 전쟁의 상처를 치유하는 곳도, 전쟁을 통해 연마한 기술 을 채집에 활용할 수 있는 곳도 숲이다. 한편 경제성장기 미국 의 풍요와 복지를 온전히 누렸던 일본계 미국인들에게 송이버 섯 채집은 이민자 공동체를 살리는 여가 생활의 일부다. 이들 에게 '욕심 많은' 동남아시아 채집인들은 완전한 타인이다. 이 숲이 "아시아인이 오기 전에는" 참 좋았다고 얘기할 만큼.

요컨대, 오리건주 숲에 모인 채집인들에게 자유란 모두가 공 유하면서도 그 의미나 방향은 달리 뻗어 나갈 수밖에 없는 '경 계물boundary objects'이다. "운이 좋으면 버섯을 발견한다"는 「프 롤로그」의 인상적 문구를 희망으로 직역했던 독자라면 이쯤에 서 미궁에 빠졌을지도 모르겠다. 오리건주의 버섯은 '순수한' 채집인들이 '자유'의 숨결을 불어넣는 곳에서 자란 게 아니다.

그것은 "'자유'의 문화적 실천에 오염되어 있었다".(132) 생존자들을 탐욕, 폭력, 환경 파괴의 역사에 연루시키는 '오염된 다양성'이야말로 송이버섯을 출현케 한 힘이다. 기업의 신규 인력 모집이나 규율 없이도 수많은 버섯이 모이고 일본으로 운송될 수 있는 것도 전쟁 경험과 기억이 굴절되면서 다양하게 뻗어나간 자유 서사 덕분이다. 칭은 구제 축적을 찾는 자본가들에게 이 자유의 프로젝트에 주목하라고 말한다. "이보다 더 글로벌 공급사슬에 적합한 참여자가 있을까!"(199)

교란된 숲

칭이 보기에 '오염된 다양성'은 어디에나 존재하며, 필연적으로 불확정성을 낳는다. "우리 '자신들selves'의 진화는 이미 마주침의 역사를 통해 오염되었다. 그 어떤 새로운 협력을 시작하든 간에 우리는 이미 다른 것과 섞여 있다."(67) 다양성은 복잡하고 심지어 추할 때도 있지만, 그 자체가 협력적 생존의 방식을 보여주는 증거다. 인위적인 재배 노력을 거듭 수포로 만든 송이버섯이 오히려 인간이 교란한 숲에서 쑥쑥 자라나지 않던가. 환경 파괴를 기꺼이 견디고, 나무에 영양분을 줘서 척박한 땅에서도 숲이 형성될 수 있게 돕지 않던가.

인간이 교란한 풍경에서 벌어지는 협력적 생존을 이해하려면, 무엇보다 인간이 길들이고 지배할 수 있는 자원으로 자연을 타자화하는 우리의 낡은 습성을 버려야 한다. 풍경은 단순히 역사적 행위의 배경이 아니라, "인간 너머의 드라마"가 펼쳐지는 역동적인 장소다. 칭은 생태학의 통찰을 빌려 와 교란 disturbance에 주목한다. 그 개념이, 많은 생물종이 서로 조화를 이루지도, 정복하지도 않으면서 함께 살아가는 풍경을 드러내고, 더 나아가 풍경의 "핵심 렌즈인 이질성"을 보여주기 때문이다. 숲 관리에 관한 전문적 지식은 글로벌 표준화를 강제하는 듯 보이지만, 칭이 찾아간 일본 중부, 미국 오리건주, 중국 윈난성, 핀란드 라플란드에서 "각 지역의 숲은 서로 다른 방식으로 숲을 '이룬다'".(289) 그리고 "각각의 숲은 상대방의 그림자를 통해 모습을 보인다".(290) 이 광경은 교란이 일어났을 때 삶의 방식이 어떻게 조율되는지, 인간이 교란한 지구에서 어떻게 살아갈지 배울 기회가 된다.

오리건주 캐스케이드산맥으로 돌아가보자. 한때 산업비림으로 명성을 누렸으나 현재는 죽은 나무가 지저분하게 널려 있는 숲에 송이버섯이 나타났다! 칭은 송이버섯과 넓은잎콘토르타소나무(로지폴소나무Lodgepole pine) 사이에 형성된 친밀한 반려 관계가 우연의 결과임을 강조한다. 19세기 이곳을 찾은 정부나 기업은 거대한 폰데로사소나무에 집착해 목재를 베어내기 시작했다. 이후 미 산림청은 산업적 산림 관리제를 도입해 새로운 나무가 자랄 수 있도록 개벌을 추진했으나, 아메리카 원주민의 화전을 포함한 산불을 전면 금지하는 바람에 폰데로사소나무는 더 이상 자라지 않게 됐다. 하지만 바로 이 금지 규정 덕에, 송이버섯 곰팡이가 자실체를 맺을 수 있는 40~50년령의 넓은잎콘토르타소나무가 개벌로 남겨진 빈터에서 무리를 이루며 서식하게 됐다. 교란을 싫어하지 않는 넓은잎콘토르타소나무가 산림청의 실책으로 평가받은 산불 금지 조치로 인해 살아남은 것이다.

반면 일본의 사토야마 회생 프로그램은 '인간에 의해 교란된 풍경은 인간이 사라져야 복구된다'는 통념을 뒤집는 사례다. 일본의 숲도 메이지유신 이후 대규모 벌목이 자행되는 산업비림이 됐으나, 무역회사가 동남아시아 열대림으로 눈길을 돌리면서 경쟁력을 잃고 황무지가 됐다. 숲을 공유지로 이용하던 오랜 전통도 주민들이 마을을 떠나면서 퇴색됐다. 그런데 이 황무지에서 송이버섯이 등장하는 과정은 다른 나라에서의 등장 과정과 사뭇 다르다. 사토야마 프로젝트에선 인간이 숲의 배치 속 일부로서 적극적으로 등장한다. 소농민이 참나무 그루터기에서 싹이 다시 자라나길 바라며 나무를 베어 넘어뜨리고, 이렇게 '움갈이coppicing'된 숲은 밝고 개방적이기 때문에 소나무가 자랄 공간이 생긴다. 교란의 주체로 초대된 소농민이 소나무, 참나무와 활발한 상호작용을 이루면서 다양한 생물종이 다시 등장한다. 주민들은 살아난 생태계와 마을 공동체를 새롭게 접속시킨다. 칭에 따르면, 숲을 회생시키려는 노력은 구원보다는 "소외의 무더기"를 살피는 일이다. "봉사자들은 과정 중에 있는 세계가 어느 방향으로 나아가는지 알지 못하는 상태에서 다종의 다른 존재들과 섞일 때 필요한 인내력을 얻는다."(467)

'숲의 관점'으로 세계를 보자. 인간과 비인간에 의한 세계 만들기의 궤적들을 따라가며 역사를 재발견하자. 이 역사에는 새롭게 추가되는 기록도, 여전히 포착하기 어려운 움직임도 차고 넘친다. 송이버섯은 소나무 뿌리와 결합해 균근 네트워크를 만들 뿐 아니라, 심지어 포자胞子로 날아다닌다. "포자는 분명하게 정의하기 힘들다. 그것이 포자의 품격이다."(403) 칭이 일본의 한 박사로부터 들은 송이버섯 포자의 발아 방식은 독특하다. 인간처럼 다른 반수체의 포자와 짝짓기를 해 완벽한 쌍을 이루는가 하면, (다이몬 교배ダイモンこうはい라 불리는 방식으로) 이미 염색체의 쌍을 이룬 체세포들과 결합하기도 한다. "이것은 마치 나 자신의 팔과 짝짓기 하기로 결정하는 것과 같다. 얼마나 퀴어한가."(425) 그 어떤 '하나'의 곰팡이 균체도 마주침에서 제외된 채 자급자족할 수 없다는 사실, 이 균체가 나무와 다른 생물·무생물, 다른 형태로 바뀐 곰팡이와 역사적으로 합류하는 지점에서 생겨난다는 사실로부터 칭은 세계를 다르게 감지할

필요를 제안한다. 잔뿌리를 내리기 주저하는 과학적 방법론도, 진보적 역사관도 이렇게 "이상하고도 멋진 세상"을 포착하기에는 역부족이다.

역사의 조각보를 덧대기

사실 구제 축적이나 주변자본주의 같은 논의들이 인류학자들에게 새롭진 않다. 특히, 1970년대 이후 경제인류학자들은 자본주의 기업들이 여성의 부불 가사노동, 농민의 자급 생계, 소상품 생산 등을 유지함으로써 어떻게 이득을 취했는지 세밀하게 탐색해왔다. 하지만 이 책의 독특한 점은 우리가 곳곳에서 발견하는 비자본주의적 형식들을 인간 너머로 확장하고, 특정 지역에서의 현장연구 사례로 자본주의 보편 법칙에 균열을 내는 대신 자본주의 그 자체를 패치들patches의 잠정적 연합으로 파악한다는 점이다. 세계에 관한 기존의 인식론을 문제 삼으면서, 칭은 아래 문장에서 '배치assemblage'의 존재론을 전면화한다.

나는 각각의 사례를 통해 뒤얽힌 삶의 방식들이 열린 배치의 모자이크를 이루면서 그 하나하나가 시간적 리듬과 공간적 원호의

모자이크를 향해 더 깊게 열리는, 말하자면 나 자신이 패치성에 둘러싸여 있음을 깨닫는다.(27)

존재 방식이란 마주침에서 창발하는 결과이므로, 하나의 배치 안에서 여러 생물종이 서로 영향을 끼치는 방식은 미리 정해져 있지 않다. 참나무와 소나무와 송이버섯은 특정한 '유형'이라서 배치를 형성하는 게 아니다. "그들은 배치를 만들어가면서 그들 자신이 되어간다."(289) 배치에서 의도치 않은 조율 패턴이 발달할 때, 우리가 할 일은 다양한 삶의 방식이 모여 빚어내는 시간적 리듬과 규모의 상호작용을 지켜보는 것이다.

배치를 살피고, 따라가고, 때로 (당연하게도) 길을 잃기도 하는 이 여정의 방해물은 여전히 많다. 칭은 진보와 과학에 대한 맹신이 여전히 똬리를 틀고 있는 현실을 비판한다. 진보는 서로 다른 시간을 하나의 리듬에 맞추면서 전진하는 행진으로서, 하나의 강력한 물줄기만을 보며 나머지는 무시하는 방식으로 세계를 조형한다. 교육자, 기술자, 동료 평가자들이 "초과된 부분을 잘라내고 남은 부분을 적절한 장소에 박아 넣을 준비가 된 채 대기"(383)한다는 점에서, 과학은 여전히 '번역 기계'로 작동한다. 특히 과학이 기반으로 삼는 '확장성scalability'은 변화를 초래하는 다양성을 몰아내고, 마주침에 깃든 불확정성을 감지할 수 없게 만든다. 하지만 과학적인 연구 프로젝트가 확장성을 동력으로 국제적 학문 체제를 구축하는데도 왜 송이버섯에 대한 '국가 단위'의 과학이 존재할까? 권위 있는 연구가 왜 국경 밖에선 영향력을 쉽게 상실할까? 일본의 송이버섯 연구가 '서술적'이라며 미국 연구자들은 무시하는데, 왜 중국 윈난성에서는 송이버섯 비즈니스 조합이 일본 과학자의 글을 직접 찾아 번역하기까지 했을까?

버섯 포자처럼, 과학의 세계에서도 가끔 예상치 못한 곳에 싹이 트는 사건이 출현한다. 칭이 참석한 국제 송이버섯 연구학회는 한 중국 과학자가 바이족 공동체를 연구하러 윈난성을 찾은 일본인 인류학자와 어린 시절 만난 기억으로부터 탄생했다. 전 세계 과학자들이 다른 품종, 다른 가치, 다른 의도를 갖고 '춤을 추는' 자리에서*, 참가자들은 공동 작업의 출발점으로서 차이를 깨닫고, '듣기의 기술'을 실천했다. 칭은 이야기를 쏟아내고 귀 기울여 듣는 것이야말로 하나의 연구 방법이라고, 새로운 지식이자 과학이라고 역설한다. 이때 연구 대상은 오염된 다양성이고, 분석 단위는 불확정적인 마주침이다. 어떤 이야기든 깔끔하게 요약될 수 없을뿐더러, 요약하기에 저항한다.

---

* 일본인 참석자들이 다양한 비일본계 품종에 열광하고, 중국인 참석자들이 정부의 송이버섯 보호 노력을 홍보하고, 북미계 인류학자들이 과학과 사회의 관계를 설명하는 동안, 북한 참가자들은 자국에서 금지된 국제 과학 논문 복사본을 얻고자 동분서주했다는 내용이 실려 있다.

"그 이유는 하나의 이야기에 끼어들어 방해하는 다른 지형과 박자가 우리의 관심을 사로잡아 더 많은 이야기를 이끌어내기 때문이다. 이것이 바로 이야기를 쏟아내는 연구 방법이 하나의 과학으로서 갖는 힘이다."(80)

송이버섯 냄새를 맡는 것으로 충분할까?

2017년 가을 한국문화인류학회에서 애나 칭을 초청했을 때, 그와 함께 제주 곶자왈을 산책할 기회가 있었다. 숲에서 오염과 교란의 생태계를 감지하고, 복수의 마주침이 만드는 배치와 역사에 오랫동안 천착해온 인류학자에게 곶자왈을 걷는 경험이 어땠을지는 독자의 상상에 맡기겠다. 나무와 다른 생물, 흙과 곰팡이에 관한 칭의 질문이 계속됐다. 당시 다종 인류학에 큰 관심이 없던 나는 비인간 나무보다 인간 칭에 더 호기심이 발동했다. 나이 지긋한 아시아계 여성 인류학자는 학회 마지막 날 의례용 선물로 끼워둔 답사 코스에 너무나 진지하게 화답했다. 그의 열정과 우연히 마주쳤고, 돌아와 그의 책을 읽었고, 기후재난으로 부서지는 세계를 체감하면서 '황무지 속 송이버섯'을 재차 떠올렸다.

칭은 섬세하고 해박한 인류학자이면서, 그 자신이 마주침을 통해 창발한 배치이기도 하다. 다른 인류학자, 과학자, 현지인들과의 협업이 없었더라면, "영웅적으로 물신화된 자본주의 이면의 자본주의를 알고 싶다는 생각을 하게"(15) 만든 비판적 페미니즘 연구자들과의 교류가 없었더라면 이 책은 출현하지 못했을 것이다.

펼쳐낸 배치가 아름다운 만큼 질문도 쑥쑥 자라난다. 비판은 이 책의 숲을 더 풍성하게 만들 교란이기도 하다. 우선, 앞만 바라보지 말고 주변을 둘러보자는 칭의 방법론적 제안은 매력적이지만, 주변은 너무나 광활하며, 선택적으로 포착될 수밖에 없다. 저자라는 배치 또한 제한적인 연구 기간과 자원에 영향을 받을 수밖에 없다면, 패치들이 부분적으로 교차하면서 등장한 연구 결과를 우리는 어떻게 평가해야 할까? 배치의 근본적 불안정성과 (연구자가 선별적으로 추적하거나 연결을 빠뜨렸기 때문에 발생하는) 연구의 불완전성은 어떻게 구분해야 할까?* 예컨대 오리건주 산맥의 동남아시아 채집인에 관한 칭의 분석은 탁월하지만, 채집인이 오픈티켓에서 치켜든 송이버섯이 '자유'의 트로피로만 남은 건지, 자녀들의 미국 정착과 성공을 돕는 주요 생계 자원이 됐는지 우리는 알 수 없다. 칭은 진보에 관한 이야기가 견인력을 잃었다고 말하지만, 세계의 불안정한 가장자리에

* 행위자-네트워크 이론에 대한 나의 비판을 참고하기 바란다. 조문영, 「행위자-네트워크-이론과 비판인류학의 대화」, 『비교문화연구』 제27집 제1호, 2021, 433~436쪽.

서 발전의 목적론이 외려 기승을 부리는 풍경은—그의 전작인
『마찰』이 생생하게 보여줬듯—너무나 흔하다.

'알아차림'의 기술, '감지感知'의 실천을 통해 자본주의의 폐
허에서 살아갈 가능성을 발견하자는 제안이 기후위기와 불평
등의 최전선에서 싸우는 사람들에게 얼마나 호소력이 있을지
도 고민해봄 직하다. 칭은 '잠재해 있는 공유지latent commons'를
발견하려면 우리의 감각이 깨어 있어야 한다고 강조한다. 송이
버섯 냄새를 맡고, 버섯의 생명선을 찾는 채집인의 리듬을 배
우고, 오염된 다양성으로 가득한 세계의 불협화음에 귀 기울여
야 한다는 것이다. 불안정성과 함께 살아가려면 우리를 이런
처지에 빠뜨린 자들을 탓하기만 해선 안 되며, "상상력을 펼쳐
이 세계의 윤곽을 감지해야 한다".(26) 칭 역시 송이버섯 냄새
를 맡는다고 해서 축적과 권력을 향한 분노가 저절로 생겨나는
건 아님을 잘 알고 있다. "다양하고 이동하는 연합체의 힘을 가
진 정치"(248)의 필요성을 강조하는 것도 이 때문일 테다. 그러
나 이 책에서 가능성의 정치는 구제 축적이라는 자본주의의 마
법만큼 정교하게 논의되지 않는다.

계급, 노동, 저항 등 자본주의 비판의 핵심 수사가 사라진 자
리를 대체한 게 무엇인가도 모호하다. 일본의 고급 식당에 도
착한 송이버섯이 상품에서 선물로 바뀌는 국면은 자본주의의
'패치성'을 잘 보여주지만, 이 선물 거래에 깃든 계급성은 저자

의 분석에 등장하지 않는다. 내가 본 다큐멘터리에선 중국 서남부의 송이버섯 채집이 '극한 직업'으로 등장하는데*, 이 책 어디서도 채집은 고된 노동을 떠올리게 하지 않는다. 사토야마 옹호자인 다나카 씨가 퇴직금으로 숲을 사서 돌보는 행위는 어떤가? 우리가 그에게서 다종적으로 살아가는 감각을 배우는 것은 중요하나, 그 또한 산이 개인의 소유물이 될 수 있냐는 질문을 던져보아야 하지 않을까?

무엇보다, 불안정한 세계를 연구하는 정규직 교수의 위치성이 목구멍의 가시처럼 남는다. 칭은 불안정성을 예외적 상황으로 취급하지 말고 우리 시대의 조건으로 끌어안자고 제안한다. 불안정한 세계는 "목적론이 없는 세계"로, 진보와 근대화가 강제해온 역사와 결별할 기회를 터준다. 중요한 논점이다. 그러나 '예외적'으로 안정된 고용 상태를 누리는 엘리트가 당당히 외칠 수 있는 주장은 아니다. 더구나 고도로 전문화·산업화된 학계에서 그나 나나 "확장성 있는 프로젝트가 지속적으로 헤게모니를 장악하는 현실"(90)에 공모했기 때문에 정규직 교수가 된 게 아닌가.

칭을 포함해 북미 인류학자들로 구성된 마쓰타케 월드 리서치 그룹은 협업의 의의에 관해 별도의 논문을 쓴 바 있다. 이들

* EBS, 「극한직업: 샹그릴라 송이버섯 채집꾼 1, 2」, 2012년 8월 1일 방영분. https://www.youtube.com/watch?v=fTSw5xx0irI&t=513s에서 다시 볼 수 있다.

은 아이디어를 재빨리 상품화하도록 재촉하는 연구 풍토와 학술 기관의 에스노그래피 심사에서 고집스럽게 요구되는 과학적 방법론을 신랄하게 비판했다.* 하지만 지구상의 많은 인류학자는 여전히 대규모 프로젝트는 접해보지도 못한 채 고독한 채집인으로, 불안정한 세계의 계약직 노동자로 살아가거나, (만날 때마다 '테뉴어[정년 보장]' 얘기만 하는 미국 상아탑의 교수들과 달리) 학술 연구와 정치적 실천을 잇는 움직임에도 안간힘을 쓰고 있다. 칭이 "지적인 숲"(500)을 이뤘다고 자부한 연구팀은 감각의 촉수로 보자면 지구적이지만, 연구 생태를 논하는 시야는 놀라우리만치 국지적이다.

지리학자 그레천 스네이거스는 이 책 서평에서 연구자들이 연루된 구제 축적을 환기했다. "우리는 연구 현장과 그곳에서 만난 참여자들이 생산한 것들, 그리고 이들이 제공한 선물을 수확한다. 다시 말해, 우리는 우리 자신이 만들지 않은 조건들로부터 가치를 추출하는 구제 축적을 수행하고 있다."** 이 불확정적인 마주침에서 감히 '희망'이라 부를 수 있는 게 있을지

* Timothy K. Choy, Lieba Faier, Michael J. Hathaway, Miyako Inoue, Shiho Satsuka, and Anna Tsing, "A New Form of Collaboration in Cultural Anthropology," *American Ethnologist* 36(2), 2009, pp. 380~403.

** Gretchen Sneegas, "The Mushroom at the End of the World : On the Possibility of Life in Capitalist Ruins", *Antipode* Book Reviews, 2016, p. 5.

그는 망설이며 질문한다. 칭은, 나는 여기에 어떻게 대답해야 할까?

대중적 열기로 보건대, 이 책은 (나를 포함해) 엉망인 삶, 폐허의 세계와 불안하게 마주하는 사람들, 교육자본과 섬세한 문화적 감수성을 갖춘 독자들을 충분히 매료시켰다. 칭과 나, 그리고 송이버섯 냄새를 맡기 시작한 사람들이 이 감각을 자기 삶의 윤리로 만드는 것을 넘어 송이버섯이 보여준 협력적 생존을 실천하고, 폐허에서 실제로 뒹굴고 있는 인간·비인간 생명들과 진지하게 마주할 방법을 계속 고민할 때다. "포자가 함께 날아다니고 범세계적인 과잉을 경험하는 것"의 행복(426)을 더 많은 사람이 누릴수록, 이 경험을 행복으로 느낄 만한 토대를 모두가 공유할수록 더 즐겁지 않겠나.

11부 　　　　지구-생활하기

취약한 생명들의 일보전진

서울 시청역 인근에서 열린 9·24 기후정의행진(2022) 집회에 다녀왔다. 팬데믹으로 3년 만에 열린 데다 걷기 좋은 가을 주말이었다지만, 3만5000명이라는 규모는 가히 놀라웠다. 나처럼 개인으로 온 사람도, 깃발과 손팻말을 정성껏 준비한 단체도 많았다. 아이와 부모, 중고등학생과 교사, 청년, 유학생, 개발 현장 주민, 농민, 노동자, 이주자, 성소수자, 장애인, 쪽방 주민, 홈리스, 수녀님, 스님, 활동가, 반려견, 아무개 시민 등 전국에서 모인 수많은 생명이 옹기종기 모여 앉아 외치고, 걷고, 도로에 드러누웠다.

주최 측은 '기후정의'라는 집회 주제를 "화석연료와 생명 파괴 체제를 종식해야 한다" "모든 불평등을 끝내야 한다" "기후위기 최일선 당사자의 목소리는 더 커져야 한다" 등 3대 요구로 집약했다. 자본주의적 삶의 양식과 통치 체제에 전면적인 전환이 있지 않고서는 실현되기 어려운 급진적 요구다. 신기하게도 그런 급진성에 멈칫하는 얼굴을 보지 못했다. 모두가 진지하게 발언을 경청하고, 각자 즐겁게, 열심히, 절박함을 담아 기후위기 현안을 공유하느라 바빴다. 아이들은 지구와 동물이 그려진 손팻말을 들고 신나게 뛰어다니고, 수녀님들은 앞장서서 탈석탄법 제정을 위한 서명을 촉구하고, "우리 미래 어쩜 이래"부터 "국제적인 계급투쟁만이 지구 파괴를 멈출 수 있다"까지 손팻말에 적힌 다양한 외침이 두루 존중받는 희한한 자리였다. 그렇다고 모두가 환영받은 건 아니다. 정부, 기업, 거대 양당은 언제나 주류 언론의 헤드라인을 장식하지만, 이날만은 '왕따'였다. 단상에 오른 발언자들은 기후위기에 무심하다 못해 개발과 성장에 대한 맹종을 부추기는 무리, '녹색'을 이윤 창출의 프런티어로 전유하는 무리를 기후위기의 책임자로 구체적으로 지목했다.

특히 눈길을 끈 것은 기후재난으로 생명을 위협받는 존재들뿐 아니라, 기후재난에 공모하지 않고선 생존하기 어려운 산업 현장 노동자들까지 '기후위기 최전선 당사자'로 초대됐다는 점이다. 공공운수노조 금화PSC 지부 소속 박종현 씨는 석탄화력발전소에서 일한 지 10년째인 노동자라고 자신을 소개했다. 그는 기후위기 주범으로 지목된 발전소가 2030년엔 절반으로 줄어들 텐데, 폐쇄 이후 대책도, 노동자들의 미래에 관한 논의도 없다며 답답함을 호소했다. "정의로운 전환이라 외치고 있지만, 저희는 어떻게 해야 정의로운지 모르겠습니다." 환경을 인간 외부의 자연으로 둔 채 보호만 외쳤던 지난날의 운동에서라면 박 씨는 파괴의 주범, 불가피한 희생양, 성가신 존재로 취급받았을 것이다. 지구 어디서든 방사성폐기물 처리장, 영세 공업단지, 공장식 축사, 대형 저인망 어선은 가장 저렴한 노동력으로 유지된다. 기후'정의'를 요구하는 자리에선, 박 씨 같은 기후 파괴 현장의 노동자도, 그 현장에서 도륙되는 다른 생명도, 우리가 함께 책임 지고 대담한 전환을 모색해야 할 환경의 일부가 된다.

3만5000명이 도심에 모였다고 당장 극적인 변화가 일어나진 않을 것이다. 이날의 사건은 정부의 '외교 참사'를 둘러싼 정치인들의 공방에, 고물가·고달러·고금리 등 경제위기를 알리는 경고음에 묻혀버렸다. 집회 참가자들이 하나로 똘똘 뭉치기보다 서로 반목하는 일도 많을 것이다. 공정, 성폭력, 차별금지법, 임신중단권, 동물권 등 뜨거운 이슈들에 이들의 의견이 모두 일치했을 리 없다. 위선의 혐의에서 자유로운 사람도 드물 것이다. 기후정의를 외친다고 재건축에 대한 기대, 육식 선호, 지방에 쌓여가는 기후 파괴 시설에 대한 무관심이 금세 나아질 리 없다.

하지만 나는 그해 9월 24일 광장에 모였던 이들이 '너나 잘하세요'라는 비아냥에 '잘 못하지만 한번 해보겠다'며 걸음을 떼는 사람들, 자신의 취약함을 인간 본성으로 돌리고 마는 대신 비판과 성찰을 거듭하며 기후정의를 위해 일보 전진을 감행하는 사람들이라고 생각한다. 이런 취약한 생명들한테 광장의 의미는 크다. 정치적 사안이 터질 때마다 날카로운 언어로 상대를 응징하는 데서 쾌감을 얻는 소셜미디어 속 마주침과 달리, 광장에서의 마주침은 상대의 표정에서 위로받고, 보잘것없는 개체가 서로 연결되고 차이를 조율해가면서 공동의 힘을 키우게 한다. 9·24 기후정의행진의 선언처럼, 이렇게 관계성의 정치를 만들어가는 "우리가 길이고 우리가 대안이다".

지구를 살리는 기본소득

팬데믹을 경험하면서 재난기본소득을 주장하는 인사가 많아졌다. 2020년 3월, 정부가 추경을 통해 취약계층에게 상품권을 지급하기로 했지만, 일부 정치인은 전 국민에게 기본소득을 지급해 경제위기를 극복해야 한다고 목소리를 높였다. 자영업자 비중이 유독 높은 한국에서 지역화폐로 지급되는 기본소득은 긴급구호 처방으로 고려될 만하다. 그렇다 해도 자본이 직접적인 생산 과정 외부에서 이윤율을 증대시키는 금융자본주의 시대에 실물경제를 회복하는 것만으로 삶의 질을 높이기란 어려워 보인다. 사람들은 대부분 사태가 진정된 이후에도 여전히 위태로운 삶을 견뎌내야 한다. '착한' 임대료 운동에서 기업이 내놓은 거액의 현금까지 금융자본주의는 재난 시기의 은총으로 등장했지만, 그 감춰진 민낯을 보려면 각자 거울 앞에 제 몰골을 비추면 될 일이다.

그런데 지구가 무너지면 이 위태로운 삶들마저 멈출 것이다.

내가 재난기본소득을 지지하는 이유는 더 많은 (대부분 질 낮은) 일자리를 창출하기 위해서가 아니라 지구를 해치는 일을 안 해도 될 자유, 지구를 살리는 일을 선택할 자유를 모두가 갖기 위해서다. 코로나바이러스가 기후변화와 직접 관련이 있다는 일련의 분석은 인간 활동이 지구에 지울 수 없는 정도의 흔적을 남기고 있는 인류세에 대한 위기감을 일깨웠다. 기온이 계속 상승하면서 저온에서만 생존 가능했던 병원균의 적응력이 높아지고 있다. 수시로 엄습하는 자연재해로 야생동물 거주지가 파괴되면서 인간과 야생동물의 접촉 또한 빈번해졌다.

물론 전염병이 최근의 현상은 아니다.『농경의 배신』에서 제임스 스콧은 전염병의 역사를 설명하기 위해 신석기시대로 거슬러 올라간다. 농경은 국가를 탄생시키고 인류 문화의 꽃을 피운 찬란한 유산이 아닌 정착을 강제함으로써 생태적으로 풍요롭고 다채로웠던 환경을 단순하게 길들인 주범으로 지목된다. 사람, 작물, 가축이 기생생물 및 병원체와 함께 전례 없이 집중화된 결과 인수공통전염병이 출현했다. '격리'도 오랜 연원을 갖는다. 기원전 메소포타미아인들은 병원체에 대한 지식을 갖추진 못했어도 식별 가능한 발병자를 제한 구역에 가두고 그의 접시나 옷까지 회피했다. 20세기 초 스페인독감 때 지목된 "과밀한 사회적 장소들"의 목록(박람회, 군대, 학교, 감옥, 빈민가, 종교 순례지)은 현재 한국 사회에 그대로 적용해도 무방할 정도다.

그렇다고 역사의 반복으로 간단히 매듭짓기엔 위해가 너무 크다. 세계 대도시들이 같은 생활권으로 묶이다 보니 팬데믹 위험도, 이에 따른 손실도 헤아릴 수가 없다. 전염병은 지역사회뿐 아니라 온라인에서도 창궐한다. 프랑코 '비포' 베라르디는 오늘날의 정신질환을 '사회-소통적 전염병'이라 불렀다. "네트워크에 접속해 끊임없이 증가하는 막대한 양의 데이터 덩어리를 계속 수신·처리"*하는 게 생존 방식이 된 것이다. 확진자는 격리 중에도 안전하지 않다. 불성실하다고 흠집이라도 잡히면 누리꾼에게 온갖 모욕을 당하고, '착한' 확진자임을 증명하기 위해 안간힘을 써야 한다.

기본소득은 일상이 재난이 되고 민주가 안전으로 축소된 세계에서 실존의 빈곤을 완화할 대안이 될 수 있다. 그 개념이 일국의 복지로 축소되고 재원이 세금에 국한되면서 포퓰리즘 논쟁만 반복되는 게 안타깝다. 앙드레 고르는 1970년대 유럽의 실업과 자동화 추세를 동시에 살피면서 "노동할 수 없는 채 살아가야 하는 상황과 인간적으로 살아갈 수 없게 만드는 노동을 해야 하는 상황"** 사이에 발이 묶인 현실에 주목했다. 자동화와 정보화가 노동과 생활을 화해시키는 수단이 될 수는 없을

* 프랑코 '비포' 베라르디, 『프레카리아트를 위한 랩소디』, 정유리 옮김, 난장, 2013, 87쪽.

** 앙드레 고르, 『프롤레타리아여 안녕』, 이현웅 옮김, 생각의나무, 2011, 247쪽.

까? 고르가 살았던 반세기 전 유럽보다 지금의 세계에 더 어울리는 질문이다. 만인의 지식과 소통이 디지털화되면서 재화와 서비스 생산 외부에서 가치를 추출하는 시대가 되었다. 국제기구가 전 지구적 재난에 부합하는 방향으로 제 역할을 정비하고 글로벌 IT 기업이 독점한 데이터 '공유부'를 제대로 분배하기만 해도 지구 기본소득의 재원은 차곡차곡 쌓일 수 있다. 우리는 '집콕'을 할 때도 모니터 앞에서, 휴대전화를 보며 인공지능을 더 똑똑하게 만들어주기 위해 애쓰고 있지 않은가. 텔레비전을 보니 앱이나 게임 광고가 부쩍 늘었다. 국내 굴지의 IT 기업들이 글로벌 기본소득 재원을 조성하는 실험을 선도한다면 이야말로 멋진 한류가 아닐까.

공동의 미래는 가능한가

    코로나는 우리에게 무엇이었을까? 2023년 6월 중순 『녹색평론』에서 원고 청탁 메일을 받았을 때 내게 주어진 주제는 코로나 '이후'였다. 회고담을 쓰겠다 싶었다. 코로나19는 더 이상 팬데믹이 아니며 엔데믹(풍토병화) 단계에 접어들었다고 정부가 선언한 게 그해 5월이다. 하지만 8월에 접어들자, 코로나바이러스는 다시 확산 일로를 걸었다. 2024년 현재까지도 매주 수십 수백 명이 코로나19로 병원에 입원하고 있다. 코로나는 끝나지 않았다. 때로 유행성 독감처럼, 때로 예측불허의 변이를 낳으며 앞으로도 계속될 것이다.

    하지만 코로나 '이후'란 없다 해도 대대적인 충격과 혼란을 낳은 집단 감염의 시간을 곱씹어야 할 이유는 차고 넘친다. 정부가 엔데믹 선언을 한 2023년 5월 11일까지, 국내 첫 발병이 확인된 후 3년 4개월 동안 코로나 누적 확진자는 3135만686명, 누적 사망자는 3만4583명에 달한다. 선제 대응과 백신 접종으로 전 세계에서 가장 낮은 수준의 사망률을 기록했다고 하나, 작별과 애도의 시간을 빼앗긴 사람들의 슬픔을 누군들 짐작할 수 있을까. 정부가 감염 기록에 근거해 집계한 공식 사망자 외에, 팬데믹 시기에 생명을 잃은 '비공식' 사망자 수는 헤아리기조차 버겁다. 백신 접종 후 (국가가 대부분 '사인 불명' 판정을 내린) 이상 반응으로 죽은 사람, 환자 급증으로 의료자원이 부족해지면서 병을 제때 치료받지 못해 죽은 사람, 실업과 폐업에 몰리면서 생활고를 비관해 죽은 사람, 누적된 불안과 스트레스가 더욱 심해져 우울증으로 죽은 사람 등을 모두 헤아린다면 실제 코로나 사망자 수는 얼마나 될까?

그런데 코로나 사태를 인간 실연의 슬픔을 넘어 행성적 사건으로 바라보는 순간 곤혹스러움이 밀려든다. 전 세계에서 700만 명 가까운 사람이 코로나로 목숨을 잃은 상황은 분명 비극이지만, 이 시기에 (인간이 극히 일부를 점할 뿐인) 자연에는 어떤 변화가 있었을까?

나는 아직도 2022년 4월 초 차창 밖으로 내다본 하늘 풍경을 잊을 수 없다. 코로나로 갑작스럽게 고인이 된 아버지의 장례를 마치고 돌아오던 길이었다. 선명하게 푸르른 하늘이 나를 감쌌다. 미세먼지가 수도 서울의 봄 경관이 된 지 오래였지만, 그날은 믿기지 않을 정도로 공기가 맑았다. 낯설고 기이했다. 바람의 방향, 대기 정체 등 공기 질에 영향을 미치는 기상 여건도 분명 영향을 끼쳤을 테다. 여하튼 코로나로 국가들이 빗장을 걸고 글로벌 이동이 감소하면서 중국과 국내의 대기 오염물질 배출량이 확연히 줄어들었다는 점만은 분명해 보였다. 일련의 연구들은 코로나 위기로 경제활동이 주춤했던 시기에 이산화탄소 배출이 상당 폭 감소했음을 보여준다. 어떤 인간 생명에게 비통함을 남긴 코로나 사태가 또 다른 비인간 생명의 숨통을 틔워줬다는 사실을 어떻게 해석해야 할까?

익숙한 미래, 다른 미래

브뤼노 라투르는 지구를 "존속과 생성의 염려를 지닌 모든 자들의 연결, 연합, 중첩, 결합"으로 보면서 인간이 지구생활자 가운데 극히 일부일 뿐임을 작고하기 전까지 일관되게 강조했다.* 그의 경고대로 코로나 위기가 임박한 기후재앙에 대비한 "마지막 리허설"이라면, 이 위기에 관한 인간중심적 진단과 분석도 재고가 필요하다. 코로나도 다른 전염병처럼 동물에서 인간에게로 감염되는 인수공통감염병이라는 점, 기후변화가 야생동물의 서식지, 생활방식, 생태계 먹이사슬에 변화를 초래하

---

* 브뤼노 라투르, 『나는 어디에 있는가?』, 김예령 옮김, 이음, 2021, 41쪽.

면서 인간과 동물의 접촉 빈도가 높아졌다는 점, 과학자들 사이에서 인류세가 공식화될 정도로 기후변화에 있어 지구생활자 중 특히 인간에게 상당한 책임이 있다는 점은 기후재난과 코로나 사태의 명백한 상관성은 물론 두 위기 모두 인간이 스스로 초래한 파국임을 일깨운다.

하지만 이러한 다종적 얽힘은 코로나 통치에서 환기되긴커녕 빈번히 무시되었다. 정부는 방역에 힘을 기울였으나, 철저히 근대적 인간중심주의를 유지하고 강화하는 방식으로 대응했다. 코로나 위기를 확진자·사망자 숫자로만 번역하는 통치술은 인간의 위상을 바이러스라는 보이지 않는 위협의 피해자·희생자로 축소했고, 경제적 피해 완화와 회복에 집중된 각종 코로나 대책은 인간-사회와 자연을 분리하면서 후자를 (인간이 개척하고 채굴해야 할) 자원으로 축소하는 산업화 시대의 관행을 되풀이했다. 세계가 "생각하는 인간과 죽은 자연으로 구성된 것이 아니라, 활동하고 작용하고 판단하는 수많은 원형-행위자들과 인간이 형성하는 역동적 관계의 총체로 구성"된다는 사실*은 국가 통치, 도시 행정, 경제·보건 정책에 거의 반영되지 않았다. 지구생활자의 책무를 돌아볼 긴박한 시기에 오히려 특정 국가·지역·성별·인종·종교를 표적으로 삼아 사태 발발과 확산 책

* 김홍중, 「코로나19와 사회이론: 바이러스, 사회적 거리두기, 비말을 중심으로」, 『한국사회학』 제54집 제3호, 2020, 170쪽.

임을 추구하는 대중 정치가 미디어의 각종 음모론과 조응하면서 득세했다.

이처럼 코로나 위기는 기후재앙에 대비한 '리허설'이기는커녕 'K-방역'의 우수성을 증명하는 국민 역량의 시험장이자 인간 대 인간의 적대가 한껏 달아오른 결투장이었다. 하지만 분명 다른 흐름도 등장했다. 팬데믹을 거치면서 기후는 사회운동의 핵심 의제로 급부상했고, 학계의 자본주의 비판도 경제 시스템 분석을 넘어 인간과 비인간을 아우르는 세계 생태에 관한 논의로 확장됐다. 예컨대 일본의 젊은 경제학자 사이토 고헤이는 기존의 마르크스주의를 재해석하면서 궁극적인 목표로 탈성장 코뮤니즘을 주장해 국내에서 적잖은 반향을 낳았다. 자본주의는 중심부의 나라들이 지구 환경을 꾸준히 착취하면서 번성했으나, 문제를 떠넘길 외부가 지구의 유한성으로 인해 사라져가는 지금, 무분별한 채굴주의는 (코로나와 기후변화에서 보듯) 결국 모두에게 재앙으로 돌아온다. 사이토는 탈성장을 "지구 한계를 주의하면서 경제적 격차 해소, 사회보장 확충, 여가 증대를 중시하는 경제 모델로 전환하는 일대 계획"으로 정의하는 한편*, 국내총생산GDP 증대가 아닌 사람들의 기본 소유를 충족하는 것이 국가의 목표가 돼야 한다고 주장한다. 생산의 확

---

* 사이토 고헤이, 『지속 불가능 자본주의』, 김영현 옮김, 다다서재, 2021, 135쪽.

대가 아닌 "거주할 수 있는 지구 환경의 유지"를 우선시하는 방
향으로* 대대적인 전환이 이뤄져야 한다는 라투르·슐츠의 주
장과도 공명하는 대목이다. 팬데믹 시기의 공론장이 요양원, 병
원, 어린이집, 학교에서 (대부분 여성인) 돌봄노동자가 수행하는
사회적 재생산에 주목하고, 이들의 작업을 필수 노동으로 의제
화한 것도 (남성 가부장으로 의인화된) 생산 본위 자본주의에 대한
중요한 비판이다.

'미래'와 '미래들' 사이

그렇다면 코로나와 기후변화라는, 어느 지구생활자도 온전
히 피할 순 없는 공통 경험을 반성의 마중물로 삼아 근대 인간
중심주의, 가부장적 발전주의와 결별하고, 공동의 미래를 새롭
게 구상해야 하지 않을까?

솔직히, 이 질문을 던지자마자 헛헛함이 밀려온다. 다른 세
계, 다른 미래에 대한 상상이 자신의 현장에서 묵묵히 대안운
동을 일궈온 사람들에게 얼마나 중요한 화두인지 모르는 바 아
니다. 내가 느끼는 헛헛함은 미래의 시간이 균일하지 않다는

* 브뤼노 라투르·니콜라이 슐츠, 『녹색 계급의 출현』, 이규현
옮김, 이음, 2022, 32쪽.

점에 기인한다. 인간을 중심으로 구축된 사회는 물론, 인간을 포함한 자연의 세계가 소멸을 향해 치닫고 있다는 묵시론적 전망은 문학, 영화, 학술, 언론 등 다양한 장르에서 쏟아지고 있다. 붕괴, 종말, 파국 같은 단어를 심심찮게 접하는 세상이 됐다. 하지만 우리 공동의 세계가 무너지고 있다는 위기감을 실제로 느끼는 '우리'란 누구인가? 나는, 당신은 이 '공동'의 일부인가?

인류학자 데이비드 밸런타인과 아멜리아 하순은 '공동의 미래'를 섣불리 전제하기 전에 '공통적이지 않은 미래들'을 세심하게 고려하길 제안한다. "'미래'는 누구에게, 어디서, 언제, 어떤 스케일로 등장하는가? 어떤 종류의 수수께끼, 문제 또는 해법으로 등장하는가?"* 복수의 미래를 논할 수밖에 없는 이유는 전 세계의 수많은 사람이 이미 수 세기에 걸쳐 위기, 억압, 폭력, 박탈에 일상적으로 노출된 채 주변화된 삶을 살아왔기 때문이다. 글로벌 북반구에서도, 특히 대도시에서 특권적 삶을 누려온 엘리트 백인들한테도 미래가 더는 회피할 수 없는 사회정치적, 생태적 문제가 되고 나서야 붕괴론, 종말론이 급부상했으나, 정작 발전된 미래를 애당초 상상해본 적 없이 현대의 미래성에서 끊임없이 좌초된 역사를 살아온 사람들은 이 격정의 묵

* David Valentine and Amelia Hassoun, "Uncommon Futures," *Annual Review of Anthropology* 48, 2019, p. 246.

시론에 별반 감응하지 않는다. 밸런타인과 하순은 '인류세' '자본세' 등 거대한 분기를 지칭하는 표현들이 서로에게 공통적이지 않은, 장기간에 걸쳐 계급화·분절화된 과거들, 현재들, 미래들을 포착하기 어렵게 만든다고 지적한다.

감염병과 기후변화가 지구상의 모든 인간에게 닥친 재난이라 해도, 이에 대한 인식과 감각은 전혀 균일하지 않다. 나는 이 문제를 지인의 장례를 치르면서 특별히 통감했다. 김정호 씨는 2023년 6월 10일 영면하기 전까지 서울역 맞은편 동자동 쪽방촌의 주민자치조직인 사랑방마을주민협동회에서 오랫동안 이사장직을 맡아왔다. 빈곤 연구자인 나는 수시로 동자동을 드나들면서 협동회 주민들과 인연을 맺었고, 특히 쪽방촌 공공개발에 연대하는 과정에서 주민 지도자인 그와 자연스럽게 친해졌다. 지은 지 30년이 지난 건물 안에 다닥다닥 붙어 있는 한 평 남짓한 방에서 대부분 홀로 살아가는 쪽방 주민에게 '재난'이란 무엇일까? 감염, 폭염, 혹한 등이 이슈화될 때마다 기자들은 경쟁하듯 동자동을 찾았고, 쪽방 주민들도 반빈곤 집회에서 발언할 때마다 코로나 사태와 기후변화가 가난한 사람들에게 더 가혹하게 닥치는 현실을 강조하곤 했다. 하지만 걱정돼서 개인적으로 안부를 물을 때마다 주민들은 심드렁한 표정을 짓곤 했다. 김 씨도 마찬가지였다. "뭐 이까짓 것 갖고. 산전수전 다 겪은 마당에……."

바이러스 감염도 매서운 더위도 너털웃음으로 받아들이더니, 그는 정작 폐암으로 우리 곁을 떠났다. 사실 그는 의사가 조직검사를 권유했던 3년 전에 이미 자신의 병세를 짐작하고 있었다. 그런데도 약만 처방받고 검사나 치료를 거부했다. 한참이 지나 인도주의실천의사협의회 소속 의사를 우연히 만나고 나서야 그는 용기를 내어 도움을 요청했다. 암세포가 더 커지기 전에 그가 신뢰할 수 있는 의사를 만났더라면 어땠을까? 수급자로서 병원을 찾는 게 두렵고 때로 모욕적인 일이 아니었다면 어땠을까? 협동회에서 준비한 생애 이력을 보면 그는 오랜 기간 선원으로 일했다. "열네 살에 처음 배를 타서 30년이 좀 안 되는 세월 사이에 장어 통발배를 시작으로 야키다마 통통배, 대구리 배, 원양 트롤리선, 잡화선, 냉장 운반선, 케미컬 탱크선, 폐기물 운반선 등 다양한 배를 탔음." 심장병, 폐결핵, 노숙 생활 등등 이후의 궤적을 보면 그의 생애에서 무엇을 '재난' '위기'로 따로 떼어낼 수 있는지 솔직히 지금도 모르겠다. 역으로, 미래를 탈식민화하자는 밸런타인과 하순의 주장은 어떤 현상을 위기로 감지할 수 있는 사람들이 애초에 누려온 '정상성'의 역사를 돌아보게 한다. 나는 살면서 어떤 자본과 자원에 쉽게 가닿았기에, 쪽방 주민들보다 감염이나 기후변화에 덜 취약한 환경에 있으면서도 이를 위기로 예민하게 감지할 수 있었을까?

다시, 공동의 미래

공동의 미래와 공통적이지 않은 미래들 사이의 긴장은 팬데믹이 '세계'와 '세계들'을 동시에 가시화시켰다는 주디스 버틀러의 주장과도 공명한다. 팬데믹은 생산을 줄일 때 자연 '세계'가 어떻게 재생할 수 있는지를 명확하게 보여주었으나, 동시에 (살기 위해 일하느라 제 죽음을 재촉하는 노동자처럼) '세계들' 사이의 불평등성을 적나라하게 드러냈다. 버틀러의 책은 질문에서 시작해 질문으로 끝난다. "이것은 대체 어떤 세계란 말인가"에서 "우리는 어떤 종류의 세계에서 살기를 바라는가"로. 그는 우리의 윤리적 의무를 역설한다. 모두가 공유한 취약성과 상호의존성을 바탕으로 새로운 형태의 공동의 삶, 집단적 가치를 실현할 수 있다면, "세계의 한계들을 이동시키는 것이 가능하다면 그때의 세계는 새로운 세계가 되는 것이다".*

하지만 윤리적 의무를 감당하길 요구받는 '우리'는, 전술했듯 언제나 같은 세계에 있지도, 같은 미래를 바라보지도 않는다. 감염병과 기후변화를 반성적 사유의 대상으로 삼으면서 다른 미래를 궁구하는 이, 미래라는 시간을 현재의 반보 앞 정도로 축소한 채 연명과 쇠퇴를 감내하는 이가 전부가 아니다. 여

---

* 주디스 버틀러, 『지금은 대체 어떤 세계인가』, 김응산 옮김, 창비, 2023, 28쪽.

전히 많은 사람은 인간중심적 미래와 선형적 시간성에 붙들려 있거나, 재난 현장을 기술 혁신과 자본 축적의 프런티어로 변모시키려고 안간힘을 쏟는다. 팬데믹 시기 대한민국 공론장을 가장 뜨겁게 달군 주제는 기후변화가 아닌 주식과 부동산 열풍, 공정과 능력주의였다. 종래의 투자자는 물론 실직자, 취업 준비생, 가정주부, 코로나로 가게 문을 닫은 자영업자, 학교에 얼씬도 못 한 대학생, 위험한 이동을 대리해준 플랫폼 노동자 등등 상당수가 주식 앱을 깔고 게임을 하듯 금융자본주의의 '유저'가 됐다. 그리고 주택, 토지, 식량, 에너지, 교육, 의료 등 인간 삶과 생태의 전 분야를 투자 가치를 지닌 상품으로 전환하는* 과정에 공모했다. 코로나로 고용 불안정성이 더욱 심해지면서, 안정적 일자리를 얻기 위한 투자에 평생 올인해온 청년들은 자신만큼 '노력'했다고 여겨지지 않는 대상의 지위나 보수, 그가 받는 지원에 극도로 민감해졌다. 공인된 능력, 쓸모, 효용으로 가치를 인정받고, 낙오자는 무시당하고 혐오의 대상이 되는 데 다수가 깊이 연루됐다. 이 과정에서 발생한 우울, 불안, 스트레스를 잔혹한 온라인 댓글로, 집요한 민원으로, 심지어 '이상동기 폭력'으로 배설하는 세상이 됐다.

전술했듯 감염병과 기후재난은 다종적 얽힘, 행성적 시야,

---

* 채효정, 「은행을 접수하라: 금융세의 자본주의와 기후위기」, 『문화과학』 제109호(2022년 봄호), 2022, 128~151쪽.

상호의존성에 바탕한 윤리적 의무를 새롭게 일깨우지만, 정작 인간 '세계'와 '세계들'은 내파內破, 분열, 단절을 거듭하고 있다. 어쩌면 고상한 철학이나 윤리적 계몽보다 인간들이 비자발적으로 감당할 수밖에 없는 사회적 의무가 재난 시대에 더 현실적이고 실용적인 사유일지도 모르겠다. 제임스 퍼거슨이 예시로 든 남아프리카의 미니버스 택시는 지구, 사회, 지역에서 몸과 몸이 맺는 관계를 돌아보게 한다.* 유리병 속 올리브처럼 서로 짜부라진 채 차에 올라 덥고, 땀나고, 불편하고, 때로 위험한 마주침을 피할 수 없는 승객들. 그렇다고 허허벌판에서 내릴 수도 없기에 새로 탑승한 자에게 한 뼘 공간이라도 내줘야만 하는 사람들. 기존의 환대, 호혜, 권리의 언어는 "세계의 한계들을 이동"시키기 위해 여전히 중요하나, 팬데믹을 거치면서 우울과 분노가 서로를 더더욱 갉아먹게 된 상황에선 그것만으로 충분치 않다. 무사 귀환을 하려면 제 공간 일부를 포기해서라도 타인에게 곁을 내어줄 수밖에 없다. 이 감각을 사회성의 원천으로 두는 '공동의 세계'는 분명 따뜻한 공동체와는 거리가 멀다. 그러나 세계들, 미래들 사이의 불평등과 모순, 긴장과 마찰을 직시하면서, 동시에 행성적 재난과 마주하여 인간과 지구가 버틸 수 있는 '공동의 미래'를 상상할 수 있으려면 에어컨을 곁에 둔 학자보다 찜통 버스에 구겨져 있는 승객에게서 지혜를

---

* 퍼거슨, 『지금 여기 함께 있다는 것』, 68쪽.

얻는 게 더 유익할 수도 있다.

원글 출처

1부 감각하기

평면을 뚫고 나온 사람들 『한겨레』 2021년 12월 22일 자

세계는 복수複數다 『한겨레』 2021년 5월 12일 자

우리는 '푸름'을 원할까? 『한겨레』 2022년 6월 8일 자

호기심이 줄어들 때 『한겨레』 2022년 8월 3일 자

낯뜨거운 공론장 『한겨레』 2021년 9월 29일 자

취향지대의 마음들 『한겨레』 2019년 5월 8일 자

2부 대면하기

위협과 기괴함의 시소 타기 '프레시안' 2013년 6월 11일 자

젊은 세대의 반중反中 『한겨레』 2021년 9월 1일 자

코로나 사태의 기이한 친숙함 『한겨레』 2020년 2월 12일 자

내가 만난 중국인들 『한겨레』 2020년 7월 29일 자

탁월함의 역설 『서울리뷰오브북스』 3호 (2021년 가을)

송이버섯 냄새를 맡자. 그다음은? 『서울리뷰오브북스』 12호 (2023년 겨울)

11부 지구 – 생활하기

취약한 생명들의 일보전진 『한겨레』 2022년 9월 28일 자

지구를 살리는 기본소득 『한겨레』 2020년 3월 11일 자

공동의 미래는 가능한가 『녹색평론』 183호 (2023년 8~9월)

연루됨

인류학자의 세상 읽기

1판 1쇄	2024년 12월 11일
1판 2쇄	2025년 1월 17일

지은이	조문영
펴낸이	강성민
편집장	이은혜
책임편집	박은아
마케팅	정민호 박치우 한민아 이민경 박진희 황승현
브랜딩	함유지 함근아 박민재 김희숙 이송이 박다솔
	조다현 배진성 이서진 김하연
제작	강신은 김동욱 이순호

펴낸곳	(주)글항아리 | 출판등록 2009년 1월 19일 제406-2009-000002호

주소	경기도 파주시 심학산로 10 3층
전자우편	bookpot@hanmail.net
전화번호	031-955-2689(마케팅) 031-941-5161(편집부)

ISBN 979-11-6909-155-8 03300

www.geulhangari.com